苏洵评传

曾枣庄 著

巴蜀书社

图书在版编目（CIP）数据

苏洵评传 / 曾枣庄著. —成都：巴蜀书社，2023.4
ISBN 978-7-5531-1949-6

Ⅰ. ①苏… Ⅱ. ①曾… Ⅲ. ①苏洵（1009－1066）—评传 Ⅳ. ①K825.6

中国国家版本馆 CIP 数据核字（2023）第 054293 号

苏 洵 评 传
SUXUN PINGZHUAN

曾枣庄 著

出 品 人	林　建
策　　划	侯安国
责任编辑	陈亚玲
封面设计	冀帅吉
出　　版	巴蜀书社
	四川省成都市锦江区三色路 238 号新华之星 A 座 36 层
	邮编：610023
	总编室电话：(028)86361843
网　　址	www.bsbook.com
发　　行	巴蜀书社
	发行科电话：(028)86361852
经　　销	新华书店
照　　排	四川胜翔数码印务设计有限公司
印　　刷	成都思潍彩色印务有限责任公司　(028)87510100
版　　次	2023 年 4 月第 1 版
印　　次	2023 年 4 月第 1 次印刷
成品尺寸	240mm×170mm
印　　张	13
字　　数	240 千
书　　号	ISBN 978-7-5531-1949-6
定　　价	50.00 元

本书若有印装质量问题，请与工厂调换

目 录

第一章 "三世皆不显" …………………………………………… (001)

第二章 "少年喜奇迹,落拓鞍马间" ……………………………… (005)

第三章 "年二十七始大发愤" ……………………………………… (009)

第四章 "绝意于功名而自托于学术" ……………………………… (018)

第五章 "真王佐才" ………………………………………………… (022)

第六章 "苏明允本好言兵" ………………………………………… (032)

第七章 "出张公门下" ……………………………………………… (044)

第八章 "名动京师" ………………………………………………… (049)

第九章 "勿滞彼泉旁" ……………………………………………… (058)

第十章 "为《上皇帝书》一通" …………………………………… (064)

第十一章 "江上同舟诗满箧" ……………………………………… (067)

第十二章 "闲伴诸儒老曲台" ……………………………………… (080)

第十三章 "明允恶荆公甚于仇雠" ………………………………… (085)

第十四章 "丹旐俄惊返旧庐" ……………………………………… (100)

第十五章 "千载之微言焕然可知" ………………………………… (104)

第十六章 "有得乎吾心而言" ……………………………………… (109)

第十七章 "君之文博辩宏伟" ……………………………………… (117)

第十八章 "精深有味,语不徒发" ………………………………… (127)

第十九章 "一时之杰,百世所宗" ………………………………… (136)

001

附录

一　苏洵年谱 …………………………………………………（139）

二　苏洵著述简介 ……………………………………………（203）

参考书目 ……………………………………………………（205）

第一章　"三世皆不显"

苏洵，字明允，眉州（今四川眉山）人，生于宋真宗大中祥符二年（1009），卒于宋英宗治平三年（1066），终年五十八岁。

关于三苏的家世，苏洵《苏氏族谱》（卷一四）云："苏氏出自高阳，而蔓延于天下，唐神龙（705—707）初，长史味道刺眉州，卒于官，一子留于眉。眉之有苏氏，自是始。"所谓高阳，是指传说中的古帝颛顼，他因辅佐少昊有功，国于高阳，故称高阳氏。到了汉顺帝时有苏章，曾为冀州（治今河北冀州）刺史，又迁为并州（治今山西太原）刺史，其子孙家于赵州（治今河北赵县），因此，三苏都自称"赵郡苏氏"。

唐朝武则天时有苏味道，赵州栾城（今属河北）人，九岁能文，与同乡李峤都以文翰著称，时号"苏、李"。他在朝曾为凤阁侍郎，后贬为眉州（治今四川眉山）刺史；迁益州（治今四川成都）长史，未赴任就死了。其留一子未能回栾城，在眉州定居下来，从此，眉州才有苏姓。苏味道是一位并不怎么值得称道的人物。他虽曾身居相位，但只是尸位素餐，并没有建立什么功业。他曾对人说，处理事情不要旗帜太鲜明，否则，搞错了会后悔莫及，应"模棱执两端"，即模棱两可，骑双头马儿。因此，当时的人给他取了个意含讥讽的绰号，叫"苏模棱"。证圣元年（695），他与张锡因事下狱，张锡气象自如，苏味道却"席地饮蔬"，装出一副可怜相，以换取武则天对他的从轻处理（《新唐书》卷一一四《苏味道传》，中华书局，1975）。苏洵开列的苏氏家系很难说有多大的可靠性。苏洵自己就说，他的族谱仅仅"上至于吾之高祖，下至于吾之昆弟"，因为"高祖以上不可详矣"。比较可靠的是苏洵的高祖叫苏祐，高祖母为李氏，苏洵《族谱后录下篇》（卷一四）引苏序语："吾祖祐最少，最贤，以才干精敏见称。生于唐哀宗之天祐二年（905），而没于

周世宗之显德五年（958），盖与五代相终始……吾祖娶于李氏。李氏，唐之苗裔，太宗之子曹王明之后，世曰瑜，为遂州长江尉，失官，家于眉之丹棱。"

苏洵的祖父叫苏杲，祖母为宋氏。据苏洵《苏氏族谱》载，苏祐有子六人：苏宗善、苏宗晏、苏宗升、苏杲、苏宗晁、苏德。苏洵《族谱后录下篇》引苏序语："吾父杲最好善，事父母极于孝，与兄弟笃于爱，与朋友笃于信，乡间之人无亲疏，皆爱敬之。娶朱氏，夫人事上甚孝谨而御下甚严。生子九人，而吾独存……卒之岁盖淳化五年（994），推其生之年则晋少帝之开运元年（944）也。"《苏氏族谱》也说："杲不仕，娶朱氏，享年五十一。"

苏洵的父亲叫苏序，母亲为史氏。苏序，字仲先，生于宋太祖开宝六年（973），殁于宋仁宗庆历七年（1047）。他为人平易，薄于为己而厚于为人。与人交往，无论贵贱，都能曲躬尽敬。他表面上虽然同各种人都有交往，但并非没有是非；相反，他心中对人物的品评非常严格。他生活简朴，敝衣恶食，处之不耻。他出入乡里从不乘马，理由是："有甚老于我而行者，吾乘马，无以见之。"他不大管家事，但别人有事，找他帮忙，他却很热心，反复不厌。他轻财好施，荒年曾卖田来赈济邻里。丰收后，邻里要偿还债务，他却不收。他的旱地都种粟，又以稻换粟，用大仓储存，多至三四千石，人们都不知他储粟干什么。后来眉山遇荒年，他就用粟救济乡邻。有人问他，为什么一定要储粟？他说，粟性坚耐久，故广储以备荒年。苏序喜为善而不好读书，晚年却爱作诗，苏洵《族谱后录下篇》云："先生讳序，字仲先……先子少孤，喜为善而不好读书，晚乃为诗，能白道，敏捷立成。凡数十年得数千篇，上自朝廷郡邑之事，下至乡间子孙畋渔治生之意，皆见于诗。"曾巩《赠职方员外郎苏君墓志铭》（《曾巩集》卷四三，中华书局，1984）也说："读书务知大义，为诗务达其志而已，诗多至千余首。"苏序不信迷信，天禧五年（1021），盛传有神降眉州，叫茅将军。州人都很畏惧，修一大庙，塑一茅将军像，虔诚地祷告。苏序却带着二十多个村的人，毁了神像，拆了庙屋。后来他去剑门，经过七家岭，又见有茅将军庙。苏序说："妖神却在此为患耶！"又要率众毁庙。一庙吏向前迎拜道："君非苏七君乎？某昨夜梦神泣曰：

第一章 "三世皆不显"

'明日苏七君至，吾甚畏之。哀告苏七君，且为容恕，幸存此庙，俾窃食此土也。'"（李廌《师友谈记》，学津讨原本）其他人也来劝告苏序，苏序才没有毁七家岭的茅将军庙。所谓"梦神泣告"，显然是庙吏的"托词"；但苏序敢于毁神像，拆庙宇，却不能不说是他破除迷信的表现。

据苏轼《苏廷评行状》（卷一六），苏序有三子二女。长女适杜垂裕，幼女适石扬言。长子苏澹，次子苏涣，苏洵居三。苏序根据三个儿子的不同情况，进行了不同的培养。四川经过五代、宋初的战乱，文化衰落了，读书人很少，又安其乡里，不愿外出做官。正是在这个时候，苏序却让苏澹、苏涣认真读书，为他们创造了良好的学习条件。在苏序的精心培养下，苏澹、苏涣都以文学举进士，苏涣并于宋仁宗天圣二年（1024）进士及第，外出做官，成为循吏。在苏涣之前，眉山孙堪已举进士，但未显而亡，影响不大。而苏涣的进士及第却在眉山产生了巨大的影响。苏轼说："天圣中，伯父解褐西归，乡人嗟叹，观者塞途。"（卷四九《谢范舍人启》）苏辙说："（苏涣）登科，乡人皆喜之，迎者百里不绝。"又说："一乡之人欣而慕之，学者至是相继辈出，至于今，仕者常数十百人，处者（还未出仕者）常千数百人，皆以公为称首。"（《伯父墓表》，《后集》卷二五）曾巩说："涣以进士起家，蜀人荣之，意始大变，皆喜爱学。及其后，眉之学者多至千余人，盖自苏氏始。"（卷四三《赠职方员外郎苏君墓志铭》）"蜀人荣之"，"乡人嗟叹，观者塞途"，"迎者百里不绝"，均说明乡人对宋代眉山较早进士及第的苏涣的仰慕；"其后眉之学者多至千余人"，"释耒耜而执笔砚者十室而九"，说明苏涣进士及第对家乡产生了巨大影响。

在苏涣进士及第这一年，眉山巨富程文应之子程浚亦同科进士及第。苏洵之妻程氏一族，在苏、程联姻时，虽为眉山巨富，但地位并不显要。苏轼《书外曾祖程公逸事》（卷六六）说："公讳仁霸，眉山人，以仁厚信于乡里。蜀平，中朝大夫惮远宦，官阙，选土人有行义者摄。公摄录事参军……外祖父寿九十。舅氏始贵显，寿八十五。曾孙皆仕有声，同时为监司者三人。"苏轼的外曾祖程仁霸，仅摄录事参军，且不久即"罢归"。外祖父指程文应，司马光《苏主簿夫人墓志铭》（《司马公文集》卷七六，四部丛刊初编本。后引

司马光文,只括注卷次、篇名)说:"夫人姓程氏,眉山人,大理寺丞文应之女。"这里的大理寺丞是"封官",苏轼曾对李廌说:"外祖甚富,(苏、程)二家联姻,皆以子贵封官。"(《师友谈记》)"舅氏始贵显",舅氏指程浚,他与苏洵之兄苏涣同科进士及第。苏轼说:"伯父登朝,而外氏程舅亦登朝。"浚先后通判彭州、嘉州、梓州,知归、遂二州,提点湖南路刑狱,除太常少卿,徙夔州路转运使(事见吕陶《太中大夫武昌程公墓志铭》,《净德集》卷二一,四库全书本。下引吕陶诗文均见此书,只注篇名、卷次)。"曾孙皆仕有声",指苏轼表兄弟这一辈。"同时为监司者三人",指程浚长子程正辅(字之才),曾娶苏洵之女、苏轼幼姊八娘,后为广南东路提刑;正辅弟德孺(字之元),亦曾提刑广东;懿叔(字之邵),曾任熙河路转运使。苏序和程文应对其子进士及第的反应迥然不同。程文应为迎接程浚高中归来,预先做了充分准备,并对苏序说:"公何不亦预为之?"苏序答道:"儿子书云:'作官器用亦寄来。'"苏序爱喝酒,常与村父蹲在地上高歌大饮。一天下午大醉中,苏涣的封诰来了,并寄回外缨、公服、笏版、交椅等物。苏序醉中取过封诰,埋头读了一遍,就把寄回的东西装在布口袋中,又把喝酒时剩下的牛肉也装在口袋中,叫一村童"荷而归",自己也骑着小毛驴回城,城中人听说苏涣封诰到了,都赶出城来观看。看见一个人挑着两个口袋回来,这就算接受封诰,"莫不大笑"。程文应知道后,也责备苏序"太简"。但是,正如苏轼后来所说:"惟有识之士识之。"苏序迎接封诰虽简率,但他内心很高兴。据苏辙说:"伯父初登第,太傅(苏序)甚喜,亲至剑门迎之。"(李廌《师友谈记》)

苏祜、苏杲、苏序这三代"皆不显",没有做过什么官,以后在苏辙任执政大臣后才追赠为太保、太傅。从苏涣这一代起才开始外出做官。

第二章 "少年喜奇迹，落拓鞍马间"

苏涣进士及第时，苏洵已经十六岁。正是在苏涣进士及第的影响下，苏洵也参加了下一届即天圣五年（1027）的进士考试，但未及第。

欧阳修[①]《故霸州文安县主簿苏君墓志铭》（卷四三）说："（苏洵）年二十七始大发愤，谢其素所往来少年，闭户读书为文辞。岁余，举进士再不中。"二十七岁之后"岁余"，表明是在二十七岁时；"再不中"，说明苏洵在二十九岁之前还曾举进士；可惜欧阳修未明确交代苏洵初举进士的时间。但是，苏洵的《送石昌言使北引》（卷一五）却为我们提供了重要的线索：

昌言举进士时，吾始数岁，未学也。忆与群儿戏先府君侧，昌言从旁取枣栗啖我。家居相近，又以亲戚故，甚狎。昌言举进士，日有名。吾后渐长，亦稍知读书，学句读，属对声律，未成而废。昌言闻吾废学，虽不言，察其意甚恨。后十余年，昌言及第第四人，守官四方，不相闻。

程、石、苏是当时眉山的三大家族，其后皆有人在外做官，并有姻亲关系，苏序幼女嫁石扬言，石扬言与石昌言为兄弟，故苏洵有"亲戚"之语。司马光[②]《石昌言哀辞》（卷七五）说："眉山石昌言，年十八举进士，伦辈数百人，昌言为之首，声震西蜀。四十三乃及第。及第十八年知制诰，又三年以疾终。光为儿时，始执卷则知昌言名，已而同登进士第，与昌言游凡二十

[①] 欧阳修（1007—1072）：字永叔，号醉翁，晚号六一居士，吉州永丰（今属江西）人，生于绵州（今四川绵阳）。进士及第，官至翰林学士，枢密副使，参知政事。早年支持范仲淹新政，晚年反对王安石变法，他大力倡导诗文革新，并积极培养后进，对北宋文学的发展有巨大贡献。

[②] 司马光（1019—1086）：字君实，陕州夏县（今属山西）人，以反对王安石变法著称，哲宗即位，高太后听政，用为宰相，尽废新法。著有《资治通鉴》等，是著名史学家。与昌言游凡二十

年。"考《司马文正公年谱》，司马光与石昌言"同登进士第"在宝元元年（1038），逆数四十三年，则石昌言当生于至道二年（996）；年十八举进士则当在大中祥符六年（1013）。于此可见：（一）"昌言举进士时，吾始数岁"，昌言举进士在大中祥符六年，时苏洵五岁。（二）"吾后渐长，亦稍知读书，学句读，属对声律"，可见苏洵少年时代也曾为应试而学习。（三）旧时学"成"与否，一般当指是否科举及第。所谓"未成而废"，即指进士未及第而废学。石昌言于宝元元年（1038）进士及第，时苏洵年三十。设苏洵十八岁初举进士不中，到石昌言进士及第为十二年，与"后十余年，昌言进士及第"正合。苏洵在《祭亡妻文》（卷一五）中说："昔予少年，游荡不学。子虽不言，耿耿不乐。我知子心，忧我泯没。"这说明苏洵从十九岁结婚到二十九岁发愤苦读这段时间，皆游荡不学，再未参加进士考试，否则其妻就不会"耿耿不乐"，忧其"泯没"了。据《宋史·仁宗纪》载："天圣四年（1026）五月己卯，诏礼部贡举"；"五年（1027）三月戊申，赐礼部奏名进士、诸科及第出身一千七十六人"。苏洵初举进士不中，当属这次贡举。

苏洵初举进士不第返川之后，同程文应之女结了婚。在眉山，程、石、苏三族中，程家最富。程氏之祖程仁霸，曾摄录事参军；父程文应，官大理寺丞；兄程浚与苏洵之兄苏涣同科进士及第。与程家比较起来，由于苏序好施舍，家财时而耗尽，生活并不宽裕。程氏由巨富之家来到相对比较贫寒的苏家，毫无傲慢或不满之状。苏洵的祖母"老而性严"，家里人走路，脚步重了，都要受到呵斥。但年仅十八岁的程氏却能顺适祖母之意，得其欢心。有人对程氏说，你娘家不乏于财，以父母之爱，求其帮助，不会不答应，"何为甘此疏粝，独不可以一发言乎？"程氏认为，她求助于娘家父母，自然会得到资助；但为了不使人笑话苏洵，说他靠人资助才能养活其妻，她宁愿过"疏粝"生活，也不向娘家求助。她所唯一担忧的，是丈夫苏洵的"游荡不学"，将会一事无成。但程氏是一位沉静贤惠的女子，虽有这种忧虑，却从未表露过。

当时不仅程氏为苏洵的前途忧虑，亲戚邻里也为此忧虑，只有其父苏序很放心。欧阳修《故霸州文安县主簿苏君墓志铭》（《欧阳文忠公集》卷

第二章 "少年喜奇迹,落拓鞍马间"

三四,四部丛刊初编本。下引欧阳修诗文见此书者,只注篇名、卷次)说:"君少独不喜学,年已壮犹不知书。职方君(苏序)纵而不问,乡党亲族皆怪之。或问其故,职方君笑而不答,君亦自如也。"曾巩《赠职方员外郎苏君墓志铭》说:"君之季子洵,壮犹不知书,君亦不强之。谓人曰:'是非忧其不学者也。'"张方平《文安先生墓表》说:"先生(苏洵),其(苏序)季也,已冠,犹不知书。职方不教,乡人问其故,笑曰:'非尔所知也。'"苏序对苏洵"游荡不学"的态度是"纵而不问";人问其故,他或"笑而不答",或说"非忧其不学",甚至说"非尔所知"。苏序对苏澹、苏涣是"教训甚至",为什么对苏洵却"不教","纵而不问",并对其未来充满信心呢?这是因为苏序对苏洵很了解,他颇有大志,不愿为声律、句读之学所束缚;所谓"游荡不学",对书本知识来说,固然是"不学",但对社会知识来说,"游荡"也是一种学习,可增加同社会的接触,了解时弊;加之苏洵"为人聪明,辨智过人"(曾巩《苏明允哀词》,卷四一),只要他下决心静下来苦读,是不难"大究六经百家之说"的。苏洵后来曾说:"知我者惟吾父与欧阳公也。"(欧阳修《故霸州文安县主簿苏君墓志铭》)苏序确实很了解苏洵的特点,善于因材施教。

苏洵青少年时代特别喜欢游山玩水,他的《忆山送人》诗,生动而又详尽地描述了他历次游历祖国名山大川的情况,诗的开头六句总写他爱好游览祖国河山:

> 少年喜奇迹,落拓鞍马间。
> 纵目视天下,爱此宇宙宽。
> 山川看不厌,浩然遂忘还

落拓者,不拘小节,豪迈放浪是也。落拓鞍马,纵目天下,浩然忘还等语,生动形象地表达了少年苏洵的豪情。

接着描写他的岷峨之游:

岷峨最先见，晴光压西川。
远望未及上，但爱青若鬟。
大雪冬没胫，夏秋多蛇蚖①。
乘春乃敢去，匍匐攀屠颜。
有路不容足，左右号鹿猿。
阴崖雪如石，迫暖成高澜。
经日到绝顶，目眩手足颠。
自恐不得下，抚膺忽长叹。
坐定聊四顾，风色非人寰。
仰面嗽云霞，垂手抚百山。
临风弄襟袖，飘若风中仙。

岷，指岷山，位于四川北部川甘两省边境，沿岷江而下直至灌县（今四川都江堰）青城山均属岷山山系。这里的岷山指青城山，诗末有"岷山青城县"一句可证。峨，指峨眉山。这都是山势雄伟、峰峦挺秀的名山，蜀人有"峨眉天下雄，青城天下秀"之称。这些山离苏洵的故乡眉山很近，晴朗的日子清晰可见。前四句写在家远望岷峨的景色，座座山峦如发鬟一般。再八句写登山，这里冬天雪深，夏天蛇多，只有春天才敢爬山。由于山势险要，路不容足，只好小心谨慎地匍匐前进，一路上只听见鹿鸣猿啼。背阴一面白雪皑皑，终年积雪，雪冻得坚硬如石；当阳一面，积雪融化，树木葱茏，有如大海波澜。最后十句写登上绝顶后的感受，一面觉得两目昏眩，手足发抖，生怕无路可下；一面又感到云霞可嗽，百山可抚，风吹襟袖，飘飘欲仙，似非人世。这样既描写了岷峨的高耸入云，又抒发了自己的舒畅心情。因青城山、峨眉山离眉山很近，"少年喜奇迹，落拓鞍马间"的苏洵，一定在二十七岁发愤苦读以前就曾去岷峨游山玩水，而且可能不止一次。

---

① 蚖：蛇的一种。

第三章　"年二十七始大发愤"

苏洵在《上欧阳内翰第一书》（卷一二）中说："洵少年不学，生二十五岁始知读书，从士君子游。"欧阳修在《故霸州文安县主簿苏君墓志铭》中说："年二十七始大发愤，谢其素所往来少年，闭户读书为文辞。"苏洵说自己"二十五岁始知读书"，欧阳修说他"年二十七始大发愤"，是否矛盾呢？不矛盾，因为前者讲的是"始知读书"，后者讲的"始大发愤"，二者是程度不同的。苏洵真正"发愤"读书，是从二十七岁开始的。在他二十七岁时，一天深有感慨地对妻子程氏说："吾自视，今犹可学。然家待我而生，学且废生，奈何？"从苏洵这些话可以知道，他在二十七岁之前的"不学"，也并非完全因为在"游荡"，而且还因为他承担起了一家人的生活重担。这时，他的父亲苏序已年过六旬，而且一贯不大理家事，母亲史氏夫人，在苏洵二十四岁时已去世；大哥苏澹是一位读书人，身体似乎也不太好，在苏洵二十九岁时就死了；二哥苏涣在外做官，一家的生活重担很自然地落在苏洵肩上。从苏洵这席话也可看出，他确实是志气非凡。一般人在二十七岁还没有读多少书，就不会在学业上追求了，但他却颇有信心地说："吾自视，今犹可学。"而尤其可贵的是他的妻子程氏，毅然把生活重担接过来，为苏洵发愤苦读创造了良好的条件。她回答苏洵说："我欲言之久矣，恶使子为因我而学者。子苟有志，以生累我可也！""我欲言之久矣"，表明她早就希望苏洵能发愤苦读了；但学习必须靠自觉立志，如果因父母、妻子要求自己读书而勉强应付，是不可能持久的，也不可能取得成绩的。这大概就是苏序纵而不问和程氏欲言又忍的原因。现在苏洵既然自觉地立志苦读，程氏于是"罄出服玩鬻之以治生，不数年遂成富家"；苏洵"由是得专志于学，卒成大儒"（司马光《苏主簿夫人墓志铭》）。完全有理由这样说：没有程氏夫人这样一位好内助，苏洵是不可能成为"大儒"的。

苏洵二十七岁后，除"专志于学"外，还"谢其素所往来少年"，而"从士君子游"。苏洵从二十七岁发愤苦读，到至和元年（1054）四十六岁张方平入蜀前，现在所可考知的苏洵交游的"士君子"有以下这些人：

（一）史经臣兄弟。史经臣，字彦辅，眉山名士，与苏洵齐名，屡试不第，终生未仕，潦倒而死。其弟史沆，字子凝，进士及第，官于临江（今江西清江），不知什么原因被捕入狱，不得志而死。苏洵和史彦辅结交是在宝元、康定年间（1038—1040）。两人性格完全不同，史彦辅性格豪迈粗放："子以气豪，纵横放肆，隼击鹏骞。奇文怪论，卓若无敌，悚怛旁观。忆子大醉，中夜过我，狂歌叫喧。"苏洵的性格却很沉静："予不喜酒，正襟危坐，终夕无言。"这样两位性格完全不同的人，怎么成了莫逆之交呢？就因为他们均有大志，心心相印："他人窃惊，宜若不合，胡为甚欢？嗟人何知，吾与彦辅，契心忘颜。"（苏洵《祭史彦辅文》，卷一五）

（二）眉州知州董储。董储，密州安丘（今属山东）人，宝元二年（1039）以都官员外郎知眉州。苏轼后来知密州，经过董储故居，曾作《董储郎中尝知眉州，与先人游。过安丘，访其故居，见其子希甫，留诗屋壁》诗（卷一四）。可见董储知眉州期间，苏洵曾与他交游。

（三）陈公美。陈公美是眉山人，曾与苏洵结拜为兄弟，友谊甚深："饮食不相舍，谈笑久所陪。"（苏洵《答陈公美》卷一六）

苏洵还曾与张俞（一作"愈"）等人交游，下节再做论述。

苏洵二十七岁后虽然与士君子交游，发愤苦读，但走的道路仍然是少年时代的"属对声律"，以应付科举考试的道路。他本来不长于此道，对它不感兴趣，但为了应付考试又不得不学。经过一年多的刻苦学习，学问大进，但在二十九岁时再举进士，仍然不中。苏洵《忆山送人》的中间一部分，完整地记述了他这次因举进士，东出三峡，北上入京应试，落第后又西越秦岭返川的全过程。他先写荆渚之游说：

揭来游荆渚，谈笑登峡船。
峡山无平冈，峡水多悍湍。

第三章 "年二十七始大发愤"

> 长风送轻帆,瞥过难详观。
> 其间最可爱,巫庙十数巅。
> 耸耸青玉干,折首不见端。
> 其余亦诡怪,土老崖石顽。
> 长江浑浑流,触啮不可拦。
> 苟非峡山壮,浩浩无隅边。
> 恐是造物意,特使险且坚。
> 江山两相值,后世无水患。

前六句写长江水流湍急,一拟人化的"悍"字,就把江水的狂暴概括无余了;"长风送轻帆,瞥过难详观"二句,更把我们带入了李白的"两岸猿声啼不住,轻舟已过万重山"的意境。中六句主要写巫山十二峰,"耸耸青玉干,折首不见端",正是峡中所见景色。后八句是苏洵发的议论,浑浑长江,汹涌奔腾,势不可挡;若不是有坚如磐石的巫山为之屏障,这样大的江水定会浩无边际;汹涌的长江碰上雄壮的巫山,真是天设神造,可算大自然的杰作,配合得太巧妙了,以至于苏洵发出了"江山两相值,后世无水患"的由衷赞美。接着他由水行改为陆行赴京:

> 水行月余日,泊舟事征鞍。
> 烂熳走尘土,耳嚣目眵昏。
> 中路逢汉水,乱流爱清渊。
> 道逢尘土客,洗濯无瑕痕。
> 振鞭入京师,累岁不得官。

最后两句表明,他是为"得官"即参加进士考试而"入京"的,既然"累岁不得官",即进士考试落第,他只好带着沉重的心情重返故乡:

> 悠悠故乡念,中夜成惨然。
> 《五噫》不复留,驰车走辚辕。

《五噫》指东汉梁鸿作的《五噫歌》："陟彼北芒兮，噫！顾览帝京兮，噫！宫室崔嵬兮，噫！人之劬劳兮，噫！辽辽未央兮，噫！"这首诗表现了对朝廷的失望和不满，后来诗文中多用"五噫"表示告退之意。苏洵这里用这个典故，也表现了他对宋王朝的失望，决心辞别帝京。苏洵在返川途中经过嵩山：

自是识嵩岳，荡荡容貌尊。
不入众山列，体如镇中原。

华山：

几日至华下，秀色碧照天。
上下数十里，映睫青巑岏。

终南山：

迤逦见终南，魁岸蟠长安。
一月看山岳，怀抱斗以骞。

进入秦岭，更是一番特异景色：

渐渐大道尽，倚山栈夤缘①。
下瞰不测溪，石齿交戈鋋。
虚阁怖马足，险崖摩吾肩。
左山右绝涧，中如一绳悭。
傲睨驻鞍辔，不忍驱以鞭。
累累斩绝峰，兀不相属联。

---

① 夤缘：攀附而上。

第三章 "年二十七始大发愤"

> 背出或逾峻,远鹜如争先。
> 或时度冈岭,下马步险艰。
> 怪事看愈好,勤劬变清欢。
> 行行上剑阁,勉强踵不前。
> 矫首望故国,漫漫但青烟。
> 及下鹿头坡,始见平沙田。

苏洵沿着山间栈道攀越秦岭。往下看,溪流深不可测;往上看,山石有如犬牙交错,戈铤交织。栈阁好像虚悬空中,悬崖与人摩肩并立,山涧之间细如一线,峰与峰间互不相连。近峰更感高峻,远峰如鹜争飞。在这样的山中行走,马怖人疲。但是,无限风光在险峰,苏洵留恋逡巡,驻鞍傲睨,愈看越觉得祖国河山美丽,忘了疲劳——"勤劬变清欢"。当苏洵登上剑阁,遥望故乡,还只见茫茫一片;但来到德阳县北三十余里的鹿头山,平坦而又肥沃的成都平原就尽收眼底了。苏洵《忆山送人》在记叙了这次完整游历后又说:

> 归来顾妻子,壮抱难留连。
> 遂使十余载,此路常周旋。

庆历五年(1045),三十七岁的苏洵因举制策入京,是"遂使十余载,此路常周旋"中的又一次。

苏轼在《记史经臣兄弟》(卷七二)中说:"先友史经臣,字彦辅,眉山人。与先君同举制策,有名蜀中,世所共知。"这是苏洵三十八岁时的事,制策考试是封建王朝临时设置的,《宋史·选举志》说:"制举无常科,所以待天下之才杰,天子每亲策之。"但到宋仁宗时,制科久废,仁宗下诏说:"朕开数路以详延天下之士,而制举独久不设,意者吾豪杰或以故见遗也,其复置此科。"仁宗皇帝除恢复原有六科(指贤良方正能直言极谏科、博通坟典明于教化科、才识兼茂明于体用科、详明吏理可使从政科、洞识韬略运筹帷幄科、军谋宏远材任边寄科)"以待京、朝之被举及起应选者"外;又新设置了

"高蹈丘园科、沉沦草泽科、茂材异等科,以待布衣之被举者"。苏洵正是以布衣应举,参加茂材异等科的考试。宋代每三年举行一次进士考试,每次及第的多达数百人,甚至一千多人。而制科考试既非常科,每次所举的人也很少,举制策比举进士困难得多。因此,苏轼说其父因举制策而"有名蜀中",一点也不夸张。

苏洵因应制举入京前后,朝廷政局发生了很大变化。自宝元元年(1038)以来,西夏赵元昊①称帝,宋王朝同西夏之间爆发了战争。庆历元年(1041)的好水川一战,宋军将士死者万余人,庆历二年(1042)契丹乘元昊之乱进行要挟,宋王朝继澶渊之盟所定每岁给契丹大量贿赂外,又每岁增纳辽银绢各十万两匹。庆历三年,元昊虽多次获胜,但自己也伤亡过半,于是上书请和。四月和议达成,宋王朝每年赐西夏银十万两、绢十五万匹、茶三万斤。仁宗鉴于同辽和西夏的战争失败,想通过革新朝政以达到富国强兵的目的。于是先后任命范仲淹②为参知政事、富弼③为枢密副使、欧阳修等为谏官,主张革新的大臣聚集于朝廷。范仲淹提出了明黜陟、抑侥幸、精贡举、择长官、均公田、厚农桑、修武备、推恩信、重命令、减徭役等十条政纲,多为仁宗所采纳而付诸实行,这就是所谓的庆历新政。庆历新政大大鼓舞了全国的有志之士,苏洵说:"往者天子方有意于治,而范公在相府,富公为枢密副使,执事(指欧阳修)与余公(靖)④、蔡公(襄)⑤为谏官,尹(洙)公⑥驰骋上下,用力于兵革之地。方是之时,天下之人,毛发丝粟之才,纷纷然而起,合而为一。"这也大大鼓舞了苏洵:"洵也自度其愚鲁无用之身,不足以自奋

---

① 赵元昊(1003—1048):西夏国主,1032—1048年在位,1038年称帝,国号大夏,先后击败了吐蕃和回鹘,并同宋王朝多次进行战争。
② 范仲淹(989—1052):字希文,吴县(今江苏苏州)人,进士及第,官至枢密副使、参知政事。曾守卫西北边疆,遏止西夏侵扰,并力主改革,是当时著名政治家。
③ 富弼(1004—1083):字彦国,河南洛阳人。庆历二年曾出使契丹,允许增加岁币。次年任枢密副使,与范仲淹共同推行庆历新政。后官至宰相。王安石执政后,退居洛阳,反对新法。
④ 余公:指余靖(1000—1064),字安道,韶州曲江(今属广东)人。直言敢谏,与欧阳修、王素、蔡襄并称"四谏"。曾三使契丹,并参与平定侬智高之变。
⑤ 蔡公:指蔡襄(1012—1067),字君谟,兴化仙游(今属福建)人。论事无所回避,为知制诰日,除授非当职,辄封之,是北宋著名书法家。
⑥ 尹公:指尹洙(1001—1046),字师鲁,河南洛阳人。官至起居舍人。自元昊叛,常在兵戎间。他提倡古文,著有《河南集》。

第三章 "年二十七始大发愤"

于其间,退而养其心,幸其道之将成,而可以复见于当世之贤人君子。"(《上欧阳内翰第一书》)

但是,庆历新政推行仅一年就失败了。范仲淹的新政限制贵族的部分特权,加强对官吏的举劾,触犯了他们的私利,遭到强烈反对。范仲淹恐惧不安,请求行边,于庆历四年(1044)六月以参知政事为河东宣抚使,七月富弼出为河北宣抚使,九月欧阳修出为河北都转运使。范仲淹等离开朝廷后,政敌进一步打击革新派。他们借口著名诗人、监进奏院苏舜钦①以鬻故纸钱祠神,以妓乐娱宾一事,大肆兴风作浪,进行弹劾。苏舜钦是范仲淹所推荐的,又是支持新政的宰相杜衍②的女婿。他们醉翁之意不在酒,无非是想通过打击苏舜钦来进一步打击革新派。结果他们如愿以偿了,苏舜钦被除名。庆历五年春,仁宗下诏废除关于磨勘和恩荫的新法,范仲淹罢相知邠州,杜衍罢相知兖州,富弼知郓州。革新派被他们一网打尽,一一逐出朝廷。庆历新政的失败给苏洵很大的刺激,他在《上欧阳内翰第一书》中说:"不幸道未成而范公西,富公北,执事与余公、蔡公分散四出,而尹公亦失势,奔走于小官。洵时在京师,亲见其事,忽忽仰天叹息,以为斯人之去,而道虽成,不复足以为荣也!"

苏洵这次因举制策入京,结识了更多的士大夫。其中特别值得一提的是颜太初。太初,字醇之,徐州彭城人,因所居在凫、绎两山之间,号凫绎先生。进士及第,先后任莒县尉、阆中主簿、临晋主簿等职。他博学有隽才,慷慨好义,其诗多讥刺时事。苏洵认为,他的诗文皆有为而作,言必中当世之过。苏洵这次还在长安见到了多年未见的石昌言。如前所述,石昌言对苏洵的游荡不学是很不满的,这次看了苏洵的几十篇文章,非常高兴,称赞他大有长进。

尽管石昌言对苏洵的文章"甚喜""称善",但仍不符合考官的胃口,以"不中"告终。这时苏洵的哥哥苏涣正从阆中卸任归京,作诗送苏洵返川说:

---

① 苏舜钦(1008—1048):字子美,梓州铜山(今四川中江)人,以范仲淹荐,任集贤殿校理,监进奏院。因鬻故纸神祠娱宾案,除名为民,退居苏州沧浪亭。工诗文,与梅圣俞齐名,世称苏梅。有《苏学士文集》。

② 杜衍(978—1057):字世昌,山阴(今浙江绍兴)人,历任御史中丞、枢密使、同平章事,同范仲淹等共同推行新政,因苏舜钦被除名,不自安。因陈执中谮,罢相。

"人稀野店休安枕，路人灵关稳跨驴。"但是，郁郁寡欢的苏洵并没有直接返川，而是由嵩洛去庐山，开始了他的南游。

苏洵在《忆山送人》诗中写道：

> 投身入庐岳，首把瀑布源。
> 飞下二千尺，强烈不可干。
> 余润散为雨，遍作山中寒。
> 次入二林寺，遂获高僧言。
> 问以绝胜境，导我同跻攀。
> 逾月不厌倦，岩谷行欲殚。

苏洵在庐山，首先观看了著名的庐山瀑布，果然名不虚传，大有"飞流直下三千丈"的气势，瀑布飞溅如雨，寒气袭人。接着苏洵游了庐山的东林寺和西林寺。这里的两位高僧讷禅师和景福顺长老都是四川人，他们在遥远的异乡会到了家乡人，当然很高兴。因此，他们主动为苏洵做导游，陪同苏洵游览庐山名胜，经过一个多月，几乎走遍了庐山的悬岩绝谷。

苏洵在游了庐山后，又南游虔州（今江西赣州）："下山复南迈，不知已南虔。"苏洵在虔州的天竺寺观赏了唐代著名诗人白居易[①]亲笔书写的诗，苏轼《书乐天诗》（卷六七）云："一山门作两山门，两寺元从一寺分。东涧水流西涧水，南山云起北山云。前台花发后台见，上界钟清下界闻。遥想高僧行道处，天香桂子落纷纷。"唐韬光禅师自钱塘天竺来住此山，乐天守苏日，以此诗寄之。庆历中，先君游此山，犹见乐天真迹。后四十七年，轼南迁过虔，复经此寺，徒见石刻而已。绍圣元年八月十七日，苏洵在虔州还结识了钟子翼及其弟钟槩。钟子翼是江南一秀，欧阳修、曾巩均知其人。苏洵到了虔州，钟氏兄弟就陪他游马祖岩、天竺寺等地。苏洵当时还是默默无闻的平

---

① 白居易（772—846）：字乐天，号香山居士，其先太原（今属山西）人，后迁居下邽（今陕西渭南东北），因直言敢谏，贬江州司马。后任杭州、苏州刺史。其诗多反映现实，是新乐府运动的倡导者。著有《白氏长庆集》。

第三章 "年二十七始大发愤"

头百姓，平时在各地旅游，不但没有人向他让座，甚至还同他争位子，而钟氏兄弟却看出苏洵是很了不起的人，对他很尊敬。苏洵不喝酒，钟氏兄弟却像汉初的楚元王敬重穆生一样，每次都要为苏洵设酒。苏轼《钟子翼哀词》（卷六三）云："轼年始十二，先君宫师归自江南，曰：'吾南游至虔，有隐君子钟君，与其弟槩从吾游，同登马祖岩，入天竺寺，观乐天墨迹。吾不饮酒，君尝置醴焉。'方是时，先君未为时所知，旅游万里，舍者常争席，而君独知敬异之。其后五十有五年，轼自海南还，过赣上，访先君遗迹，而故老皆无在者，君之没盖三十有一年矣。见其子志仁、志行、志远，相持而泣，念无以致其哀者，乃追作此词。君讳棐，字子翼，博学笃行，为江南之秀。欧阳永叔、尹师鲁、余安道、曾子固皆知之，然卒不遇以没。"

苏洵本准备继续游岭南，了解少数民族的情况；但因得知父亲苏序去世，未能如愿以偿，他只好匆匆返川：

　　　　五岭望可见，欲往若不难。
　　　　便拟去登玩，因得窥群蛮。
　　　　此意竟不偿，归抱愁煎煎。

末句即指他的父亲去世。苏洵在返川途中，又与史经臣会于临江（今江西清江）。他们二人因同举制策，共同入京，旅食京城。苏洵《祭史彦辅文》中所说的"飞腾云霄，无有远近，我后子先。挤排涧谷，无有险易，我溺子援。破窗孤灯，冷灰冻席，与子无眠。旅游王城，饮食瘠瘵，相恃以安"，就是写的这段情况。在应制举落第后，苏洵南游庐山、虔州，史经臣则去临江看他的弟弟史沆。但史经臣的"爱弟子凝，仓卒就狱，举家惊喧"。而苏洵又得到了父亲病逝的消息："有书晨至，开视惊叫，遂丁大艰。故乡万里，泣血行役，敢其生还！"制科考试的失败，已经够他们难受的了；而祸不单行，史沆的就狱，苏序的病逝，更给他们带来了无限的痛苦。史经臣是性格豪放的人物，他劝苏洵不要自己摧残自己，并陪苏洵返川，给了苏洵莫大的安慰："中途逢子，握手相慰，曰无自残。旅宿魂惊，中夜起行，长江大山。前呼后应，告我无恐，相从入关。"

第四章 "绝意于功名而自托于学术"

当苏洵回到家里的时候,苏涣也返家居丧了。他们共同把苏序安葬在眉山县修文乡安道里先茔之侧。

"到家不再出,一顿俄十年。"(《忆山送人》)苏洵作为北宋颇有远见、思想颇为深刻的政论家,他的基本观点主要是在庆历七年(1047)举制策不中返家之后,到嘉祐元年(1056)送二子入京应试之前这十年中形成的,他一生的主要著述也是在这十年的后期完成的。宋王朝对辽和西夏战争的接连失败,为改变积贫积弱局面而推行的庆历新政的很快夭折及自己发愤苦读而仍屡试不第的不幸经历,不能不引起苏洵的深深思索。这使苏洵在思想上发生了质的飞跃。在这之前,他虽然已经表现出有远大的志向、惊人的毅力,但在思想上与一般士子还没有本质区别,或则游荡不学,或则通过刻苦攻读而走科举仕进之路。而在这之后他才决心不走科举之路,认真研究我国古代的文化学术思想,探寻治国之道。

苏洵初举进士不中,可能与他"少不喜学"分不开。但他举进士再不中,特别是举制策亦不中,却表现了科举制度窒息人才。隋唐兴起的科举制度比起魏晋南北朝的九品中正制[①]来,有一定的进步意义。但到了宋代,科举考试制度已经开始暴露出明显的弊端。由于自身的痛苦经历,苏洵较早较深刻地看出了科举制度的局限性,有时不但不能选拔出真正的人才,而且往往埋没了人才。人各有长,亦各有短,苏洵不长于"声律记问"之学,而考官又只知道以"声律记问"之学量人,苏洵屡试不中也就很自然了。苏洵在《广士》

[①] 九品中正制:魏晋南北朝选拔官吏的举荐制度。即以各郡有声望的人任中正,把当地士人按"才能"(实际后来变成了按家族地位、社会关系)分为九品,朝廷按等选用。其结果是被士族豪门垄断了举荐。

第四章 "绝意于功名而自托于学术"

（卷四）一文中说："人固有才智奇绝，而不能为章句、名数、声律之学者，又有不幸而不为者。苟一之以进士、制策，是使奇才绝智有时而穷也。""不能为"是说不长于此道；"不幸而不为"是说不屑于此道。苏洵兼有二者，他既不长于此道，而举制策落第后更不屑于此道，结果他这位"奇才绝智"之人就难免"有时而穷"了。苏轼在《谢制科启》（卷四六）中感慨道："制治之要，惟有取人之难。用法者畏有司之不公，故舍其平生而论其一日；通变者恐人才之未尽，故详于采听而略于临时。兹二者之相形，顾两全而未有。一之于考试，而掩之于仓卒，所以为无私也，然而才行之迹，无由而深知；委之于察举，而要之于久长，所以为无失也，然而请嘱之风，或因而滋长。此隋唐进士之所以为有弊，魏晋中正之所以为多奸！"这段话讲得很深刻，科举考试，不看平时才行，而决定于一试，未必能真正发现人才；而九品中正的举荐制度却为开后门（所谓"请嘱之风"）大开方便之门。苏轼这封信写于二十六岁时，正是他应进士试和制科试都在高等，在科举道路上非常顺利的时候。他尝到的是科举制度的甜头，他之所以发出这样的感慨，显然是有感于父亲的屡试不第。他的这番话颇能代表苏洵的看法。

苏洵的可贵就在于，他没有继续让自己去适应不合理的科举考试制度，发愤于声律记问之学；相反，他在"举茂材异等不中"之后，得出的结论是："此不足为学也！"（欧阳修《故霸州文安县主簿苏君墓志铭》）从此，他决心走自己的道路。他在《上韩丞相书》（卷一三）中说："及长，知取士之难，遂绝意于功名，而自托于学术。"既然求取功名非"声律记问"之学不可，他就放弃了通过科举考试以求仕进的道路。他在二十七岁后是"发愤"于科举，而在三十八岁"举茂才异等不中"之后，开始"发愤"于学术。这是苏洵生活道路上的又一转折点。

苏洵不仅告别了科举考试，而且烧掉了为应付科举考试而作的数百篇文章，尽管其中数十篇已被石昌言"称善"。苏洵在《上欧阳内翰第一书》中说："其后困亦甚（指再举进士不中和举茂材异等不中），然后取古人之文而读之，始觉其出言用意与己大异。时复内顾，自思其才，则又似乎不遂止于是而已者。由是，尽焚曩时所为文数百篇，取《论语》、《孟子》、韩子（愈）

019

及其他圣人贤人之文而兀然端坐，终日以读之者七八年。"欧阳修《故霸州文安县主簿苏君墓志铭》在讲到他"举茂才异等不中"之后的情况时也说："悉取所为文数百篇焚之。益闭户读书，绝笔不为文辞者五六年，乃大究六经百家之说，以考质古今治乱成败、圣贤穷达出处之际，得其精粹，涵蓄充溢，抑而不发者久之。"这两段话告诉我们三件事：（一）焚稿断痴情。为什么要烧掉这些稿子呢？因为这些文章"浅狭可笑，饥寒穷困乱其心，而声律记问又从而破坏其体，不足观也已！"（卷一一《上田枢密书》）总之，这些文章都是为应付科举考试而作的，没有多大价值。（二）闭户读书七八年。决心不走科举之路，读书也就自由了，没有必要再为应付考试而读书，可以想读什么就读什么。《论语》、《孟子》、韩愈的文章，这之前他当然也读过，但只有这时，他才真正读出味道来："方其始也，入其中而惶然；博观于其外，而骇然以惊；及其久也，读之益精，而其胸中豁然以明。"过去为应付考试而慌慌张张读书，哪有这种既钻得进去，又跳得出来，反复咀嚼，而终于豁然开朗的境界呢？（三）闭户不为文辞五六年。过去是为应付科举考试而作文，不管有话说，无话说，都得写，那是为文而文。现在没有必要无话找话说了，而是到了"胸中之言日益多，不能自制"之时，他才开始写文章。

苏洵这一期间杜门在家，经常往来的只有史经臣。苏轼《答任师中、家汉公》（卷一五）说："先君昔未仕，杜门皇祐（1049—1054）初。道德无贫贱，风采照乡间。何尝疏小人，小人自阔疏。出门无所诣，老史在郊墟。门前万竿竹，堂上四库书。"诗中所说的"老史"就是指的史经臣。史经臣陪苏洵返家后，生了一场大病，手足痉挛，成了残废。其弟史沆之死，更使他伤心到极点，气得吐血。但是，种种不幸并未使他改变当年的豪情："我嘉子心，壮若铁石，益固而坚。瞋目大呼，屋瓦为落，闻者竦肩。"（《祭史彦辅文》）

皇祐初年，苏洵还曾去拜访过益州知州田况[①]（见苏洵《上田枢密书》，

[①] 田况（1005—1063）：字元均，冀州信都（今河北冀州）人。少有大志，夏竦经略陕西，辟为判官。言治边十四事。田况于庆历八年至皇祐二年（1048—1050）知益州，苏洵见田况于益州当在此时。

·第四章 "绝意于功名而自托于学术"·

卷一一）。他同郫县隐士张俞游居岷山白云溪也可能在这段时间。苏轼《题张白云诗后》说："张俞（字）少愚，西蜀隐君子也。与予先君游，居岷山下白云溪，自号白云居士。本有经世志，特以自重难合，故老死草野。"苏轼没有明确交代苏洵同张俞游居岷山白云溪的具体时间。但《宋史·张俞传》提供了重要线索："文彦博[1]治蜀，为置青城山白云溪杜光庭[2]故居以处之。"而文彦博治蜀是在庆历四年至庆历七年（1044—1047）期间，因此，苏洵同张俞游居青城山白云溪疑在庆历四年之后。如前所述，庆历五年至庆历七年苏洵均游学在外，不在四川。因此，苏洵同张俞游居青城山白云溪当在庆历七年返川服父丧期满之后。了解苏洵同张俞的交游，对了解苏洵政治、军事思想的形成很有意义。张俞少嗜书，好为诗，隽伟有大志，游学四方，屡举不第。宝元年间，元昊反叛，宋王朝同西夏的战争爆发。张俞上书，陈攻取十策，主张联合契丹，使辽、夏相攻，以完中国之势。朝廷壮其言，以他为校书郎，凡六诏皆不起。苏洵同这样的人物游居青城山白云溪，显然同他研讨过对西夏作战失败以及庆历新政失败的教训问题。苏洵皇祐末、至和初所作的《权书》、《几策》，就是为总结同辽和西夏战争失败的教训而作的。他在这些著述中，针对现实问题，系统提出了涉及政治、经济、军事等各个领域的革新主张，比较集中地代表了苏洵的政治军事思想。

---

[1] 文彦博（1006-1097）：字宽夫，汾州介休（今属山西）人。宋仁宗朝官至宰相，神宗朝反对王安石变法，元祐初支持司马光废除新法，以年过八旬的高龄平章军国政事。

[2] 杜光庭（850-933）：字圣宾，又作宾圣，道号东瀛子，唐末括苍（今浙江丽水）人，工辞章，因试不第，入天台山为道士。僖宗逃蜀，光庭始充麟德殿文章应制。王建据蜀，进户部侍郎后归老青城。

第五章 "真王佐才"

苏洵的现存作品主要写于范仲淹推行庆历新政遭到失败,王安石变法正在酝酿的时期。

苏洵的政治主张集中表现在十篇《衡论》和洋洋五千余言的《上皇帝书》中。《衡论》作于至和二年(1055)以前,他在这年初见张方平时就献了这部书。《上皇帝书》与王安石的《上仁宗皇帝言事书》作于同年,即嘉祐三年(1058)。这就是说,在王安石提出"变更天下之弊法"以前,苏洵已在《衡论》中提出了一整套的政治革新主张。

苏洵认为,要治理好国家,首先应"定所尚",制定好带根本性的指导方针。施政时,只能围绕这个方针略作变易;而这个方针本身,应该坚持不变。他说:

> 治天下者定所尚。所尚一定,至于万千年而不变。使民之耳目纯于一,而子孙有所守,易以为治。(卷一《审势》)

苏洵认为,夏、商、周三代就是这样做的,夏尚忠,商尚质,周尚文,"视天下之所宜尚而固执之,以此而始,以此而终,不朝文而暮质,以自溃乱"(同上)。这"朝文而暮质",显然是针对现实而发的,宋仁宗在庆历新政问题上,正是朝三暮四,朝令夕改的。仁宗鉴于宋王朝内外矛盾的加剧,采纳了范仲淹革新朝政的主张,任命范仲淹为参知政事,推行"新政"。但因新政触犯了大官僚大地主的某些眼前利益,遭到他们的强烈反对,于是仁宗又把范仲淹逐出朝廷,"新政"推行仅一年就夭折了。如前所述,庆历新政时,苏洵也在京城,这件事给他留下了深刻的印象。他认为,为了"子孙万世帝王之计"

第五章 "真王佐才"

必须"先定所尚，使其子孙可以安坐而守其旧；至于政弊，然后变其小节，而其大体卒不可革易，故享世长远"（同上）。

要"定所尚"就必须"审势"，研究当前形势所存在的问题。否则，就无法"定所尚"；勉强定出来也会不合"势"，结果招致灭亡。这就像治病一样，下药之前首先应该研究这种病属阴症还是阳症，"药石之阳而投之阴，药石之阴而投之阳，故阴不至于涸，而阳不至于亢"，这才能治好病。如果没有弄清病情就乱投药，"以阴攻阴，以阳攻阳，则阴者固死于阴，而阳者固死于阳，不可救也"。治国也是同样的道理："善养身者先审其阴阳，而善治天下者先审其强弱，以为之谋。"治理国家应该用威政还是惠政，应该宽还是应该严，只能根据形势来决定。不"审势"，则宽严皆误，威、惠均可导致亡国。周之灭亡就在"拘于惠"，已经很弱了而不知用威；秦之灭亡就在"勇于威"，已经很强了而不知用惠，"二者皆不审天下之势也"。因为"强甚而不已则折""弱甚而不已则屈"，因此，应该用威与惠来调节，"处弱者利用威，而处强者利用惠"，使强不至于折，弱不至于屈。苏洵认为："有天下者，必先审知天下之势，而后可与言用威惠。不先审知其势……强而益之以威，弱而益之以惠，以致于折与屈者，是可悼也。"（同上）

北宋当时的形势如何呢？苏洵认为宋王朝的中央集权并不亚于秦："吾宋之制，有县令，有郡守，有转运使，以大系小，丝牵绳联，总合于上。虽其地在万里外，方数千里，拥兵百万，而天子一呼于殿陛间，三尺竖子驰传捧召，召而归之京师，则解印趋走，惟恐不及。"但是，这样集中统一的政权却"常病于弱"，原因何在呢？就在于"习于惠而怯于威也，惠太甚而威不胜也"。"习于惠而怯于威"的表现，一是滥赏，"赏数（多）而加于无功"；二是刑弛，"刑弛而兵不振"。苏洵说：官吏旷惰，职废不举，而败官之罚不加严；多赎数赦，不问有罪，而刑罚之禁不能行；冗兵骄狂，负力幸赏，而姑息纵容不敢节制；将帅全军覆没，匹马不还，而兵败之责不加重；辽和西夏陵压宋王朝，邀金缯，增币帛而不怒："若此类者，大弱之实也。"（同上）吏治腐败，军纪松弛，府库空虚，在同辽和西夏的关系上忍辱偷安，这都是宋王朝"大弱"的表现。

苏洵在《贺欧阳枢密启》(《嘉祐集笺注逸文》)中说，宋王朝"虽号百岁之承平，未尝一日而无事"，这句话是很深刻的。宋王朝建国一百年来，在同辽和西夏的关系上，一直处于被动挨打的局面，而国内的士兵起义、农民起义，更是此起彼伏，几乎没有间断过。在《上韩舍人书》(卷一二)中，苏洵又说："方今天下虽号无事，而政化未清，狱讼未衰息，赋敛日重，府库空竭，而大者又有二虏之不臣。"有治平之名而无治平之实，表面上虽号无事，而实际上隐伏着政治、经济、军事危机，这就是当时形势的特点。

苏洵认为："未乱易治也，既乱易治也。有乱之萌，无乱之形，是谓将乱。将乱难治。"(卷一五《张益州画像记》)"未乱"，按常规治理，好办；"既乱"，采取非常措施，也好办。最难办的是"将乱"而又"未乱"之时，有远见卓识的人采取防乱的有力措施，将被认为是生事；而那些庸碌之辈看不见"有乱之萌"，于是因循守旧，无所作为，不思防范。

针对当时"大弱之实"的形势，苏洵主张用强政，主张"尚威"。他说："当今之势，求所谓万世为帝王，而其大体卒不可革易者，其尚威而已矣。"具体来说就是"一赏罚，一号令，一举动，无不一切出于威。严用刑罚而不赦有罪，力行果断而不牵众人之是非，用不测之刑，用不测之赏，而使天下之人视之如风雨雷霆……此之谓强政。政强矣，为之数年，而天下之势可以复强"(《审势》)。苏洵认为，尚威，用强政，是摆脱"大弱之实"，使宋王朝振兴的有效办法。通过尚威和强政，破苟且之心和怠惰之气，激发天下之人的进取心，这就是苏洵政治革新主张的总精神。

在政治上，苏洵主张要加强吏治，《衡论》中的《远虑》《御将》《任相》《重远》《广士》《养才》等篇，以及《上皇帝书》中的大部分内容，都是讲这个问题的，概括起来，要点如下：

第一，要信用腹心之臣。苏洵说："圣人之道，有经，有权，有机，是以有民，有群臣，而又有腹心之臣。"经是治国之常道，可让"天下之民举知之"；权是与经相对而言的，是治国的权宜、权变之策，可让"群臣知之"；机是机要、枢纽，是治国的关键，只能让"腹心之臣知之"。苏洵认为，不论取天下还是治天下，君主都需要有可与议"机"的腹心之臣。他说：

第五章 "真王佐才"

今夫一家之中必有宗老，一介之士必有密友，以开心胸，以济缓急，奈何天子而无腹心之臣乎？

苏洵这些话是针对宋王朝吏治的一个突出弱点，即对大臣猜忌、信用不专、君臣不亲而言的。他说："近世之君，抗然于上，而使宰相渺然于下，上下不接，而其志不通矣。"正因为上下之志不通，所以"一人誉之则用之，一人毁之则舍之。宰相避嫌畏讥且不暇，何暇尽心以忧社稷？"寇准、范仲淹的"终以见逐"，就是宋代君主无腹心之臣的具体表现。苏洵主张："圣人之任腹心之臣也，尊之如父师，爱之如兄弟，握手入卧内，同起居寝食，知无不言，言无不尽。百人誉之不加密，百人毁之不加疏。尊其爵，厚其禄，重其权，而后可与议天下之机，虑天下之变。"（《远虑》）

宰相就应该是这样可以信赖的腹心之臣，故必须注意择相。苏洵说："古之善观人之国者，观其相何如人而已。"将、相都很重要，但比较起来，择相比择将更重要。因为"国有征伐，而后将权重；有征伐无征伐，相皆不可一日轻。相贤邪，则群有司皆贤，而将亦贤矣"。宰相关系着百官之贤否，无论在战时或平时均很重要。因此，要特别注意择人，择定之后就该信用他们，让其真正发挥作用。

第二，用人应不拘一格，选拔官吏应重真才实学，任人唯贤。苏洵说：

古之取士，取于盗贼，取于夷狄。古之人非以盗贼夷狄之事可为也，以贤之所在而已矣。夫贤之所在，贵而贵取焉，贱而贱取焉。

苏洵所谓的"贤"主要是指才，是能治国安天下的实才；而不是规规于仁、义、礼、智、信的所谓德，也不是夸夸其谈、华而不实的才。他说，在古代，盗贼下人，夷狄异类，"往往登之朝廷，坐之郡国"；"而绳趋尺步，华言华服者，往往反摈弃不用"。"绳趋尺步"者，指那些规规于所谓德的人；华言者，指那些夸夸其谈的人；华服者，指那些坐享万钟之禄的卿大夫子弟。苏洵说："天下之能绳趋而尺步，华言而华服者众矣，朝廷之政，郡国之事非特如此而

可治也。彼虽不能绳趋而尺步，华言而华服，然而其才果可用于此，则居此位可也。"（《广士》）可见，苏洵所说的任人唯贤的贤，主要是指治国安天下的真才。在《养才》一文中，苏洵把这个意思讲得更明白，他说："吾观世之用人，好以可勉强之道与德，而加之不可勉强之才之上。"他认为仁、义、礼、廉等所谓道德都是可"勉强"而为的。相反，"在朝廷而百官肃，在边鄙而四夷惧，坐之于繁剧纷扰之中而不乱，投之于羽檄奔走之地而不惑"，像这样的奇才是"不可勉强而能"的。"当今天下未甚至治，四夷未尽臣服，卿大夫士未皆称职，礼法风俗又非细密如周之盛时"，因此应该重用有才之士，"宜哀其才而贳其过，无使为刀笔吏所困，则庶乎尽其才矣"。

正是从重视治国安天下的实才出发，苏洵很强调从"胥史贱吏"中选拔人才。他说："吏胥之人，少而习法律，长而习狱讼，老奸大豪，畏惮慑伏；吏之情状变化出入，无不谙究。因而官之，则豪民猾吏之弊，表里毫末，毕见于外，无所逃遁。"吏胥之可贵就在于有丰富的实践经验。他指出，汉代那些"儒宗"，并未能为汉王朝"立不世之功"；倒是那些吏胥出身的人，如赵广汉①、张敞②等人，"卓绝隽伟，震耀四海"，"出之可以为将，而内之可以为相者也"。宋王朝对待吏胥的态度却与汉代不同，既不从中选拔人才，又待之如犬彘，连平民中的不肯自弃者都不愿为吏胥，更何况士君子。苏洵主张对吏胥应"择之以才，待之以礼，恕其小过，而弃绝其大恶之不可贳忍者"，从中是不难发现"奇才绝智"之人的（《广士》）。

苏洵对科举制度的指责，对"持方尺之纸，书声病剽窃之文，而至享万钟之禄"的取士制度的指责，前面已做论述，这里不再重复。苏洵还反对宋王朝的任子荫补制度，反对"卿大夫之子弟，饱食于家，一出而驱高车，驾大马，以为民上"的用人制度。宋代以恩泽而得官的不限于子孙，还可推及旁支、亲族，这是宋代官冗的重要原因之一。

第三，边远之地，择吏尤其重要。宋王朝很不重视选择边远之郡的官吏，

---

① 赵广汉（？—前65），字子都，西汉涿郡蠡吾（今河北博野西南）人，少为郡吏，州从事，后为颍川太守，执法不避权贵，敢于诛锄豪强。

② 张敞，字子高，西汉河东平阳（今山西临汾西南）人，初为太守卒吏，甘泉仓长，后官至太中大夫、京兆尹、冀州刺史。为政赏罚分明，"见恶辄取"，也能"表贤显善"。

第五章 "真王佐才"

往往把边远之郡作为安置被贬官吏的地方。苏洵认为,"天下之势,远近如一",不应该厚此薄彼。就远郡和近郡比较,"近之可忧未若远之可忧之深也"。为什么呢?因为近郡官吏之贤否,容易为朝廷所知。而"远方之民,虽使盗跖为之郡守,梼杌饕餮(怪兽、恶兽,用以喻恶人、贪婪之人)为之县令,郡县之民群嘲而聚骂者,虽千百为辈,朝廷不知也"。苏洵还具体分析了边远之郡的重要地位,认为"河朔、陕右、南广、川陕实为要区"。河朔、陕右,因面对辽和西夏,"中国之所恃以安",朝廷还比较注意择吏,而南广、川陕,乃"货财之源",是"河朔、陕右之所恃以全"的地方,却很不注意择吏,"窜谪量移,往往而至。凡朝廷稍所优异者,不复官之南广、川陕;而其人亦以南广、川陕之官为失职"。正因为朝廷不重视为边远之郡择吏,贪官污吏可在这些地方为所欲为,"贪官专其利而齐民受其病",赋取日重,科敛日烦,"斯民不得一日安"。苏洵警告说,淳化四年(993)四川王小波、李顺之乱,皇祐元年(1049)广南侬智高之乱,"州郡数十,望风奔溃","凶竖一起,若涉无人之地",都是"吏不肖"造成的(卷四《重远》)。苏洵说:"远方之民,穷困已甚,其咎皆在职司。"(卷一〇《上皇帝书》)他认为,边远之郡皆一方安危所系,"勿轻授赃吏"(《重远》)。

《衡论》中还有《议法》和《申法》两篇。在这两篇中,苏洵对古今之法做了比较,认为有两大区别。一是"古之法简,今之法繁"。古代是"法举其略,而吏制其详"。法律只规定"杀人者死,伤人者刑";"若其轻重出入,求其情而服其心,则以属吏",即具体掌握由吏决定。正因为古代"任吏而不任法,故其法简"。宋之法则相反,"任法而不任吏,故其法繁"。这是古今情况不同决定的,现在的官吏奸猾,不如古代官吏忠良,任吏而不任法,他们就会轻重其法;当今之民也不如古代之民淳朴,如果法只举其略,他们就会"执其罪之大小以为辞"进行狡辩。因此,今之法不得不"纤悉委备",做到"左右前后,四顾而不可逃"。苏洵打了一个生动的比喻来说明古今之法繁简的不同。他说:"古之法若方书,论其大概,而增损剂量,则以属医者,使之视人之疾而参以己意。今之法若鬻屦(鞋),既为其大者,又为其次者,又为其小者,以求合天下之足。"(卷五《申法》)二是"古者以仁义行法律,后世

以法律行仁义"。即古代以教化启民仁义之心，自觉遵守法律；后世却以法律强迫臣民勉强行仁义。苏洵认为法制的发展在历史上经历了三个阶段。夏、商、周三代重教化，虽有法律而不用："三代之圣王，其教化之本，出于学校，蔓延于天下，而形见于礼乐，下之民被其风化，循循翼翼，务为仁义，以求避法律之所禁。故其法律虽不用，而其所禁亦不为不行于其间。"汉唐则以法治为主："至于汉唐，其教化不足以动民，而一于法律。故其民惧法律之及其身，亦或相勉为仁义。"这时的政治虽不如三代那样不用法律而民务为仁义，但令行禁止，仍能使民勉强为仁义。这时存在的问题是"政之失，非法之罪也"。宋代的法律主要是沿袭汉唐："宋有天下，因而循之，变其节目，而存其大体。"如果地方官吏能执行这些法律，本来能够治理好国家的："比间小吏，奉之以公，则老奸大猾，束手请死，不可漏略。"但是，宋代却"狱讼常病多，盗贼常病重"，原因何在呢？苏洵认为主要在于吏治腐败："法之公而吏之私也。举公法而寄之私吏，犹且若此，而况法律之间又不能无失。"（卷五《议法》）法律不可能无失，加之官吏徇私枉法，问题就更大了。

针对宋代法制存在的上述问题，苏洵提出了以下主张：第一，法令不宜过繁过密，关键在于有法必须执行。苏洵说："律令之所禁，画一明备，虽妇人孺子，皆知畏避。而其间有习于犯禁而遂不改者，举天下皆知之，而未尝怪也。"例如，先王为杜塞天下之欺，制定了度、量、衡，但富商大贾，以大进，以小出，以至于斗斛都难以区别。先王禁止官吏侵压老百姓，今之官吏却"敛怨于下"。先王规定"仕则不商，商则有罚，不仕而商，商则有征"；今之官吏却既仕且商，亦官亦商，既不受罚，又不征税。苏洵说："若此之类，不可以悉数。天下之人，耳习目熟，以为当然。宪官法吏，目击其事，亦恬而不问。夫法者，天子之法也。法明禁之，而人明犯之，是不有天子之法也，衰世之事也。"（《申法》）

第二，应修改一些弊法。当时为了优待"天子之子弟、卿大夫与其子弟"，他们犯了法可以用金钱赎罪，而赎金又很轻。苏洵说："今也大辟之诛，输一石之金而免。贵人近戚之家，一石之金，不可胜数，是虽使朝杀一人而输一石之金，暮杀一人而输一石之金，金不可尽，身不可困……是恣其杀人也。且不笞不戮，彼已幸矣；而赎之又轻，是启奸也。"苏洵认为这种法就应修改，改为重赎："今欲刑不加重，赦不加多，独于法律之间，变其一端，而能使不启奸，不失实，其莫若重赎……彼虽号为富强，苟数犯法而数重困于赎金之间，则不能不敛手畏法。"（《议法》）

第三，应抑制土地兼并。在《田制》（卷五）一文中，苏洵首先提出一个问题："古之税重乎，今之税重乎？"他经过推算比较，得出结论说："今之税与周之税，轻重之相去无几也。"那么为什么"周之时，天下之民，歌舞以乐其上之盛德；而吾之民反戚戚不乐，常苦擢筋剥肤，以供亿其上？周之税如此，吾之税亦如此，而其民之哀乐，何如此之相远也？"

苏洵认为根本原因在于土地兼并严重。周代实行井田制，不存在土地兼并问题。其后，"井田废，田非耕者之所有，而有田者不耕也"。一方面是富民之家，地大业广，阡陌相连，招募浮客，分耕其中，鞭笞驱役，视为奴仆，安坐四顾，指挥于其中；另一方面是贫苦之家，无田可耕，所耕之田资于富民，他们夏为之耨，秋为之获，无有一人违其节度而嬉游。而在分配上，田之所入，不耕的富民得其半，耕田的贫民得其半，而贫民的人数为富民的十倍，结果是"田主日累其半以至于富强，耕者日食其半以至于穷饿而无告"，"贫民耕而不免于饥饿，富民坐而饱以嬉"形成了严重的两极分化和对立。

苏洵所谓"今之税与周之税，轻重之相去无几"是不符合事实的。宋代沿袭了唐代的两税制。唐代的两税制，是合田租、力庸、户调为一的税制。而宋代的两税却仅指田税，两税之外还要服差役，征身丁税。此外还有多如牛毛的苛捐杂税，叫作"杂变"。至于殷周时代是否实行过井田制，井田制是什么性质，至今也还是一个有争论的问题。但是，土地问题是中国封建社会根本性的问题，也是当时立志改革的有识之士共同关心的问题。怎样解决耕者无田而有田者不耕这一矛盾呢？"天下之士争言复井田"，认为"其弊皆起于废井田，井田复，则贫民有田以耕，谷食粟米不分于富民，可以无饥；富民不得多占田以锢贫民，其势不耕则无以得食"。但是，苏洵却认为井田制虽好，已经无法恢复，这不仅因为"夺富民之田，以与无田之民，则富民不服"；而且即使"富民皆奉其田而归诸公，乞为井田，其势亦不可得"。为什

么呢？苏洵认为古代的井田制是长期历史发展的产物："唐虞启之，至于夏商，稍稍葺治；至周而大备，周公承之，因遂申定其制度，疏整其疆界，非一日而遽能如此也，其所由来者渐矣。"现在要恢复井田制，"纵使能尽得平原广野，而遂规画于其中，亦当驱天下之人，竭天下之粮，穷数百年专力于此，不治他事，而后可以望天下之地尽为井田，尽为沟洫；已而又为民作屋庐于其中，以安其居而后可。吁，亦已迂矣！井田成而民之死，其骨已朽矣！"苏洵这一观点是比较合乎实际的，比起争言复井田的"天下之士"来，他的见解要深刻得多。井田制即使在历史上确曾存在，但历史也不可能重演，不可能像修房子那样按照图纸重新建造。

苏洵认为应当怎样解决"田非耕者所有，而有田者不耕"这一问题呢？苏洵认为："井田虽不可为，而其实便于今，今诚有能为近井田者而用之，则亦可以苏民矣乎！"所谓"近井田者"就是限田。苏洵所谓限田，并不是要把富民多于限额的田交出来分给贫民，而是仅仅限制今后占田不得过限。至于富民现在已经过限的田，他认为数世之后，"富者之子孙或不能保其地，以复于贫，而彼尝已过吾限者，散而入于他人矣"；"或者子孙出而分之以为几"，即子孙分家，这样其所占田也会自然减少。苏洵认为他这一套办法好得很："端坐于朝廷，下令于天下，不惊民，不动众，不用井田之制，而获井田之利，虽周之井田，何以远过于此哉！"其实，苏洵主张的实质是在不触犯富民一丝一毫既得利益的原则下来解决土地问题，仅对其未来利益稍作限制。这与妄图恢复井田制一样，同样是幻想。既然不敢触动现有富民的既得利益，未来的富民超过了田限，也就是那时富民的既得利益，还敢触动吗？苏洵断言，照他这套主张办，"数世"之后，富民所占之田就会减少。但是，如何解决眼前"贫民耕而不免于饥饿"的问题，他却没有做出任何回答。苏洵把他理想的世界约许给"耕而不免于饥饿"的贫民的子孙了，而对于现在的这些贫民，却没有一寸土地给他们。

苏洵的革新主张涉及吏治、法制、兵制、田制，包括政治、军事、经济等各个领域，内容是相当广泛的，其中不少观点是切中时弊的。苏洵之所以能系统提出一整套的革新主张，当然是时代使然，潜伏着的社会危机促使仁

第五章 "真王佐才"

人志士思变,宋祁的除三冗(官冗、兵冗、僧冗)、范仲淹的新政、文彦博的省兵,以及稍后一点的王安石的万言书、司马光的三札子都提出了各自的改革主张,改革已成为时代的要求。而苏洵的出身和经历又为他洞察时弊提供了有利条件。苏洵出身在一个"三世皆不显"的家庭,而苏洵早年又喜欢云游天下,并结识了不少胸怀大志、忧国忧民的岩穴之士,如史经臣、钟子翼、张俞等人。这样的出身和经历,对形成苏洵那一整套革新主张,显然起了有益的作用。加之苏洵不满足于章句、名数、声律之学,而喜以古今成败得失为议论之要,他既了解社会实际,又善于以古为鉴,因此,他对时政的批评是比较中肯的。

苏洵的上述革新主张,不久就产生了巨大影响,引起时人的普遍重视。最早看到苏洵这些著述的是雷简夫,称他"惶惶有忧天下之心","真王佐才也","用之则为帝王师","岂惟西南之秀,乃天下之奇才耳"(邵博《闻见后录》卷一五);其次是张方平,认为他像贾谊一样,善于"明王道"(《文安先生墓表》);再次是欧阳修,也称赞他这些书"博于古而宜于今,实有用之言,非特能文之士也"(《荐布衣苏洵状》)。研究了苏洵的政治革新主张,就会觉得以上这些话,并非虚美之词,他确实堪称"王佐才""帝王师"。可惜他一生从未取得这样的地位,以一展自己的抱负。

第六章　"苏明允本好言兵"

曾巩说："明允为人聪明，辨智过人，气和而色温，而好为策谋，务一出己见，不肯蹑故迹。颇喜言兵，慨然有志于功名者也。"（《苏明允哀词》）苏洵的《权书》（共十篇），《上韩枢密书》，《制敌》，《几策》中的《审敌》，《衡论》中的《御将》《兵制》，都是专门"言兵"的；《上皇帝书》等也涉及军事问题。

宋王朝在同辽和西夏的关系上一直软弱无能，苟且偷安。它的开国之君赵匡胤曾设"封椿库"，把平定割据势力所得的金帛收存库中；每年剥削劳动人民的资财，"用度之余"，也存于库中。他曾对臣僚说："俟斯库所蓄满四五百万，遣使谋于彼（契丹），倘肯以地（指幽、燕之地）归于我，则以此酬之。不然，我以二十匹绢购一胡人首，彼精兵不过十万，止费我二百万匹绢，则虏尽矣。"（杨仲良《宋史纪事本末》卷七，影印宛委别藏本）赵匡胤这一想入非非的计划，只实现了一点，即用劳动人民的血汗来"酬"契丹；至于以此换取契丹归还幽、燕之地，或以此购取"胡人首"，以达到"虏尽"的目的，终宋之世一直未实现。宋太宗曾征辽，但连吃败仗。宋真宗时，辽兵大举南下，朝臣纷纷主张迁都逃命。宰相寇准力主抵抗，迫使真宗"御驾亲征"。但是，由于投降派的破坏，在取得胜利的情况下，仍订立了屈辱的澶渊之盟，岁赂辽银十万两、绢二十万匹、宋仁宗庆历二年（1042）契丹再次大军压境，进行要挟，又岁增赂辽银十万两，绢十万匹。对西夏也是如此，从庆历四年（1044）起每年赂夏的财物合计是：银十万两，绢十五万匹，茶叶三万斤，还有银器、衣料等物。这一巨大费用，既未换得边境安宁，又进一步加重了人民负担，加深了社会危机。

苏洵反对向辽和西夏进行贿赂，他的著名的《六国论》（卷三）劈头就

第六章 "苏明允本好言兵"

说:"六国破灭,非兵不利,战不善,弊在赂秦。赂秦而力亏,破灭之道也。"接着又说:"诸侯之地有限,暴秦之欲无厌。奉之弥繁,侵之愈急。"又引古人的话说:"以地奉秦,犹抱薪救火,薪不尽,火不灭。"这些话名为讲史,实际上完全针对宋王朝的屈辱政策。特别是文章的最后一句:"苟以天下之大,下而从六国破亡之故事,是又在六国下矣。"这无异于指责朝廷连六国都不如。

如果说《六国论》主要还是在借古讽今,那么,《审敌》一文则是直接反对贿赂辽和西夏。在这篇文章中,苏洵首先反驳了内忧为本、外忧为末的观点,强调了外忧的严重性,外忧就是内忧:"古者夷狄忧在外,今者夷狄忧在内。"因为古代的"夷狄"大弱则臣服,小弱则逃遁,大盛则侵扰,小盛则掠夺财物,势力不算大;而汉民族兵良食足,将贤士勇,因此,"患不及中原",还可叫外忧。现在情况不同了,莫说"夷狄"臣服或逃遁,求其停止侵扰掠夺也不可能。苏洵说:

> 北胡骄恣,为日久矣,岁邀金缯以数十万计。曩者幸吾有西羌之变,出不逊之语,以撼中国,天子不忍使边民重困于锋镝,是以虏日益骄,而贿日益增。迨今凡数十百万,而犹慊然未满欲,视中国如外府,然其势又将不止数十百万也。夫贿益多,则赋敛不得不重;赋敛重,则民不得不残。故虽名为息民,而其实爱其死而残其生也;名为外忧,而其实忧在内也。

苏洵这段话有三点值得注意:(一)他指出了岁邀金缯有越来越多的趋势,由"数十万"到"数十百万",将来还不止此数;(二)这些负担都转嫁到了普通老百姓身上,贿益多则税益重,民益残;(三)他揭露了这种政策的实质,名为息民,实为残民,名为外忧,实为内忧,对此不早为之计,天下就不可能"久安而无变"。

朝廷之所以向辽和西夏大量贿赂,无非是怕同他们打仗,苏洵分析了当时的形势,认为数十年内打不起来,"必无犯边之忧"。这是因为:第一,辽怕失去澶渊之盟以来每年以数十万计的贿赂,辽的如意算盘是:百战而胜人,人虽屈而已亦劳；现在，驰一介之使，虚声恫吓一下，就可岁得金缯数十百万。"如此数十岁，我益数百千万，而中国损数百千万，吾日以富，中国日以贫，然后足以有为也。"第二，苏洵认为辽已不满足于占领若干地方，而是要整个消灭宋王朝，但现在力量还不足，需要时间养精蓄锐。他说："边境之上，岂无可乘之衅？使之来寇，大足以夺一郡，小亦足以杀掠数千人，而彼不动其心者，此其志非小也，将以蓄其锐而伺吾隙，以伸其所大欲，故不忍以小利而败其远谋。"第三，在苏洵看来，辽对宋王朝骄横无理，正是其不欲战的表现。因为"兵法曰：'词卑者进也，词强者退也。'今匈奴（指辽）之君臣，莫不张形势以夸我，此其志不欲战明矣。"苏洵认为，一连串的事件也证明了这点："曩者陕西有元昊之叛，河朔有王则①之变，岭南有（侬）智高②之乱，此亦可乘之势矣。然终以不动，则其志之不欲战又明矣。"

辽不欲战，朝廷"遂不与战"，朝廷比契丹更怕打仗。苏洵主张停止贿赂，迫使契丹摊牌。西汉晁错主张削藩，理由是削亦反，不削亦反；削之则反急而祸小，不削则反迟而祸大，现在的情况也差不多。他说："为天下之大计，不如勿赂。勿赂，则变疾而祸小；赂之，则变迟而祸大。畏其疾也，不若畏其大；乐其迟也，不若乐其小。"这就像坐着破船将入于深渊，不趁水浅时舍船以谋自生之道；而怕湿脚，最后就会陷入"覆溺之道"。苏洵强调应及早去小患，以免将来酿成大祸。他说："圣人除患于未萌，然后能转而为福。今也不幸养之以至此，而近忧小患又惮而不决，则是远忧大患终不可去也。"

苏洵还分析了断绝贿赂之后，契丹可能采取的三个步骤，朝廷应该采取的相应对策。第一步是"声"，即虚张声势，进行威胁："宣言于远近，我将以某日围某所，以某日攻某所。"以为这样一威胁，我将"复赂"。苏洵认为应付这种虚声恫吓的办法是置之不理："命边郡休士卒，偃旗鼓，寂然若不闻其声。"这既是对对手的轻蔑，而"休士卒"本身也是一种备战需要。第二步是"形"，契丹在威胁不能达到"复赂"的目的后，必然"除道剪棘，多为疑

---

① 王则：涿州（今属河北）人，荒年流亡贝州（今河北清河西北），卖身为牧羊人。后投宣毅军小校，发动士兵农民起义，被推为东平郡王。后为文彦博等所败。

② 侬智高：广源州（治今越南高平广渊）人，世为州首领，皇祐初反，建国曰南天国，自称仁惠皇帝。后为狄青所败，走大理死。

第六章 "苏明允本好言兵"

兵，以临吾城"，装作要大举进攻的样子。朝廷的对策应该是："深沟固垒，清野以待，寂然若不见其形。"第三步是"实"，即在前两步失败后，"不得已而与我战"，"练兵秣马，以出于实"，这才是实际要打仗了。这时"与之战，破之易耳"，因为当时契丹有内乱："邻国之难，霸王之资也，且天与不取，将受其弊。"苏洵主张趁契丹内乱，停止贿赂，要打就打一仗，是不难取胜的。

为了取得对辽和西夏的战争的胜利，苏洵还主张要改革兵制、恢复武举、信用才将。

关于兵制，苏洵主张要以兵民合一的制度逐渐取代兵民为二的制度。他说："三代之时，举天下之民皆兵也，兵民之分自秦汉始。"他认为在兵民合一的夏、商、周三代，有诸侯抗天子之命，但没有卒伍之乱。而在秦汉以后，诸侯分裂之患未减，又出现了卒伍之乱："御卒伍者乃如畜虎豹，圈槛一缺，咆勃四出。"为什么兵民一分就出现卒伍之乱呢？苏洵认为有以下一些原因：（一）"三代之兵耕而食，蚕而衣，故劳。劳则善心生。秦汉以来，所谓兵者，皆坐而衣食于县官，故骄。骄则无所不为。"（二）"三代之兵皆齐民（平民），老幼相养，疾病相救，出相礼让，入相慈孝，有忧相吊，有喜相庆，其风俗优柔而和易，故其兵畏法而自重"；而秦汉以来，所谓"齐民"已不如三代之淳朴，而"所谓兵者，乃其齐民之中尤为凶悍桀黠者也，故常慢法而自弃"。（三）兵民未分时，他们"耕而食，蚕而衣，虽不幸而不给，犹不我咎（并不怨上）"；兵民分开后，兵不耕不蚕，仰官府为食，"一不充其欲……则怨从是起矣"。这种"漫法而自弃，以怨其上"的骄兵，"欲其不为乱，亦不可得也"（卷五《兵制》）。

兵民分开后，不但造成了卒伍之乱，而且加重了人民的负担。天下的土地并不比三代时多，天下之人所需的衣食并不比三代时少，而这样多不耕不蚕的士兵，都要靠老百姓负担其衣食。他说："平居无事，占军籍，畜妻子，而仰给于斯民者，则遍天下不知其数。奈何民之不日剥月割，以至于流亡而无告也！"当时"天下无芜田"，而老百姓却很贫困，"戚戚嗟嗟，无终岁之蓄者，兵食夺之也"（同上）。

苏洵分析了卒伍之乱的种种原因，也看到了兵民为二加重了人民的负担。但是，他没有看到卒伍之乱更根本、更深刻的原因。宋初，在苏洵的故乡四川就爆发了多起兵乱，如上官进为首的梓州兵乱、全师雄为首的绵州兵乱、吕翰为首的嘉州兵乱。在苏洵出生前不久，又暴发了王均、赵延顺为首的益州兵乱，王长寿为首的陈州兵乱，陈进为首的宜州兵乱。在苏洵生活的年代，又有王伦为首的沂州兵乱、王则为首的贝州兵乱。这些兵乱同民乱一样，最根本的原因是统治者的残酷剥削压迫和朝政的腐败。但是，苏洵却仅仅认为是"兵民之分"造成的。

为了补救"兵民之分"所造成的弊端，汉、唐实行屯田制和府兵制，在没有战事时，让士卒自耕而食。到了宋代，"屯田盖无几，而府兵亦已坏"。针对这一状况，苏洵主张逐步恢复兵民合一的制度。办法是以籍没有罪人的田地来募民耕种，家三百亩，收入的三分之一归公，三分之二归应募者。应募者"家出一夫为兵，其不欲者听其归田而他募，谓之新军……授之器械，教之战法，而择其技之精者以为长。在野督其耕，在阵督其战，则其人皆良农也，皆精兵也。夫籍没之田，既不复鬻（当时多把没收罪人之田卖掉，如不卖而募民耕种，将地产收入的一半交公），则岁益多；田益多，则新军益众……如此数十年，则天下之兵，新军居十九，而皆力田不事他业……而斯民不复知有馈饷供亿之劳矣"（卷五《兵制》）。苏洵认为这样既可防止兵变，又可减轻老百姓负担，一举两得。历来的思想家，其理想都是很难成为现实的。在揭露社会弊端时，他们都是能手，而开救世药方时几乎都成了庸医。苏洵主张兵民合一当然是对的，但他想以籍没田募民为新军来实现兵民合一，则太渺茫了，连他自己都是以"数十年"为期的。

苏洵还主张要信用才将。宋王朝鉴于晚唐五代军阀割据的教训，把武将调离军队，以文臣统军，甚至文臣中有武略，懂军事的人也要调离军队。这是造成宋王朝兵虽多而战斗力弱的重要原因之一。苏洵对此是不赞成的。苏洵承认御将难，他说"人君御臣，相易而将难……而御才将尤难"，但他认为只要驾驭得法，并不会出问题，应该敢于并善于使用才将。他说，任相之术与御将方法是不同的，"御相以礼，御将以术"。将有两种，"有贤将，有才

第六章 "苏明允本好言兵"

将"。御贤将方法与御才将方法也应不同："御贤将之术以信，御才将之术以智。"贤将即德才兼备之将是不多的，能得才将而御之有术就不错了；如果认为才将难御而不用，"则是不肖者而后可也"。"不肖者"虽不会与朝廷作对，但也很难为朝廷立功。苏洵说："先王之选才也，自非大奸剧恶如虎豹之不可变其搏噬者，未有不欲制之以术，而全其才，以适于用。况为将者，又不可责以廉隅细谨，顾其才如何耳。"才将又有大才、小才之分，御大才与御小才的办法也应不同："才小志亦小，才大志亦大，人君当观其才之小大而为之制御之术，以称其志。"当时有的人主张对将领应赏于立功之前，有的人主张应赏于立功之后。苏洵认为这都是"一隅之说，不可用也"。他说："先赏之说，可施之才大者；不先赏之说，可施之才小者。"他认为刘邦御将就是这样的，韩信、黥布、彭越才大而志大，"不极于富贵，则不为我用"，因此都是一见面就授之以上将，或封王，或拜相；而樊哙等人"才小而志小，虽不先赏不怨，而先赏之，则彼将泰然自满，而不复以立功为事"。对这样的小才就应"拔一城，陷一阵，而后增数级之爵，否则终岁不迁"（《御将》）。苏洵这些细致的分析，比起那些"一隅之说"确实要全面得多，辩证得多。

为了对付辽和西夏的侵扰，苏洵不仅研究了"兵制""武举""御将"等问题，而且还深入研究了战略战术问题。他在《权书叙》中说："《权书》，兵书也。"他的《权书》是系统研究战略战术问题的军事专著。概括起来，他的战略战术思想，要点如下：

第一，"凡兵上（尚）义"，战争的正义性是决定战争胜负的关键，他说："不义，虽利勿动，非一动之为害，而他日将有不可措手足也。"不义的战争，逐"利"的战争，即使一时不为害，但从长远看肯定是不利的，会弄到不可收拾的地步。"惟义可以怒士。士以义怒，可与百战。"只有正义的战争，才能激发士气；只有士气旺盛，才能百战不殆。战争的全过程有很多事要做，但最重要的是要保持战士的旺盛的斗志。苏洵说："凡战之道，未战养其财，将战养其力，既战养其气，既胜养其心。"前两条讲要做好充分的物质准备，后两条讲要始终保持旺盛的士气。要使战士"常蓄其怒，怀其欲而不尽"，经常保持由战争的正义性激发起来的对敌人的愤慨，要经常保持彻底战胜敌人的斗志，才能做到"虽并天下而士不厌兵"，否则，打一仗，兵就"不可用"了。苏洵还分析了旺盛的斗志同充分物质准备之间的关系，认为二者不可或缺，而且只有做好充分的物质准备，才能始终保持旺盛的斗志。他说："善用兵者，使之无所顾，有所恃。无所顾，则知死之不足惜；有所恃，则知不至于必败。"所谓"无所顾"，就是战争的正义性激发起来的为国牺牲的精神。所谓"有所恃"，就是做好了战争的充分的物质准备，坚信必能取胜。苏洵以生动的比喻说明物质准备的重要性："尺箠当猛虎，奋呼而操击；徒手遇蜥蜴，变色而却步，人之情也。知此者，可以将矣。袒裼而按剑，则乌获不敢逼；冠胄衣甲，据丘而寝，则童子弯弓杀之矣。"（卷二《心术》）手中有武器，遇到猛虎也敢斗；手中无武器，见了壁虎（蜥蜴）之类的小虫子，也吓得脸青面黑，避之唯恐不及。当然，武器本身并不能决定战争胜负，只有武器与具有旺盛斗志的人结合，才能发挥威力。赤臂握剑，大力士（乌获）也不敢靠拢；身着铠甲而睡大觉，小孩子也敢弯弓而射之。苏洵还说："古之善军者，以刑使人，以义使人，以怒使人，而其中必有以义附者焉。"（卷二《法制》）刑、赏、怒虽可使人，但其中必须贯穿义，才能使战士心悦诚服，为国效死力。仅仅威之以刑，诱之以赏，是不能持久的。这同样是讲战争的正义性对提高士气，决定战争胜负的作用。

正是从战争的正义性出发，苏洵批评了孙武的"用间"，即靠间谍来谋取战争的胜利。他说："兵虽诡道，而本于正者终亦必胜。今五间①之用，其归于诈，成则为利，败则为祸。且与人为诈，人亦将且诈我，故能以间胜者，亦或以间败。"苏洵举了三种"以间败"的情况：一是吾间不忠，反为敌用；二是不得敌之实，而得敌所伪示者，并信以为真；三是受吾财而不得敌之阴计，惧而以伪告我。因此苏洵认为："用心于正，一振而君纲举；用心于诈，百补而千穴败。"（卷二《用间》）苏洵完全否认间谍在战争中的作用是错误的，正如孙子所说，用间是"知敌之情"的重要手段。但是，苏洵强调战争

---

① 《孙子兵法·用间篇》说，用间有五：有因间，利用敌国普通人做间谍；有内间，收买敌国官吏做间谍；有反间，收买敌国间谍做己方的间谍；有死间，故意让其传播假情报诳敌，为使敌方信以为真，而被己方处死的自己的间谍；有生间，指到敌方理解情况后能生还报告的己方间谍。

· 第六章 "苏明允本好言兵" ·

的胜负并不取决于用间,而是取决于战争的性质,取决于人心,这是很有见地的。

正是从战争的正义性出发,苏洵还批评了战争中的任智弃信的做法。他说:"世之儒者曰:'徒智可以成也。'人见乎徒智之可以成也,则举而弃乎信。吾则曰:'徒智可以成也,而不可以继也。'"智谋可取得一时的胜利,但不可能取得持久的胜利;诈术可使对方一时上当,但不可能使对方继续上当,永远上当。苏洵《子贡》(卷三)云:"子贡①之以乱齐灭吴存鲁也,吾悲之。彼子贡者,游说之士,苟以邀一时之功,而不以可继为事,故不见其祸。使夫王公大人而计出此,则吾未见其不旋踵而败也。"他认为正确的策略应该是联合田常派来伐鲁的鲍牧、晏圉,伺机消灭即将篡夺齐国政权的田常,"诛乱臣而定新主,齐必德鲁,数世之利也"。无论苏洵对子贡的"乱齐灭吴存鲁"之计的批评是否完全正确,他强调战争"不能邀一时之功",而应谋"数世之利",这是具有战略眼光的。

第二,苏洵不同意"先图所守"的保守观点,主张主动进攻,夺取战略上的有利地位,为此,不惜小有所失。他说:"不有所弃,不可以得天下之势;不有所忍,不可以尽天下之利。是故,地有所不取,城有所不攻,胜有所不就,败有所不避。"苏洵认为,楚汉战争中项羽败于刘邦,就在于项羽不懂得忍小失以谋大利,认为"项籍有取天下之才,而无取天下之虑"。所谓虑,就是夺取天下的战略眼光。他认为项羽在巨鹿之战中的正确战略应该"急引军趋秦","据咸阳,制天下";而不应"区区与秦将争一旦之命",更不应趋军"解赵之围",因为直捣咸阳,赵围自解。项羽计不知出此,让刘邦先攻入秦都咸阳,这样,"秦人既已安沛公(刘邦)而仇(项)籍","则天下之势在汉不在楚,百战百胜尚何益哉!"(卷三《项籍》)

苏洵还认为,诸葛亮仅仅做到三分天下,而未能做到统一天下,原因也在这里。他说:"古之取天下者,常先图所守。诸葛孔明弃荆州而就西蜀,吾

---

① 子贡:孔子弟子。时田常欲篡齐,惧鲍、晏阻挠,故移兵伐鲁。子贡往说田常道:"伐鲁不如伐吴,臣闻之,忧在内者攻强,忧在外者攻弱。今君伐忧在内,吾闻君三封而不成者,大臣有不听。故曰不如伐吴。"此即子贡乱齐灭吴存鲁之策。

知其无能为也。"因为偏僻而又出入不便的西蜀不足以控制天下："吾尝观蜀之险,其守不可出,其出不可继,兢兢而自完,犹且不给,而何足以制中原哉!"(同上)诸葛亮一生唯谨慎,其得在此,其失也在此。

苏洵认为,"先图所守"是缺乏远见的,也是守不住的。要守,也应以攻为守。他说："有小丈夫者,得一金楼而藏诸家,拒户而守之。呜呼,是求不失也,非求富也。大盗至,劫而取之,又焉知其果不失也?"(卷二《项籍》)得一金楼,应首先考虑怎样利用它来"求富",而不应仅仅着眼于"求不失"。作战也是这样,应首先考虑如何主动发起进攻,以夺取有利的战略地位,而不应"先图所守"。苏洵这些意见很明显是针对宋王朝的苟且偷安的政策的。

第三,苏洵主张主动发起进攻,但在如何进攻的问题上,他反对打攻坚战,主张避实击虚,力求速决。他在《强弱》(卷二)一文中说:

> 管仲曰："攻坚则瑕者坚,攻瑕则坚者瑕。"呜呼,不从其瑕而攻之,天下皆强敌也。

他很欣赏孙膑以下驷对上驷,以上驷对中驷,以中驷对下驷,稳操一败二胜的赛马法,因为以下驷对上驷,这能使对方的上驷不能发挥应有作用;以上、中驷对中、下驷,就能变以坚攻坚为以坚攻瑕,"以吾强攻其弱"。苏洵认为孙膑的赛马法乃"兵说也,非马说也",对指导作战是完全适用的。苏洵在《制敌》一文中论述了同样的思想,他说："士不能皆锐,马不能皆良,器械不能皆利。故其兵必有上、中、下辈。"因此,应把孙膑的赛马法"取而施之兵":

> 敌之上兵乐吾下兵之易攻也,必尽锐不顾而击之。吾得以上兵临其中,中兵临其下,此皆以一克十,以十克百之兵也,焉往而不胜哉!是则敌三克吾一,而吾三克敌二。况其上兵虽强,而中兵、下兵既为吾克,其势不能独完,并终为吾所并耳。噫,一失而三得与三失而一得,为将者宜何取耶?

第六章 "苏明允本好言兵"

苏洵认为，自古以来善用兵的人都是采用的这一办法。刘邦之忧在项羽，但他一直避免同项羽决战，而是先分别攻取魏、代、赵、齐，"不汲汲于其忧之所在，而仿徨乎其不足恤之地，彼盖所以孤项氏也"。这正是运用的"攻瑕（魏、代、赵、齐）则坚者（项羽）瑕"的打法。唐太宗作战也常以弱兵对敌之强兵，以强兵冲敌之弱兵，因为他认为"敌犯吾弱，追奔不过数十百步；吾击敌弱，常突出自背反击之，是以必胜"，要做到这一点就必须有所舍，这才能以寡为众，以小为大，转弱为强。苏洵说："知有所甚爱，知有所不足爱，可以用兵矣。故夫善将者……而使敌轻用其强，忘其小丧而志于大得。"（《强弱》）如果连下驷都不忍舍弃，则上、中、下驷就有全部丧失的可能。

避免攻坚，除能转弱为强外，还可取得速胜之利，如果以上兵对上兵、中兵对中兵、下兵对下兵，双方都是旗鼓相当，势均力敌，"胜负何时而决也？夫胜负久而不决，不能无老师费财"（《制敌》）。苏洵认为："古之善攻者，不尽兵以攻坚城；善守者，不尽兵以守敌冲。夫尽兵以攻坚城，是钝兵费粮，而缓于成功；尽兵以守敌冲，则兵不分，而彼间行袭我无备。"这也是苏洵反对打硬仗的重要理由。苏洵认为，无论攻守，都有正道、奇道、伏道之分。正道就是"坦坦之路，车毂击，人肩摩，出亦此，入亦此，我所必攻，彼所必守"的地方。正道之城皆坚城，正道之兵皆精兵，进攻这样的地方很难取胜。奇道就是声东击西，"大兵攻其南，锐兵出其北；大兵攻其东，锐兵出其西者曰奇道"。唐代李愬雪夜袭蔡州就是靠此获胜的。伏道就是偷袭，于"大山峻谷，中盘绝径，潜师其间，不鸣金，不挝鼓，突出乎平川，以冲敌人腹心"，这更容易取胜，邓艾攻蜀就是采用的这种办法。苏洵做这样的区别，就在于说明"尽兵以攻坚城，则钝兵费粮，缓于成功"（卷二《攻守》）。

我欲以伏道取胜，敌也会以伏道袭我，因此，苏洵还提出了防止伏兵的办法。这就是"以众入险阻，必分军而疏行"。因为"险阻必有伏"，分军疏行则"伏不知所击"（卷二《法制》）。

要"以吾强攻其弱"，敌方也有办法对付："吾之所长，吾出而用之，彼将不与吾校；吾之所短，吾蔽而置之，彼将强与吾角。奈何？"这就要善于用疑兵，善于荫长露短，造成敌人的错觉。苏洵说："吾之所短，吾抗而暴之，使之疑而却；吾之所长，吾荫而养之，使之狎而堕其中。"（卷二《心术》）具体说来，暴短就是"当敌之冲，人莫不守，我以疑兵，彼愕不进。虽告之曰：'此无人。'彼不信也"。荫长就是"偃旗仆鼓，寂若无气，严戢兵士，敢哗者斩。时令老弱，登埤（矮墙）示怯。乘懈突击，其众可走"（法制《法制》）。暴短是自己兵力弱而显露之，使得敌人疑忌不敢攻。荫长是自己兵力强而荫蔽之，使得敌人麻痹大意，然后以"突击"取胜。

类似的战略战术原则，苏洵的《权书》还讲得不少。例如，《孙子兵法·谋战篇》云："知彼知己者，百者不殆。"苏洵也很强调弄清敌情的重要性。他说："知敌之主，知敌之将，而后可以动于险。"邓艾之所以敢于冒险偷袭西蜀，就在于他看透了"刘禅之庸"。否则，像他那样冒险进军，"百万之师，可以坐缚"。这说明"知敌之主"的重要。苏洵说："将战必审知其将之贤愚。与贤将战则持之，与愚将战则乘之。"所谓"持"，就是持重、谨慎，要"有所伺而为之谋"，要步步为营，稳扎稳打，"分兵而迭进"。所谓"乘"，就是要"一举而夺其气"，"并力而一战"。如果对方不是愚将，"并力而一战"就很危险："非愚将勿乘，乘之不动，其祸在我。"（卷二《法制》）这说明知敌之将的重要。再如，苏洵还认为，为将要沉着冷静，要做到"泰山崩于前而色不变"；要集中注意力，"麋鹿兴于左而目不瞬"；要"见小利勿动，见小患勿避"（卷二《心术》）；如此等等，就不一一论述了。

综合上述可以看出，苏洵的军事思想具有如下特点：第一，具有比较丰富的朴素唯物论和朴素辩证法思想。他强调用兵要"知敌""知理""知节"；他提出了战争中的强弱、攻守、义利、内外、本末、贤愚、长短、难易、安危、多寡、大小、得丧、存亡、正奇、动静一系列对立因素，并比较全面地分析了它们间的辩证关系。第二，他一点也不迷信古人，他分析了历代很多军事家和很多战例的得失，提出了很多独到的（虽然未必是完全正确的）见解。他的军事思想确实具有"务一出己见，不肯蹑故迹"的特点。第三，他研究战略战术很强调实用。他说他的《权书》"言语朴直，非有惊世绝俗之谈，甚高难行之论"；他说他"著书无他长，及言兵事，论古今形势，至自比贾谊。所献《权书》，虽古人已往成败之迹，苟深晓其义，施之于今，无所不

第六章 "苏明允本好言兵"

可"(《上韩枢密书》)。在研究了苏洵的军事思想后,应当承认他这些话并不是自夸之词。不只《权书》,可说他的所有军事著述,都着眼于"施之于今"。雷简夫在向韩琦推荐苏洵的信中说:"《权书》十篇,讥时之弊;《审势》《审敌》《审备》(已佚)三篇,皇皇有忧天下心。"(邵博《邵氏闻见后录》卷一五,《唐宋史料笔记丛刊本》中华书局)叶梦得说:"苏明允本好言兵,见元昊叛,西方用事久无功,天下事有当改作,因挟其所著书,嘉祐初来京师,一时推其文章。"(《避暑录话》卷一,《逮津秘书本》)可见他的军事著述,是有感于同西夏的战争"久无功"而作的。这些著述讥切时弊,"皇皇有忧天下心",正因为如此,欧阳修才称赞这些著述为"有用之言"。前面多次提到苏洵对孙武的批评。苏洵并非对《孙子兵法》本身有多少不满。他除了不满《用间》外,对整个《孙子兵法》还是很赞赏的,认为"(孙)武之书,词约而意尽,天下之兵说皆归其中";"自古以兵著书者罕所及"。苏洵的很多军事思想都是与《孙子兵法》相通的。他不满孙武,主要是认为孙武乃"言兵之雄",而不是用兵之雄,身为吴将而无一谋以弭吴乱,在吴楚之战中,他的一些行动直接违背了他的军事理论。例如,《孙子兵法·九地篇》说,战争中应割断敌人的外交关系;而孙武却让楚国得以求救于秦。《作战篇》说:"兵贵胜,不贵久","久则钝兵挫锐";但对楚作战却拖了一年之久,使越人得以乘机袭吴。苏洵说,天下之士,与之言兵,自称不能者几乎没有;讲得头头是道,滔滔不绝的天下都是;"至于用而不尽者,吾未之见也"(《孙武》)。贵用,是苏洵论兵一个很突出的特点。

第七章 "出张公门下"

苏洵在庆历新政失败后，最初很悲观，认为"道虽成，不复足以为荣也"。但是，接着他又想："往者众君子之进于朝，其始也必有善人焉推之，今也亦必有小人焉间之。今之世无复有善人也，则已矣；如其不然也，吾何忧焉！姑养其心，使其道大有成而待之，何伤！"（《上欧阳内翰第一书》）苏洵确实等到了，当他闭户读书七八年，并完成了《权书》《衡论》等著作以后，国内形势又发生了变化。至和元年（1054），欧阳修还朝担任翰林学士兼史馆编修，第二年文彦博、富弼还朝任宰相，韩琦还朝任枢密使。当年推行庆历新政的大臣，除范仲淹、尹洙去世外，再次聚集于朝廷。苏洵非常高兴，"喜且自贺，以为道既已粗成，而果将有以发之也！"（同上）正在这时，张方平出守成都，为苏洵"发"其已成之道，提供了良好机会。

张方平，字安道，祖籍宋州，后徙扬州。他自幼颖悟过人，凡书皆一读而终身不忘，被人誉为"天下奇才"，举茂材异等中选。曾上平戎十策，主张屯兵河东，攻敌人所必救。在朝廷曾任翰林学士、知制诰等职，仁宗欲以为相，而以目疾求去；在地方上曾任滁州、杭州、滑州等地知州。至和元年（1054），广南侬智高为宋军所败，逃奔南诏（今云南大理）。四川盛传侬智高将入蜀，摄守大惊，移兵屯边，发兵筑城，日夜不得休息；蜀民争迁城中，贱卖谷帛以换金银，埋之地中；朝廷也发陕西步骑戍蜀，兵仗络绎，相望于道，并命张方平镇守成都。张方平认为，南诏离蜀二千余里，道险不通；侬智高所部复杂，不相统属，不可能举大兵寇蜀，决定"以静镇之"。因此，他在入蜀途中，遇见陕西戍蜀兵卒皆遣还；一到成都，就召还屯边之兵，停止筑城之役；上元节观灯，他命令城门通宵不闭，结果，如他所料，侬智高并未入蜀，蜀遂大安。

第七章 "出张公门下"

张方平来到成都后，很注意访贤。因为他认为，四川过去有很多高贤奇士，难道现在就没有人才吗？有人告诉他，四川有人才，眉山处士苏洵就是人才，并说苏洵是"隐居以求其志，行义以达其道"的人，"公有思见之意，宜来"（张方平《文安先生墓表》）。与此同时，也有人告诉苏洵说，张方平来川，必定有所举荐；而要举荐蜀中才士，又没有比苏洵更适合的了；苏洵要靠人举荐，也没有比张方平更好的了。最初苏洵还担心张方平未必会举荐他。几个月后，有人正式告诉苏洵，张方平已举荐他了，苏洵于是写了《上张益州书》，到成都拜见张方平，并献了他所著的《几策》《衡论》《权书》《洪范论》等文。张方平初见苏洵，觉得他是一位比较沉静的人；通过同他交谈，认为他"博物洽闻"；读了他的文章，更觉得他的文章如大山之云、大江之水，变化莫测，气势雄浑。他高兴地对苏洵说："左丘明[①]《国语》、司马迁[②]善叙事，贾谊[③]之明王道，君兼之矣！"（张方平《文安先生墓表》）张方平对苏洵给以特殊礼遇，专门为他设一个座位，供与苏洵交谈之用，而这一座位不再用来接待其他宾客。他们经常在一起纵论古今治乱，品评一时人物，意见都不谋而合。张方平还向朝廷推荐苏洵代黄庚为成都学官，但朝廷却迟迟未作答复。

苏洵在拜见张方平前后不久，又去雅州（今四川雅安）拜访知州雷简夫和去犍为（今属四川）拜访县令吴中复。苏洵在《忆山送人》中写道："昨闻庐山郡，太守雷君贤。往求与识面，复见山郁蟠。"这里所说的"雷君"即雷简夫，这里所说的"庐山郡"乃"芦山郡"之误，芦山郡即雅州。王文诰《苏诗总案》未考"庐山郡"乃"芦山郡"之误，把庐山郡误认为是江西九江，认为苏洵同雷简夫的订交是在庆历七年（1047）。其实，苏洵访雷简夫于庐（芦）山郡同访雷简夫于雅州是一回事，在至和二年（1055）去成都访张方平之后不久。甚至可能是从张方平处得知雷简夫的为人后，才去雅州访雷

[①] 左丘明：春秋时鲁国人，史学家，著有《左传》《国语》。
[②] 司马迁：字子长，夏阳（今陕西韩城南）人，西汉著名史学家，官太史令，因替投降匈奴的李陵辩解，曾下狱受刑。著有《史记》。
[③] 贾谊（前200—前168）：洛阳人，西汉政论家，文帝时召为博士，后出为长沙王、梁怀王太傅，曾多次上疏论政，主张削藩、重农，北抗匈奴。

简夫的，因为雷简夫知雅州也是张方平推荐的。雷简夫，字太简，最初隐居不仕，康定年间（1040—1041）因枢密使杜衍的推荐才以秘书省校书郎签书秦州观察判官，后又担任过坊州、阆州知州，"用张方平荐，知雅州"（《宋史·雷简夫传》）。雷简夫见到苏洵并读了他的文章后，可说对苏洵敬佩得五体投地。他在给张方平的信中说（所引雷简夫给张方平、韩琦、欧阳修的信，均见邵博《邵氏闻见后录》卷一五）："简夫近见眉州苏洵著述文字，其间如《洪范论》，真王佐才也；《史论》，真良史才也。岂惟西南之秀，乃天下之奇才耳。"他听苏洵说，张方平已荐苏洵为成都学官，但没有结果。他觉得这一职务太低了，他说："窃计明公引洵之意，不只一学官，洵望明公之意，亦不只一学官。"因为在雷简夫看来，苏洵才堪王佐，"用之则为帝王师，不用则幽谷一叟耳"，区区学官岂能尽展苏洵之才！他要张方平再次向朝廷推荐苏洵，"至于再，至于三，俟得其请而后已"。雷简夫是一位热心人，当他得知苏洵要进京后，又写信向韩琦、欧阳修推荐苏洵，韩琦很敬重尹洙（师鲁），他对韩琦说："师鲁不再生，孰与洵抗耶？"（《上韩忠献书》）他向欧阳修说："起洵于贫贱之中，简夫不能也，然责之亦不在简夫也；若知洵不以告于人，则简夫为有罪矣……执事职在翰林，以文章忠义为天下师，洵之穷达宜在执事。向者，洵与执事不相闻，则天下不以是责执事；今也，简夫之书既达于前，而洵又将东见执事于京师，今而后天下将以洵累执事矣！"（《上欧阳内翰书》）这简直是在将欧阳修的军，正是他的"俟得其请而后已"的思想的集中表现。

接着苏洵又去犍为访吴照邻，送他赴阙，并写了《送吴职方赴阙引》。苏洵《忆山送人》所送的"吴君"就是这位吴照邻。吴照邻与苏洵的哥哥苏涣同科进士及第，并"六载为蜀官"，因此，与苏洵交谊较深。他们曾相约同出三峡，并在经过荆楚时收恤故友史沆的遗孤。但苏洵后来未能同行，而吴照邻这次赴京就带有苏洵的文章，并呈交给了欧阳修。

张方平得到雷简夫的信后，看到朝廷对他推荐苏洵迟迟不作答复，就对苏洵说："远方不足成君名，盍游京师乎？"恰好嘉祐元年（1056）诏礼部贡举，苏洵于是接受了张方平的建议，决定送二子入京应试。他在《上张侍郎

第七章 "出张公门下"

第一书》（卷一二）中说："洵有二子轼、辙，龆龀授经，不知他习。进趋跪拜，仪状甚野，而独于文字中有可观者。始学声律，既成，以为不足尽力于其间。读孟、韩文，一见以为可作。引笔书纸，日数千言，坌然溢出，若有所相，年少狂勇，未尝更变，以为天子之爵禄可以攫取。闻京师多贤士大夫，欲往从之游，因以举进士。洵今年几五十，以懒钝废于世，誓将绝进取之意，惟此二子不忍使之复为湮沦弃置之人。今年三月，将与之如（人）京师。"这段话有以下几点值得注意：（一）信中虽然说的是苏轼兄弟不满足于声律之学，进而"读孟、韩文"，但我们知道这正是苏洵的观点，苏轼兄弟的看法显然受了苏洵的影响。（二）这次带苏轼兄弟进京的目的，除应试外，还要让他们与京城的贤士大夫游，以扩大他们的眼界。（三）苏洵鉴于自己"以懒钝废于世"的教训，不愿让二子再成为"湮沦弃置之人"，这就是苏洵精心培养苏轼兄弟的目的。苏轼之成为文坛巨匠，原因是多方面的，但苏洵培养之功是不能抹杀的。（四）他说二子"年少狂勇，未尝更变，以为天子之爵禄可以攫取"，包含了自己屡试失败的隐痛。他虽然对科举制度有不满，决心自己不再参加科举考试，但当时除此之外，作为"三世皆不显"的家庭出身的人，很难再有别的仕进之途。因此，他仍决定让苏轼兄弟进京应试。

嘉祐元年（1056）三月，苏洵父子三人离家到成都与张方平告别。长期卧病的老友史经臣也来为苏洵父子饯行："我游京师，强起来饯，相顾留连。"（《祭史彦辅文》）眉山离成都仅两百里，父子三人很快就到了成都。时苏轼二十一岁，苏辙才十八岁。苏轼在《张文定公墓志铭》中说，张方平"晚与轼先大夫游，论古今治乱，及一时人物，皆不谋而合。轼与弟辙，以是皆得出入门下"。他在《乐全先生文集叙》（卷一四）中说："轼年二十，以诸生见公成都，公一见，待以国士。"苏辙在《追和张公安道赠别》（《栾城第三集》卷一）诗叙里说："予年十八，与兄子瞻东游京师。是时，张公安道守成都，一见，以国士相许。"苏轼兄弟向张方平呈交了自己的文章，苏洵问张方平，二子将从乡举，行吗？张方平看了苏轼兄弟的文章，回答苏洵说："从乡举，乘骐骥而驰间巷也。六科所以擢英俊，君二子从此选，犹不足骋其逸力尔。"（《文安先生墓表》）据无名氏《瑞桂堂暇录》（说郛本）载，张方平安排苏轼父子住于斋舍，第二天出了六道题来考苏轼兄弟，自己则于壁间密窥之。苏轼兄弟得题后，各自专心思考。苏辙对题目有疑，指以示轼。苏轼不言，只是举笔倒敲几案，意为"管子注"。苏辙疑而未决，又指第二题示轼。苏轼却勾去了第二题，并开始答卷。二人完卷后，出来交与张方平。张方平非常高兴，因为第二题本无出处，是他故意用来考察苏轼兄弟的判断力的。张方平对苏洵说："二子皆天才，长者明敏尤可爱。然少者谨重，成就或过之。"苏轼兄弟的性格不同，确实太鲜明了，即使初见面，也能感觉到。苏轼"明敏""不外饰"，他的才气远远超过苏辙，是其不幸，也是其大幸，他在历史上的地位和影响正得力于此；而苏辙比苏轼"谨重"，是其幸，也是其不幸，他后来的官位虽比苏轼高，但无论对当时还是对后世的影响都比其兄稍逊一筹。

张方平也给欧阳修等写了推荐的信，并为他们准备了鞍马行装，派人送他们父子入京。

第八章 "名动京师"

苏洵父子在成都告别张方平后，从褒斜谷出川，开始赴京。苏轼兄弟都是初次远出，分外觉得新鲜。沿途丰富的历史遗迹，可激发他们思古之幽情；名山大川，亦可激发他们的豪情壮志；京城自来是人才荟萃之地，而嘉祐初年正与苏洵于庆历新政时在京一样，是"贤人君子"再次"合而为一"之时，自然使他们兄弟俩为之振奋。

苏洵是"此路常周旋"，但也十年没有出川了，他毕竟比苏轼兄弟成熟得多，他的观感又自不同。与苏轼兄弟的兴高采烈相反，他仍然郁郁寡欢。他在经过长安时写了《途次长安上都漕傅谏议》（卷一六），首先感慨自己年近半百仍"不安"于家，在外劳苦奔波：

> 丈夫正多念，老大不自安。
> 居家不能乐，忽忽思中原。
> 慨然弃乡庐，劫劫道路间。
> 穷山多虎狼，行路非不难。

为什么年近半百还要在外奔走呢？他回答道：

> 昔者倦奔走，闭门事耕田。
> 蚕谷聊自给，如此已十年。
> 缅怀当今人，草草无复闲。
> 坚卧固不起，芒刺实在肩。

从这里可以看出，苏洵并不甘心隐居，他是有志于当世的人，他看到世人忙忙碌碌，没有闲空，对自己卧居草野，感到有如芒刺在肩一样。因此，他不顾"穷山多虎狼"，仍决定要"驱车入京洛"。但是，尽管有张方平、雷简夫的推荐，他对这次入京仍然没有多大信心：

> 长安逢傅侯，愿得说肺肝。
> 贫贱吾老矣，不复苦自叹。
> 富贵不足爱，浮云过长天。
> 中怀邈有念，惝恍难自论。
> 世俗不见信，排斥仅得存。

所谓"富贵不足爱"，无非是苏洵屡试不第，年近半百而仍是布衣的自我安慰之词。"世俗不见信，排斥仅得存"，显然讲的是过去，现在他已得到张方平、雷简夫的特别赏识。但是，这次到京能否被其他人所"信"，能否不再被"排斥"呢？他是心中无数的。

关中是抗击西夏的前沿阵地，"颇好言兵"的苏洵经过这里，自然不会不关心安边问题。《途次长安上都漕傅谏议》的结尾部分就提出了这一问题：

> 昨者东入秦，大麦黄满田。
> 秦民可无饥，为君喜不眠。
> 禁军几十万，仰此填其咽。
> 西蕃久不反，老贼非常然。
> 士饱可以战，吾宁为之先。
> 傅侯君在西，天子忧东藩。
> 烽火尚未灭，何策安西边？

这就是说，只有丰收、军民丰衣足食、国富民安，才能有效抵御西夏侵扰。自庆历四年同西夏签订和约以来，西夏的侵扰暂停，但这能持久吗？现在朝

第八章 "名动京师"

廷的注意力在平定侬智高的余部，西部边防的重任完全落到了傅谏议身上，因此问傅"何策安西边"？这集中表现了苏洵对安边的关心。

苏洵经过长安时还写了一首《上田待制》（卷一六），也是表现同一主题的。他说，关中地势险要："山大地脉厚"；物产丰富："耕田破万顷，一稔粟柱梁"；人民勇猛善战："少年事游侠，皆可荷弩枪。勇力不自骄，颇能啖干粮……跨马负弓矢，走不择涧冈"。正因为具备这样多的有利条件，当年的秦始皇才能统一天下："吁嗟秦皇帝，安得不富强"；现在也一定能战胜西夏，老天爷才安排关中与西夏接壤："天意此有谓，故使连古羌。"这两首诗同他的《权书》一样，都表现了他关心国家统一的爱国精神。叶梦得《避暑录话》称赞苏洵的诗"语不徒发，正类其文"，就是指的这类作品。

苏洵父子一行在经过扶风凤鸣驿（今属陕西）时，本来想住在驿馆之中，但驿馆破败不堪，无法居住，只好出来住旅舍（苏轼《凤鸣驿记》卷一一）。当经过二陵（河南崤山中的两个丘陵，为当时的交通要道）时，他们的马死了，只好改骑毛驴到渑池，苏轼后来在诗中问苏辙道："往日崎岖还记否？路长人困蹇驴嘶"，就是指他们骑驴过渑池。苏轼兄弟还曾在渑池僧舍老僧奉闲的壁上题诗，但几年后苏轼再过渑池时，奉闲已死，壁上题诗也见不到了："老僧已死成新塔，坏壁无由见旧题。"（卷三《和子由渑池怀旧》）他们经过两个多月的长途跋涉，于五月到达京城开封。

北宋的京城，"金翠耀目，罗绮飘香"（孟元老《东京梦华录》），一派繁华景象。祖国山河的壮丽，历史之悠久，京城之繁华，给青年苏辙留下了强烈的印象，他在《上枢密韩太尉书》中说："过秦汉之故都，恣观终南、嵩、华之高；北顾黄河之奔流，慨然想见古之豪杰；至京师，仰观天子宫阙之壮与仓廪府库城池苑囿之富且大也，而后知天下之巨丽。"

初至开封时，他们住在兴国寺浴室院。这时正遇上京城大雨，蔡河决口，水涌进城，房舍到塌。直至七月，大雨才止，但仍然到处是水。苏轼登上龙津桥，观京城夜市，只见星寒月皎、灯火辉煌，如在江湖之上。他在《牛口见月》（卷一）中回忆道：

忽忆丙申年，京邑大雨霶。
蔡河中夜决，横浸国南方。
车马无复见，纷纷操筏郎。
新秋忽已晴，九陌尚汪洋。
龙津观夜市，灯火亦煌煌。
新月皎如画，疏星弄寒芒。
不知京国喧，是谓江湖乡。

因此直至秋天，大水退后，苏洵才见到欧阳修等人。

苏洵除向欧阳修呈交了张方平、雷简夫的推荐信和自己所作的文章外，还向欧阳修写了一封信，表达了自己对欧阳修等人的仰慕之情，评价了欧阳修的文章，介绍了自己求学的经过和体会。前已言及，欧阳修在苏洵入京前，已从吴照邻处得知苏洵的文章。现在读了苏洵的书信和文章，更是"大称赏"，"目为孙卿子"，认为苏洵之文具有荀子的文风。

苏洵对欧阳修这样推崇他，确实有些喜出过望。他在《上欧阳内翰第二书》（卷一二）中说，孔子之后百余年有孟子，孟子之后数十年有荀子，荀子之后两百余年有扬雄，扬雄之后千余年有韩愈（苏洵算错了，扬雄距韩愈只有八百多年），"韩愈氏没三百年矣，不知天下将谁与也"。现在，欧阳修竟说他的文章可与荀子比，他实在有些不敢当。他说："四子者（孔、孟、扬、韩）之文章，诚不敢冀其万一。顷者张益州见其文以为似司马子长，洵不悦，辞焉。夫以布衣而王公大人称其文似司马迁，不悦而辞，无乃为不近人情？诚恐天下之人不信，且惧张公之不能副其言，重为世俗笑耳。若执事，天下所就而折衷者也。不知其不肖，称之曰：'子之《六经论》，荀卿子之文也。'平生为文求于千万人中使姓名仿佛于后世而不可得也，一旦而得齿于四人者之中，天下乌有是哉！"

欧阳修还写信感谢张方平。李一公《东坡密语》卷一六《志林》（明刻本）载："文忠时在翰林，得明允、子瞻、子由著作，喜安道所荐得人，因谢安道曰：'后来文章当属此人矣！'"这里需要特别说明的是，张方平同欧阳修

第八章 "名动京师"

过去在政治上有矛盾，但是张方平并没有因此而不向欧修推荐人才，欧阳修也并未因此而对张方平推荐的人另眼相看，相反，还写信感谢张方平"所荐得人"。他们这种胸襟，令人肃然起敬。

欧阳修把苏洵的文章献给朝廷，并写了《荐布衣苏洵状》（卷一一〇），要求录用苏洵。他在《状》中说："眉州布衣苏洵，履行淳固，性识明达。亦尝一举于有司，不中，遂退而力学。其论议精于物理而善识变权，文章不为空言而期于有用。其所撰《权书》《衡论》《机策》二十篇，非特能文之士也。其人文行久为乡闾所称，而守道安贫，不营仕进。"欧阳修在这里强调了苏洵三个方面：一是品行好，"履行淳固""守道安贫，不营仕进"；二是学识好，"性识明达""精于物理而善识变权"；三是"非特能文"，而且能行，"文章不为空言而期于有用"。欧阳修还应苏洵的要求，写信给富弼，希望富弼能接见苏洵。

苏洵除给欧阳修写信外，还给宰相富弼、文彦博、枢密使韩琦、枢密副使田况、青州知州余靖等人写了信。这些信的内容一是求见："洵西蜀之人也，窃有志于今世，愿一见于堂上"（卷一一《上富丞相书》）；"洵西蜀之匹夫，尝有志于当世。因循不遇，遂至于老。然其尝所欲见者，天下之士盖有五六人。五六人者已略见矣，而独明公之未尝见，每以为恨。今明公来朝，而洵适在此，是以不得不见。"（卷一一《上余青州书》）或含蓄地求荐："执事之名满天下，天下之士用与不用在执事。故敢以所谓《策》二道、《权书》十篇者为献……若夫其言之可用与其身之可贵与否者，执事事也，执事责也，于洵何有哉！"（卷一一《上田枢密书》）二是议政，这方面的内容大体可以概括如下：第一，要求正确总结历史的经验教训，一定要有所作为。苏洵在《上富丞相书》中说，寇准①的失败就在于未诛小人，又不能与小人相与无忿："曩者陛下即位之初，寇莱公为相，惟其侧有小人不能诛，又不能与之无忿，故终以斥去。"庆历新政的失败在于改革太急："及范文正公在相府，又欲以岁月尽治天下事，失于急与不忍小忿。故群小人亦急逐之，一去遂不复用，

---

① 寇准（961—1023）：字平仲，华州下邽（今陕西渭南东北）人，真宗时任宰相，力主抗辽，要求真宗亲征，后因谗罢相，贬死雷州。封莱国公。

以殁其身。"富弼是参与庆历新政的人物之一，可能是错误地汲取了庆历新政失败的教训，至和二年（1055）任相以来因循守旧，无所兴革，苏洵在信中对富弼的无所作为，做了相当尖锐的批评。他说，当仁宗起用富弼为相时，"天下咸与相庆"，对富弼寄予了莫大希望，以为他能"与天下更始"，"后有下令而异于他日者，必吾富公也"，但是"朝夕而待之，跂首而望之，望望然而不获见也"。最初，他还以为四川离京遥远，所以不闻富弼有所作为。但是，现在"及于京师，亦无闻焉"。苏洵说："古之君子爱其人也，则忧其无成。"因此，他希望富弼能有所作为。第二，他针对当时军纪涣散，兵虽多而战斗力缺乏的现实，要求加强军纪。他在《上韩枢密书》中说："古者非用兵决胜之为难，而养兵不用之可畏。"天下未平时，多养兵可以消灭敌人；天下既平之后，多养兵只能威胁自己。"天下既平，盗贼既殄，不义之徒聚而不散，勇者有余力，则思以为乱；智者有余谋，则思以为奸；巧者有余技，则思以为诈，于是天下之患杂然出矣……兵久不用，则其不义之心蓄而无所发，饱食优游求逞于良民。观其平居无事，出怨言以邀其上；一日有急，是非人得千金，不可使也。"苏洵举了两个例子来说明当时之兵不可使，一是四川以兵卒修缮城池，花了数年时间，耗费数百万钱，结果是"杵声未绝，城辄坠坏"。二是这次京师大水，"锄耰畚筑列于两河之壖，县官日费千万，传呼劳问之声不绝者数十里，犹且睊睊狼顾，莫肯效用"。这样的士卒怎么能用来对辽和西夏作战呢？之所以会出现这种状况，就在于"大臣好名而惧谤。好名则多树私恩，惧谤则执法不坚。是以天下之兵豪纵至此，而莫之或制也"。苏洵主张要"绳以法"，他要求韩琦"思天下所以长久之道，而无幸一时之名；尽至公之心，而无恤三军之多言"。第三，主张选用人才要"略于始而精于终"。苏洵特别推崇唐代的陆贽①，陆贽主张"求才贵广，考课贵精"。苏洵在《上文丞相书》（卷一一）中进一步发挥了这一思想，他说："古者之制，略于始而精于终。"所谓"略于始"，是指选士标准应宽一些，以"使贤者易进"，即陆贽所谓的"求才贵广"；所谓"精于终"，指对官吏贤不肖的考察应精细、

---

① 陆贽（754—805）：字敬舆，苏州嘉兴（今属浙江）人，官至宰相，后贬为忠州别驾，著有《翰苑集》，以奏议有名。

第八章 "名动京师"

严格，即陆贽所说的"考课贵精"。这样，"不肖者易犯"，"易犯故易退"，贪官污吏就不能容身，冗官问题就不难解决："不肖者易退，夫何患官冗？"苏洵以沙里淘金做比喻，如果开始太严，只要金，不要沙，那就只好"金与砂砾皆不录而已矣"；如果最后"扬之不精"，那就会金沙混合，金子就显露不出来。因此，他说："欲求天下之贤俊，莫若略其始；欲求责实于天下之官，莫若精其终。"而宋代的吏制却与古制相反，"今也艰之于始"，结果是贤者难进；而"略于终"，只要混进了官僚层，几乎可终身做官，"吏之以罪免者旷岁无有"。是否当时的官吏都好得很，没有犯法的呢？他说："洵自蜀来（京），见……天下之吏犯法者甚众。"只要"从其犯而黜之，十年之后，将分职之不给（应有的官吏都将不足）"，何来官冗？

韩琦、富弼对苏洵的态度同欧阳修有很大不同。欧阳修希望朝廷能重用苏洵，韩琦则是称其文、礼其人而不用其言。苏洵身为布衣，成了韩琦的座上客，经常参与达官贵人的宴会。叶梦得《避暑录话》说："苏明允既为欧阳文忠公所知，其名翕然。韩忠献诸公皆待以上客。尝遇忠献置酒私第，惟文忠与一二执政。而明允乃以布衣参其间，都人以为异礼。"又说："韩魏公至和中还朝为枢密使时，军政久驰，士卒骄惰，欲稍裁制；恐其忿怨而生变，方阴图以计为之。会明允自蜀来，乃探公意，遽为书（即指以上所说的《上韩枢密书》）显载其说，且声言教公先诛斩。公览之大骇，谢不敢再见，微以咎欧阳公。富郑公当国，亦不乐之，故明允久之无成而归。"这段记载，显然有添油加醋的地方，与事实不完全符合。苏洵早在《权书》《衡论》中就主张严肃军纪，怎么能说"乃探公意"才教韩琦整顿军纪呢？苏洵以后仍是韩琦的座上客，怎么会"谢不敢再见"，甚至责备欧阳修呢？但韩琦不用其言却是事实，这表明当政者虽然赏识苏洵的文、行，但并不准备采纳他的革新朝政的主张。对其直言不讳的批评，富弼"亦不乐之"。因此，他在给富弼等人的信中虽然明确表示自己"有志于当世"，欧阳修也写了荐状，但他却未得到一官半职。

苏轼兄弟是为应进士试而入京的，他们很幸运地遇上欧阳修知贡举。当时文坛上有一股求深务奇的不良文风："求深者或至于迂，务奇者怪僻而不可读。"（苏轼《谢欧阳内翰启》，卷四九）力主古文革新的欧阳修决定用行政手段打击这种求深务奇的不良文风，凡是文涉诡异者皆不取。苏轼兄弟之文，以西汉文辞为宗师，词语质朴，无所藻饰，正符合欧阳修所倡导的古文革新的需要。因此两人一举进士及第，皆被置之高等。欧阳修对苏轼之文特别喜欢，他在《与梅圣俞书》中说："快哉！快哉！老夫当避路，让他出一头地也！可喜！可喜！"并且断言苏轼将来要超过他："更三十年，无人道着我也！"有的人对比自己弱的人还敢奖拔，对与自己旗鼓相当，甚至可能超过自己的人就不敢奖拔，生怕动摇了自己的权威宝座。欧阳修就不是这样，他明明看到苏轼将会超过自己，却大力奖拔，心甘情愿地"让他出一头地"，这种高尚情操真令人肃然起敬。

欧阳修是当时的文坛泰斗，由于他对三苏父子的称许、推崇，苏氏文章很快在京城乃至全国流传开来，产生了巨大影响。时人有很多这方面的记载，如：

书既出，而公卿士大夫争传之。其二子举进士皆在高等，亦以文学称于世。眉山在西南数千里外，一日父子隐然名动京师，而苏氏文章遂擅天下……自来京师，一时后生学者皆尊其贤，学其文，以为师法。（欧阳修《故霸州文安县主簿苏君墓志铭》）

欧阳修为翰林学士，得其文而异之，以献于上。既而欧阳公为礼部，又得其二子之文，擢之高等。于是，三人之文章，盛传于世，得而读之者为之惊，或叹不可及，或慕而效之，自京师至于海隅障徼，学士大夫莫不人知其名，家有其书。（曾巩《苏明允哀词》）

（欧阳修）献其（苏洵）书于朝，自是名动天下，士争传诵其文，时文为之一变，称为老苏。时相韩公琦闻其风而厚待之，尝与论天下事，亦以为贾谊不能过也。（张方平《文安先生墓表》）

由于苏洵已"名动京师"，因此在嘉祐元年秋冬还是他求见"王公大人"，而到了嘉祐二年春却变成"王公大人"求见这位平头百姓了。韩绛就是主动

第八章 "名动京师"

求见苏洵的人物之一。苏洵在《上韩舍人书》中说:"有来告洵以所欲见之之意,洵不敢不见,然不知君侯见之而何也?天子求治如此之急,君侯为两制大臣,岂欲见一闲布衣,与之论闲事耶……今君侯辱先求之,此其必有所异乎世俗者矣。"

正当苏洵父子名动京师、踌躇满志的时候,突然噩耗传来,贤良的程夫人病故于家乡,他们只好匆匆离京返川。他在《上欧阳内翰第二书》中说:"昨出京仓惶,遂不得一别,去后数日始悔恨。盖一时变出不意,遂扰乱如此。"他对在京期间与欧阳修"共为不朽之计"未能成功深感遗憾:"自思平生,羁蹇不遇,年近五十始识阁下,倾盖晤语,便如平生。非徒欲援之于贫贱之中,乃与切磨议论,共为不朽之计。而事未及成,辄闻此变。""援之于贫贱之中",是指欧阳修为苏洵谋取官职;"共为不朽之计",是指共同研讨文章,推动古文革新。前者没有实现,后者亦所做不多,难怪他深感"怏怅"了。他在《与吴殿院书》中也说:"属家有变,仓遽西走,遂不得奉别,怏怅不可胜言也。"由此可见三苏父子离京之仓促。

第九章 "勿滞彼泉旁"

　　苏洵离家虽然仅仅一年，但由于没有成年男子照管，家中已是一片破败景象；"屋庐倒坏，篱落破漏，如逃亡人家"（卷一二《上欧阳内翰第三书》）。经过一番安排后，苏洵把程氏安葬在彭山安镇乡可龙里老翁泉上。这里山环泉涌，景色宜人。他在《老翁井铭》中说："丁酉岁（即嘉祐二年），余卜葬亡妻得武阳（今四川彭山）安镇之山，山之所从来甚高大壮伟，其末分而为两股，回转环抱，有泉垒然，出于两山之间而北附。右股之下畜为大井，可以日饮百余家。"这里之所以叫老翁泉或老翁井，是因为民间有这样一个传说：山空月明，天气晴朗的时候，常有一苍颜白发的老人在泉旁休息，当有人走近他，老人立即隐于泉中。于是当地人就把它叫老翁泉。苏洵把妻子葬在这里，并在泉上修一亭子，常常优游亭上，怀念亡妻。

　　程夫人确实堪称贤妻良母，如前所述，她不仅促进了苏洵从游荡不学到发愤苦读，为苏洵专力于学创造了良好的条件；而且亲自教苏轼兄弟读书，教育他们要以名节自励。正如司马光所说："妇人柔顺足以睦其族，智能足以齐其家，斯已贤矣；况如夫人能开发辅导其夫、子，使皆以文学显重于天下，非识略高绝，能如是乎？"（《苏主簿夫人墓志铭》）苏洵对程氏之死是很悲痛的，他在《祭亡妻文》（卷一五）中说："与子相好，相期百年。不知中道，弃我而先。我徂京师，不远当还。嗟子之去，曾不须臾。子去不返，我怀永哀。反复求思，意子复回……归来空堂，哭不见人。伤心故物，感涕殷勤。嗟予老矣，四海一身。自子之失，内失良朋。孤居终日，有过谁箴？"程夫人确实是苏洵的好内助。她所精心培养的苏轼兄弟"文字炜炜，惊叹群公"，双双高中归来，她却分享不到这种快乐了。

　　苏洵刚刚安葬了亡妻不久，又一桩不幸的事接踵而来，他多年的好友史

第九章 "勿滞彼泉旁"

经臣也去世了。他在《祭史彦辅文》中说:"我还自东,二子丧母,归来辛酸。子病告革,奔走往问,医云已难。问以后事,口不能语,悲来塞咽。"长途奔波,妻、友相继去世,使白发斑斑的苏洵卧病不起,他只好"哭书此文,命轼往奠,以慰斯魂"了。为了纪念亡友,苏洵带病整理史经臣的遗稿,"遗文坠稿,为子收拾,以茸以编。我如不朽,千载之后,子名长存"。苏洵说对了,史经臣一生的大体经历之所以还为我们今天所知道,就是因为苏洵成了"不朽"的历史人物。史经臣兄弟均无子,只有史沆有一女流落襄州。苏洵一面为史经臣治理丧事,并立其同宗之子为后;一面又写信给吴照邻,托其照顾史沆遗孤:"今其家遗孤骨肉存者,独沆有弱女在襄州耳。君侯尚可以庇之,使无失所否?"(卷一三《与吴殿院书》)

苏洵自京城返家后,一直郁郁寡欢。这不仅因为妻子和老友的去世,而且还因为他在京城虽声名大震,但却求仕未成,不免有些心灰意冷。他在返川后写的《上欧阳内翰第三书》(卷一二)中说:"自蜀至秦,山行一月;自秦至京师,又沙行数千里。非有名利之所驱,与凡事之不得已者,孰为来哉?洵老矣,恐不能复东。阁下当时赐音问,以慰孤耿。病中无聊,深愧疏略。"看来,他不准备再入京了。

但是,就在他非常苦闷的时候,在欧阳修进呈苏洵的文章两年后,即嘉祐三年(1058)十月有了回音:召苏洵试策论于舍人院。他首先得到雷简夫的信,告诉他朝廷将有诏命,并要他东行应诏;十一月五日眉州正式收到朝廷诏命,要苏洵赴阙应试;十二月一日,苏洵上书仁宗,表示不能赴阙;接着,他又致书雷简夫、梅圣俞对召试深表不满;半年多后因朝廷再次催促苏洵赴阙,又致书欧阳修,申明不愿应试的理由。概括起来,苏洵所述理由如下:一是因病,这当然是借口。他在《上皇帝书》中说:"臣本田野匹夫,名姓不登于州闾,今一旦卒然被召,实不知其所以自通于朝廷。承命悸恐,不知所为。以陛下至圣之资,又有群公卿之贤与天下士大夫之众,如臣等辈,固宜不少,有臣无臣,不加损益。臣不幸有负薪之疾,不能奔走道路,以副陛下搜扬之心。"苏洵是否真的有病呢?病是有一点,他在《与梅圣俞书》(卷一三)中说:"昨适有病,遂以此辞。"是否真的病得来不能赴京呢?显然不是，他在《与雷简夫书》（卷一三）中说："承命自笑，恐不足以当，遂以病辞。"意思很明白，病不过是借口而已。二是不满科举考试制度，这才是主要原因。他在《上皇帝书》中已有流露，他说："臣本凡才，无路自进。当少年时，亦尝欲侥幸于陛下之科举。有司以为不肖，辄以摈落。盖退而处者十有余年矣，今虽欲勉强扶病戮力，亦自知其疏拙，终不能合有司之意。恐重得罪，以辱明诏。"这里还讲得比较含蓄，他在给雷简夫的信中就比较露骨地发泄了他对科举制度的不满："仆已老矣，固非求仕者，亦非固求不仕者。自以闲居田野之中，鱼稻蔬笋之资，足以养生自乐，俯仰世俗之间，窃观当世之太平；其文章议论，亦可以自足于一世。何苦乃以衰病之身，委曲以就有司之权衡，以自取轻笑哉！然此可为太简道，不可与流俗人言也。"而在《与梅圣俞书》中，他对科举制度更进行了空前激烈的指责。他说："仆岂欲试者？惟其平生不能区区附和有司之尺度，是以至此穷困。今乃以五十衰病之身，奔走万里以就试，不亦为山林之士所轻笑哉！自思少年尝举茂材，中夜起坐，裹饭携饼，待晓东华门外，逐队而入，屈膝就席，俯首据案。其后每思至此，即为寒心。今齿日益老，尚安能使达官贵人复弄其文墨，以穷其所不知耶？"这封信深刻地揭露了科举制度的摧残人才，淋漓尽致地发泄了他对科举制度的不满，特别是从"中夜起坐"至"俯首据案"数句，非常形象地描述了应试士子的可怜。早在九百年多前的北宋中叶，对科举制度就认识得这样深刻，确实难能可贵。三是苏洵之所以拒绝应诏，还因为对朝廷的拖拉作风不满，他在《上欧阳内翰第四书》（卷一二）中说："始公进其文，自丙申（1056）之秋，至戊戌（1058）之冬，凡七百余日而得召，朝廷之事，其节目期限如此之繁且久也！使洵今日治行，数月而至京师；旅食于都市以待命；而数月间得试于所谓舍人院者；然后使诸公专考其文，亦一二年；幸而以为不谬，可以及等而奏之，从中下相府，相与拟议，又须年载间，而后可以庶几有望于一官。如此，洵固已老而不能为矣！"这是对我国封建社会官僚制度的深刻揭露和批判。四是苏洵认为召试正是对其不信任的表现，因此更不应该去应试。他说："向者《权书》《衡论》《几策》，皆仆闲居之所为。其间虽多言今世之事，亦不自求出之于世，乃欧阳永叔以为可进而进之。苟朝

第九章 "勿滞彼泉旁"

廷以为其言之可信，则何所事试？苟不信其平居之所云，而其一日仓卒之言，又何足信耶？"（《答雷简夫书》）这是讲的究竟"一日仓卒之言"可信，还是"平居之所云"可信的问题，实际上还涉及对他的推荐人是否信任的问题："且以永叔之言与夫三书（即《权书》《衡论》《几策》）之所云，皆世之所见，今千里诏仆而试之，盖其心尚有所未信。此尤不可苟进，以求其荣利也。"（《与梅圣俞书》）这是对他和对欧阳修的不尊重，他愤愤地说，他还没有到饥不择食的地步，因此没有必要一定要做官，"洵之所为欲仕者，为贫乎？实未至于饥寒而不择"（《上欧阳内翰第四书》）。

梅圣俞收到苏洵拒绝赴阙应试的书信后，写了《题老人泉寄苏明允》诗，劝他进京：

> 泉上有老人，隐见不可常。
> 苏子居其间，饮水乐未央。
> 渊中必有鱼，与子相徜徉。
> 渊中苟无鱼，子特玩沧浪。
> 日月不知老，家有雏凤凰。
> 百鸟戢羽翼，不敢言文章。
> 去为仲尼叹，出为盛时祥。
> 方今天子圣，无滞彼泉旁。

大意是说，老人泉无鱼可钓；家中二雏（指苏轼兄弟）压过百鸟，是"去为仲尼叹，出为盛时祥"的凤凰，更不应该让其老于泉旁；更何况"方今天子圣"，因此劝他"无滞彼泉旁"。嘉祐四年（1059）六月，朝廷召命再下，苏洵接受了梅圣俞的劝告，决定再次入京。他在《上欧阳内翰第四书》中，一面发泄对朝廷拖拉作风的不满，一面又对欧阳修说："王命且再下，洵若固辞，必将以为沽名而有所希望。今岁之秋，轼、辙已服阕，亦不可不与之俱东。"

苏洵赴京前，对家事做了一些安排。三十年来，他家死了很多人，父亲、母亲、大哥、两个姐姐、妻子、长子和三个女儿均先后死去,他在离家前,"造六菩萨并龛座二所"以纪念死者。这里要特别提一提苏洵为纪念幼女八娘(苏小妹)之死所作的《自尤》诗(《嘉祐集笺注佚诗》)。八娘于皇祐二年(1050)十六岁时适表兄程正辅,皇祐四年(1052)就被程家虐待致死。在苏洵三女中,关于幼女即所谓苏小妹的传说为最多。元吴昌龄的杂剧《东坡梦》、明冯梦龙的小说《醒世恒言》、清李玉的传奇《眉山秀》以及今天的多种戏曲,都说苏洵幼女是苏轼之妹,嫁与著名词人秦观。秦观《徐君主簿行状》(《淮海集笺注》卷三六,上海古籍出版社,1994)说:"(徐成甫)女三人,曰文美、文英、文柔……以文美妻余。"可见秦观之妻为徐文美,非苏小妹。苏洵幼女死于皇祐四年(1052),年十八,秦观生于皇祐元年(1049)。也就是说,苏小妹死时,秦观才四岁,绝不可能同苏小妹结婚。由于苏洵《自尤》诗的发现,类似传说都不攻自破了。苏洵《自尤》诗叙说:"壬辰之岁而丧幼女,始将有尤其夫家,而卒以自尤也。女幼而好学,慷慨有过人之节,为文亦往往有可喜。既适其母之兄程浚之子之才,年十有八而死。"苏洵幼女死于"壬辰之岁",即仁宗皇祐四年(1052),"年十有八",上推十八年即生于仁宗景祐二年(1035)。苏轼生于景祐三年,因此,在苏洵三女中,幼女虽可称"小妹",但对苏轼来说仍是其姐,而非什么"东坡小妹"。苏轼《乳母任氏墓志铭》云:"赵郡苏氏子瞻之乳母任氏名彩莲,眉之眉山人……乳亡姊八娘与轼。"苏轼的亡姊"八娘"即苏洵幼女。八娘十六岁嫁与表兄程之才,《自尤》诗云:"乡人昏嫁重母族,虽我不肯将安云?生年十六亦已嫁,日负忧责无欢欣。"十七岁生一子("明年会汝初生孙"),并身染重病,而程家根本不予诊治,"一朝有疾莫肯视,此意岂尚求尔存?"苏洵夫妇只好把幼女接回家,经过精心治疗,病情有所好转:"经旬乳药渐有喜,移病余舍未绝根。喉中喘息气才属,日使勉强食肥珍。"但程家借口她"不归觐",抢走了她的婴儿,八娘一气之下,旧病复发,三天就死了,"婴儿盈尺未能语,忽然夺去词纷纷。传言姑怒不归觐,急抱疾走何暇询。病中忧恐莫能测,起坐无语涕满巾。须臾病作状如故,三日不救谁缘因?"八娘死后,苏、程两家彻底闹翻了,程夫人处于其间,日子自然很难过。在苏洵送二子入京应试期间,

第九章 "勿滞彼泉旁"

程氏于嘉祐二年（1057）抑郁而死，年仅四十八岁，未必与此无关。苏洵在《苏氏族谱亭记》中痛斥程浚为"州里之大盗"，八年后又写下了这首"其词甚哀"的《自尤》诗。周密《齐东野语》卷一三说（《唐宋史料笔记》，中华书局）："老泉《族谱亭记》言乡俗之薄起于某人，而不著其姓名者，盖苏与其妻党大不咸，所谓某人者，其妻之兄弟也。老泉有《自尤》诗，述其女事外家，不得志以死，其词甚哀，则其怨隙不平也久矣。其后东坡兄弟以念母之故相与释憾。程正辅（即程之才）于坡为表弟，坡之南迁（贬惠州），时宰闻其先世之隙，遂以正辅为本路宪，将使之甘心焉（甘心：《左传》庄公九年：'管、召仇也，请受而甘心焉。'注：'言欲快意戮杀之'）。而正辅反笃中外之义，相与周旋之者甚至。"可见南宋末周密有关苏洵幼女的记载，还是相当准确的。但在元、明以后，可能是出于对这位才气超群而命运悲惨的苏洵幼女的同情吧，就把这位悲剧人物改写成喜剧人物了。

苏洵在《极乐院造六菩萨记》中说："嗟乎，三十年之间而骨肉之亲零落无几。逝将南去，由荆楚走大梁，然后访吴越，适燕赵，徜徉于四方以忘其老。将去，慨然顾坟墓，追念死者。"值得注意的是，苏洵对今后行踪所作的规划，也只实现了一半，"由荆楚走大梁"实现了，他们这次离川赴京正是走的这条路线；"然后访吴越，适燕赵"，可见他准备送儿子入京后，还要作吴越燕赵之游，并未打算留在京城，这却未能实现。

第十章 "为《上皇帝书》一通"

苏洵虽然拒绝赴阙应试,但他毕竟是有志于当世的人,因此,他在《上皇帝书》中把他的政治革新主张,"条为十通,以塞明诏"。因为这封上书较为重要,这里特做介绍。

一为重爵禄。宋王朝实行三岁一迁官的制度,不管才不才,只要无大过,满了三年都可升官。苏洵说:"陛下轻用其爵禄,使天下之士积日持久而得之。"这样,既造成官冗,增秩拜官,动以千计,官吏繁多,溢于局外;又造成官吏因循苟且,以为谨守绳墨,足以自致高位;还加重了老百姓的负担,造成国家财政拮据,"病陛下之民而耗竭大司农之钱谷"。苏洵主张,只有那些"务为可称之功,与民兴利除害"的官吏才应升迁;那些"庸人,虽无罪而不足称者",不应升廷,他们"老于州县,不足甚惜"。有人说,这样天下之吏就会"生事以为己功"。苏洵反驳,天下初定,应为因循之政,以与民休息;天下久安,会产生怠惰之气,有不振之祸。"今天下少惰矣,宜有以激发其心,使踊跃于功名,以变其俗。况乎冗官纷纭如此,不知所以节之,而又何疑于此乎?"

二是罢任子。宋代贵族官僚的子孙、亲属、门客都可由恩荫得官,数量极大,庆历七年单是皇族授官就有一千多人,这是造成宋代官冗和吏治腐败的又一原因。苏洵说:"今之用人最无谓者,其所谓任子乎!因其父兄之资以得大官,而又任其子弟,子将复任其孙,孙又任其子,是不学而得者尝无穷也。夫得之也易,则其失之也不甚惜。以不学之人而居不甚惜之官,其视民如草芥也固宜。"苏洵认为罢任子,既可减少冗官,又能促使公卿子弟皆奋志为学,"此其为益,岂特一二而已?"

三是严考课。苏洵认为:"有官必有课,有课必有赏罚。有官而无课,是

第十章 "为《上皇帝书》一通"

无官也;有课而无赏罚,是无课也。无官无课而欲求天下之大治,臣不识也。……今天下所以不大治者,守令丞尉贤不肖,混淆而莫之辨也。"苏洵主张要议定考课之法,成立考课之司,加强对各级官吏的考课。

四是尊小吏。当时以贵相高,以贱相诿,外县小吏趋走于太守之庭,有如仆妾。大吏胡作非为,不忌其下;小吏曲随谄事,助其为虐。苏洵认为:"小吏之于大官,不忧其有所不从,唯恐其从之过耳。"苏洵认为没有必要让小吏向大吏通名赞拜,趋走其下风,这样才能全士大夫之节,并儆大吏之不法。

五是复武举。宋王朝为防止藩镇割据,重用文官而抑制武将,用兵之时方设武举,使天下屠沽健儿皆可获官;休兵之日,虽有超世之才,亦惜斗升之禄。苏洵主张恢复武举,但需"革其旧弊"。过去的考试内容不对,"以弓马得者不过挽强引重,市井之粗材;而以策试中者,亦皆记录章句,区区无用之学"。取人又太多,待遇又太薄,因此"所得皆贪污无行之徒,豪杰之士,耻不忍就"。苏洵理想中的武举是选拔要严格,两制(翰林学士为内制、中书舍人为外制)举其所闻,有司试其可者,然后由皇帝亲策之;标准是智勇双全,既要"便于弓马",又要有"权略";取人不宜过多,每次"不过取一二人";待遇要优厚,"待之以不次之位,试之以守边之任"。苏洵说:"文有制科,武有武举,陛下欲得将相,于此乎取之。"

六是信大臣。宋王朝对大臣很猜忌,防臣有如防盗,制定了不少法律来相互牵制大臣。如禁止两府(宋代中书省称政府,枢密院称枢府)、两制之间往来,以防其告谒之私。苏洵说,以两府、两制为可信,当无所请属;若不可信,禁止往来也不能制止其请属。苏洵指出,由于对大臣防范太严,使大臣不敢有所作为,"以天下之大而无可信之人,则国不足以为国矣。臣观今两制以上非无贤俊之士,然皆奉法供职,无过而已,莫肯于绳墨之外为陛下深思远虑,有所建明。何者?陛下待之于绳墨之内也"。

七是重名器。苏洵认为:"为天下者,可以名器授人,而不可以名器许人。"宋王朝却以名器许人,每次科举取人很多,少则数百,多则千余,"今进士三人之中,释褐之日,天下望为卿相。不及十年,未有不为两制者"。苏洵主张:"苟非有大功与出群之才,则不可以轻得其高位。是故,天下知有所忌而不敢觊觎。"

八是专使节。宋王朝同辽和西夏的关系一直处于被动挨打的局面，出使辽和西夏就成了苦差事。于是做使节也要轮班，"如县令署役必均而已矣"。同时，宋王朝的使臣地位也很低（"今之所谓使者亦轻矣"），对使节不信任，派小吏记录其言行："一摇足辄随而书之，虽有奇才辩士，亦安所效用！"苏洵主张："奉使宜有常人，惟其可者，而不必均。彼其不能者，陛下责之以文学政事，不必强之于言语之间，以败吾事。而亦稍宽其法，使得有所施。"

九是停郊赦。所谓郊赦，即国家有祭祀活动就实行大赦。结果，"当郊之岁，盗贼公行，罪人满狱"。苏洵主张"今而后，赦不于郊之岁，以为常制"。

十是远小人。苏洵说："陛下擢用俊贤，思致太平，今几年矣，事垂立而辄废，功未成而旋去。"原因就在于"小人之根未去"。苏洵说的远小人，主要是劝仁宗疏远宦官。但宋代包括仁宗朝，并未出现宦官专权的局面。因此，这条不很切中时弊。但他主张皇帝要远小人其精神仍是可取的。他在信的末尾警告仁宗说："天下无事，臣每每狂言，以迂阔为世笑。然臣以为必将有时而不迂阔也。"应该说，苏洵所条十通，除个别意见外，多数都是切中时弊的。

苏洵的《权书》《衡论》《几策》，内容很广泛，涉及政治、经济、军事等各个领域。《上皇帝书》则专谈政治改革，而且主要是谈吏治改革。所条十通，除要求废除郊赦一条外，其余九条都是谈用人问题。由此可见他对改革吏治的重视。在《衡论》中，苏洵已经提出了"政之失，非法之罪"的观点，而《上皇帝书》进一步发挥了这一观点。他说："法不足以制天下，以法制天下，法之所不及，天下斯欺之矣。且法必有所不及也。先王知其有所不及，是故存其大略而济之以至诚。使天下之所以不吾欺者，未必皆吾法之所能禁，亦其中有所不忍而已。"正是从这一观点出发，苏洵在《上皇帝书》中才大谈改革吏治、大谈用人问题。王安石强调法治，苏洵父子强调吏治，这是苏、王之间重要分歧之一，而道不同又是导致苏、王交恶的重要因素之一。这个问题，后面将做专章论述。

第十一章　"江上同舟诗满箧"

嘉祐四年（1059）十月，三苏父子离家赴京。比起前一次赴京，这次赴京有以下不同：一是成员不同，前次是父子三人赴京，这次是全家出动（苏洵《初发嘉州》："托家舟航千里速。"苏洵南行途中诗，均见《嘉祐集笺注·佚诗》，以下不再注），除程夫人已去世外，苏轼之妻王氏、长子苏迈、乳母任采莲，苏辙之妻史氏、乳母杨金蝉皆一同赴京。二是所走路线不同，前次是陆行北上，这次是舟行南下。自眉山沿岷江、长江而下，经嘉州（今四川乐山）、犍为（今属四川）、戎州（今四川宜宾）、渝州（今重庆市）、忠州（今重庆忠县），出三峡，于同年十二月初到达江陵（今属湖北），在此度岁；次年正月从江陵出发，陆行北上，经襄阳（今属湖北）、唐州（今河南唐河）、许州（今河南许昌），于嘉祐五年二月十五日到达京城。三是费时不同。前次只走了两个多月，这次他们一路探幽访胜，走了将近半年。他们分乘数船，浩浩荡荡，顺流而下，好不热闹。在船上，下棋饮酒，吟诗作赋，弹琴高歌。他们且行且止，每到一地多舍舟登岸，游览名胜古迹。沿途多有亲朋好友、地方官吏接送，过得相当愉快。四是途中作诗多少不同，前次他们作诗不多，并大都失传了；这次作诗特多，而且十之八九的诗文流传至今。自眉山至江陵，三苏父子共作诗文一百篇，编为《南行前集》，由苏轼作序；自江陵至京城，共作诗文七十三篇，编为《南行后集》，由苏辙作引（已佚）。两书合称《南行集》，这是三苏父子亲自编辑的第一部也是唯一一部合著的诗文集。它真实地记录了赴京沿途"山川之秀美，风俗之朴陋，贤人君子之遗迹"（苏轼《南行前集叙》，卷一〇）。

在经过嘉州时，嘉州太守设酒宴款待他们，他们参观了龙岩、凌云寺，欣赏了著名的乐山大佛。可能就是在这次酒席上，苏轼兄弟认识了河西猛士，时权嘉州酒税的郭纶，对他屡立战功却不得重用深表同情。苏辙的《郭纶》诗（苏辙南行途中诗，均见《栾城集》卷一〇，以下不再注），揭露朝廷赏罚不明，为"屡战有功不赏"的郭纶鸣不平，并从一个侧面反映了北宋民族矛盾的尖锐。因为这首诗既描写了郭纶在西夏战争中的战功："郭纶本蕃种，骑斗雄西戎""长遇西鄙乱，走马救边烽""昔在定川寨，贼来如群蜂""挥兵取其元，模糊腥血红"。又描写了他在平定岭南侬智高之乱中的战功："忽闻南蛮叛，羽檄行匆匆。将兵赴危难，瘴雾不辞冲。行经贺州城，寂寞无人踪。攀堞莽不见，入据为筑墉。一旦贼兵下，百计烧且攻。三日不能陷，救至遂得通。"同西夏的定川寨之战，同侬智高的贺州城（今广西贺州市）之战，我们都是从苏辙诗中才知道这些具体情况的。

苏洵在《游嘉州龙岩》诗中写道：

系舟长堤下，日夕事南征。
往意纷何速，空岩幽自明。
使君怜远客，高会有馀情。
酌酒何能饮，去乡怀独惊。

苏洵在《游陵（今作"凌"）云寺》诗中还形象地描绘了高与山齐的凌云大佛：

长江触山山欲摧，古佛咒水山之隈。
千舸万舸膝前过，仰视绝顶皆徘徊。
足踏重浪怒汹涌，背负乔岳高崔嵬。

膝前千帆竞过，脚下怒涛汹涌，背后乔岳崔嵬，寥寥数语就写出了凌云大佛之高大和江山的气势。

在嘉州有乡僧宗一来送行，苏轼在《初发嘉州》中写道（苏轼南行途中诗，均见《苏轼诗集》卷一，以下不再注）：

第十一章 "江上同舟诗满箧"

> 朝发鼓阗阗，西风猎画旃。
> 故乡飘已远，往意浩无边。
> 锦水细不见，蛮江清可怜。
> 奔腾过佛脚，旷荡造平川。
> 野市有禅客，钓台寻暮烟。
> 相期定先到，久立水潺潺。

早晨发船，鼓声阗阗，西风猎猎，画旗招展，故乡越来越远，锦江越来越细，直至再也看不到了，而奔腾的岷江在嘉州大佛寺脚下冲积成旷荡平川。"少陵山水是图经"，苏轼的记行诗几乎也可作"图经"读，千余年后的今天登上乐山大佛寺，朗诵"奔腾过佛脚，旷荡造平川"的诗句，你定会觉得苏轼真实地摄下了这里的壮阔景色。苏轼在诗末自注说："是日，期乡僧宗一会别钓鱼台下。"诗的末四句即指此。苏辙在《初发嘉州》中也写道："飞舟过山足，佛脚见江浒。舟人尽敛容，竞欲揖其拇。俄顷已不见，乌牛在中渚。移舟近山阴，峭壁上无路。"嘉州三江汇合，水流湍急，舟过如飞。乐山大佛的一个脚趾拇就足以摆一桌筵席，因此，苏辙突出描写佛脚和脚趾，以极言佛像之大。乌牛，即乌牛山，后来黄庭坚过此，以其名不雅，改名乌尤山。它位于岷江、青衣江、大渡河交汇处，山高入云，石壁陡峭，故说"乌牛在中渚"，"峭壁上无路"。今天我们游乐山大佛寺和乌尤寺，仍不能不佩服青年苏辙刻画之工。在嘉州的乌牛山上有尔雅台，《嘉定府志》卷五《古迹》载："尔雅台在乌尤山正觉寺外……相传郭璞注《尔雅》于此。"《尔雅》是我国最早的词书。郭璞，字景纯，河东闻喜（今属山西）人。他是东晋著名的训诂学家，著有《尔雅注》，集《尔雅》学之大成。传说他曾在这里注释《尔雅》，乌牛山下的墨鱼就是吃了他的洗砚之水而变黑的。苏辙在《初发嘉州》中记下了这一美丽传说："云有古郭生，此地苦笺注。区区辨虫鱼，《尔雅》细分缕。洗砚去残墨，遍水如黑雾。至今江上鱼，顶有遗墨处。览物悲古人，嗟此空自苦！"

在宋代，戎州（今四川宜宾）一带是汉民族同少数民族杂居之地，各民族间时常发生冲突，而战争一停，各民族间的贸易也很发达。苏辙《戎州》诗写道：

>   汉虏更成市，罗纨靳不还。
>   投毡拣精密，换马瘦屑颜。
>   兀兀头垂髻，团团耳带环。
>   夷声不可会，争利苦间关。

这些少数民族特别喜欢汉人的罗纨，都买走了，并以精密的毛织品来换又瘦又高的马。他们垂着高高的发髻，戴着圆圆的耳环，说着汉人听不懂的少数民族语言，历尽艰苦来争利于市。这里不仅表现了"汉虏更成市"的盛况，而且生动描绘了少数民族的习俗，是我们研究北宋川南一带民族问题的形象化的资料。

这一带的民风是淳朴的，苏轼《夜泊牛口》云：

>   日落红雾生，系舟宿牛口。
>   居民偶相聚，三四依古柳。
>   负薪出深谷，见客喜且售。
>   煮蔬为夜飧，安识肉与酒？
>   朔风吹茅屋，破壁见星斗。
>   儿女自咿嚘，亦足乐且久。

看到这样美丽的河山和淳朴的民风，苏轼不禁嘲笑自己何苦奔走仕途：

>   人生本无事，苦为世味诱。
>   富贵耀吾前，贫贱独难守。
>   谁知深山子，甘与麋鹿友。
>   置身落蛮荒，生意不自陋。
>   今予独何者，汲汲强奔走？

第十一章 "江上同舟诗满箧"

苏辙现实得多，在他的笔下，牛口的百姓似乎没有那样的诗意。他在《夜泊牛口》中说："野老三四家，寒灯照疏树。见我各无言，倚石但箕踞。水寒双胫长，坏袴不蔽股。日莫（暮）江上归，潜鱼远难捕。稻饭不满盂，饥卧冷彻曙。"所谓"君臣上下有恻怛之心、忠厚之政"的仁宗"治世"（《宋史·仁宗纪》），人民就过着这种衣不蔽体、食不果腹的饥寒交迫的悲惨生活。过重的剥削压迫使得他们精神麻木，默默无语，箕踞而坐，对人冷漠。

在经过江安县南井口时，苏洵老友，时任简州平泉令的任孜又赶来会别。苏轼兄弟皆有《泊南井口期任遵圣》诗记其事。苏辙诗中有"愧余后期至，先到犯寒色"句，可知苏洵父子是分乘数舟，联翩而下的。苏轼在《江上看山》中写道：

>　　船上看山如走马，倏忽过去数百群。
>　　前山槎牙忽变态，后岭杂沓如惊奔。
>　　仰看微径斜繚绕，上有行人高缥缈。
>　　舟中举手欲与言，孤帆南去如飞鸟。

这首诗从各个不同角度描绘了舟行之快，特别是以举手欲与高山行人谈话而孤帆已如飞鸟远逝来衬托舟行之快，更觉奇趣盎然。

在经过渝州时，渝州守张子立亲到江边见苏洵，他出峡后在《答张子立见寄》诗中回忆道：

>　　舟行道里日夜殊，佳士恨不久与俱。
>　　峡山行尽见平楚，舍舟登岸身无虞。
>　　念君治所自有处，不复放纵如吾徒。
>　　忆昨相见巴子国，谒我江上颜何娱。

周代的巴子国就是秦以后的巴郡，治所在现在的重庆。从"念君治所"四字可以看出张子立的身份。十多年前，苏洵云游天下时，"未为时所知，旅游万里，舍者常争席"（苏轼《钟子翼哀词》）。现在，苏洵虽然仍是布衣，但三苏文名已震动天下，而苏轼兄弟又是新科进士，前途无量，所以沿途官吏都刮目相看了，他们或则设宴招待，或则亲到江边迎送，确实是以布衣而平交诸侯了。

长江两岸有很多名胜古迹，充满了神话传说，在经过丰都时，他们游了仙都观，传说这是阴长生升仙的地方："飘萧古仙子，寂寞苍山上。观世眇无言，无人犯惆怅。"（苏洵《题仙都观》）一到丰都，"知县李长官"就对苏洵说，早知道苏洵一行将到，苏洵问他何以知道，他回答说："此山有鹿甚老，而猛兽猎人终莫能害。将有客来游，鹿辄放鸣，故常以此候之，而未尝失。"苏洵感到奇怪，想这鹿子会不会是仙君阴长生的僮仆变的？他于是又写了一首《仙都山鹿》诗：

客来未到何从见，昨夜数声高出云。
应是仙君老僮仆，当时掌客意犹勤。

"屈原遗宅秭归山"，屈原是秭归（今属湖北）人，一生未到过忠州，但后人追念屈原忠魂，也在这里修塔纪念。苏辙对此是怀疑的："过者迟疑不能识。"（《屈原塔》）苏轼《屈原塔》诗却说：

楚人悲屈原，千载意未歇。
精魂飘何处，父老空哽咽。
至今沧江上，投饭救饥渴。
遗风成竞渡，哀叫楚山裂。
屈原古壮士，就死意甚烈。
世俗安得知，眷眷不忍诀。
南宾旧属楚，山上有遗塔。
应是奉佛人，恐子就沦灭。

第十一章 "江上同舟诗满箧"

> 此事虽无凭，此意固已切。
> 古人谁不死，何必较考折。
> 名声实无穷，富贵亦暂热。
> 大夫知此理，所以持死节。

诗的前十二句泛写千百年来楚人悲吊屈原形成"遗风"，作为壮士的屈原自然是慷慨赴死的，但楚人总是对他怀着深深的眷恋之情。中间六句是说巴东本是古蜀楚地，故忠州也有屈原塔。屈原是否去过忠州虽然于史无凭，但忠州人民怀念屈原的心意却是真切的。最后六句是苏轼发出的感慨，屈原很懂得富贵是短暂的，声名才是无穷的，因此，宁死也要坚守节义。苏轼对屈原的仰慕之情溢于言表，而就苏轼一生看，他也确实是以节义自守的。

忠州还有严颜碑，严颜是东汉末的巴郡太守，刘备攻刘璋，张飞俘获严颜，怒斥道："大军至，何以不降而敢拒战？"严颜回答说："我州但有断头将军，无降将军也！"张飞壮而释之（《三国志》卷三六《张飞传》，中华书局，1959）。苏辙对严颜的临危不惧非常仰慕："被擒不辱古亦有，吾爱善折张飞豪……匹夫受戮或不避，所重壮气吞黄河。临危闲暇有如此，览碑慷慨思横戈。"（《严颜碑》）

苏轼兄弟在忠州都作有《竹枝歌》。苏轼的《竹枝歌》也是哀屈原的："水滨击鼓何喧阗，相将扣水求屈原。屈原已死今千载，满船哀唱似当年。"苏辙的《竹枝歌》主要是写忠州的民间疾苦：

> 可怜楚人足悲诉，岁乐年丰尔何苦！
> 钓鱼长江江水深，耕田种麦畏狼虎。
> 俚人风俗非中原，处子不嫁如等闲。
> 双鬟垂顶发已白，负水采薪长苦艰。
> 上山采薪多荆棘，负水入溪波浪黑。
> 天寒斫木手如龟，水重还家足无力。
> 山深瘴暖霜露干，夜长无衣犹苦寒。
> 平生有似麋与鹿，一旦白发已百年。

"岁乐年丰"都如此悲惨，凶年的境况就可想而知了；"瘴暖""犹苦寒"，严冬何以度日！杜甫《负薪行》说："夔州处女发半华，四十五十无夫家。"从杜甫到苏辙，三百年过去了，这一带的人民特别是妇女的境遇，可是没有丝毫改善。

万州武宁县木枥观，据传是旌阳许迈得道之所。他们舟行木枥观时，许迈的棺椁还在山上，舟人没有告知，到了武宁县，他们才知道，苏洵、苏轼都有《过木枥观》诗记其事，为失访这一遗迹而深感歉然。

这一带还有刘备、诸葛亮的很多遗迹。他们在途经奉节时，寻访刘备遗迹，苏轼《永安宫》诗写道：

千古陵谷变，故宫安得存？
徘徊问耆老，惟有永安门。

睹物思人，他为当年刘备兵败彝陵（今湖北宜昌东）深感惋惜：

吁嗟蜀先主，兵败此亡魂。
只应法正死，使公去遭燔。

法正，字孝直，初仕刘璋，后邀刘备取蜀，任蜀郡太守、尚书令、护军将军等职，成为刘备的重要谋士。刘备伐吴，诸葛亮屡谏不听，结果大败而还。诸葛亮感叹道："法孝直若在，则能制主上令不东行；就复东行，必不倾危矣！"（《三国志》卷三七《法正传》）苏轼《永安宫》诗的最后两句即指此。

在奉节县西南七里处，有著名的诸葛亮八阵图。苏轼在《八阵碛》诗中，也为诸葛亮的壮志未酬深感惋惜：

孔明最后起，意欲扫群孽。
崎岖事节制，隐忍久不决。
志大遂成迂，岁月去如瞥。

第十一章 "江上同舟诗满箧"

> 六师纷未整，一旦英气折。
> 惟余八阵图，千古壮夔峡。

三苏父子对诸葛亮在军事上的过分谨慎都是持批评态度的。苏辙《八阵碛》也有反映："世称诸葛公，用众有法度。区区落褒斜，军旅无阔步。中原竟不到，置阵狭无所。茫茫平沙中，积石排队伍。独使后世人，知我非莽卤。"

进入三峡后，苏轼兄弟都有《入峡》诗。苏轼《入峡》云："自昔怀幽赏，今兹得纵探。长江连楚蜀，万派泻东南。"苏辙《入峡》诗描写三峡风光说：

> 舟行瞿塘口，两耳风鸣号。
> 渺然长江水，千里投一瓢。
> 峡门石为户，郁怒水力骄。
> 扁舟落中流，浩如一叶飘。
> 呼吸信奔浪，不复由长篙。
> 捩柂破溃旋，畏与乱石遭。
> 两山龛相值，望之不容舠。
> 渐近乃可入，白盐最雄高。
> 草木皆倒生，哀叫悲玄猱。
> 白云缭长袖，零露如飞毛。

山口风大，瞿塘峡口因两岸峭壁高耸，风更大，诗一开头就抓住了入峡特征。千里长江，汇聚百流而为夔门所阻，江水不得畅流，因郁怒而非常骄狂，这是写江流汹涌。一叶扁舟在急流中行驶，转瞬之间，就随波逐流，奔腾而过，根本用不着篙竿，这是写江流之急。江中乱石林立，漩涡密布；两山相遇，十分迫近，好像连小船（舠）都不能通过一样，这是写江面之窄。峡中行舟，时时有山重水复疑无路之感，但转一个弯，又总是有路可走；白盐山高入云霄，山上草木倒生，猿猱哀号，白云缭绕，这是写峡中之山。苏辙这些诗句都能给人以如临其境之感,特别是"两山蹙相值,望之不容舠"二句,任何一个游过三峡的人,都有同感。

在峡中,苏洵又与杨节推、世旧宋某偶然相遇,共同泛峡:"与君多乖睽,邂逅同泛峡。宋子虽世旧,谈笑顷不接。二君皆泛游,畴昔共科甲。惟我老且闲,独得离圈柙。"(《和杨节推见赠》)苏洵的祖母姓宋,所谓"宋君虽世旧",可能指此。苏洵又有《与杨节推书》,从中可知杨节推曾托苏洵为其父写墓志铭。苏洵有一篇《丹棱杨君墓志铭》,可能就是为杨节推之父所作的墓志铭。如果这一推测不错,从《墓志铭》就可知道这位杨节推叫杨美球。苏洵在峡中,还有一位叫杨纬的人送了他一座木山,他在《寄杨纬》诗中写道:

家居对山木,谓是忘言伴。
去乡不能致,回顾颇自短。
谁知有杨子,磊落收百段。
拣赠最奇峰,慰我苦长叹。

杨节推、杨美球、杨纬很可能是同一人,节推为其职,美球、纬或为名或为字号;而所赠木山,很可能就是苏洵为其父作墓志铭的润笔。苏洵后来在京城所蓄的木山就是峡中杨纬所送的木山,而眉山家中的木山三峰,他并未带入京城。

过巫峡,苏洵有《神女庙》诗,称赞"巫阳仙子云为裾,高情杳渺与世疏"。将至峡州,苏洵父子三人游了三游洞。三游洞在西陵峡口北岸,因唐白居易兄弟、元稹游此而得名。苏洵父子经过这里已是深冬季节,天气很冷。苏洵本不想游,但因苏轼兄弟苦苦要求,父子三人仍同游了三游洞:"洞中苍石流成乳,山下寒溪冷欲冰。天寒二子苦求去,吾欲居之亦不能。"(苏洵《题三游洞石壁》)从苏轼兄弟的同题诗看来,他们还在三游洞住了一晚上:"不辞携被岩底眠,洞口云深夜无月"(苏轼);"夜深明月出山顶,下照洞口才及唇。沉沉深黑若大屋,野老篝火青如磷。平明欲出迷上下,洞气飘乱如

第十一章 "江上同舟诗满箧"

浮云"(苏辙)。

经过两个月的一面行舟,一面游山玩水,十二月初苏洵全家到了江陵。他们把沿途所作诗文汇成书,命名为《南行前集》。苏轼《南行前集叙》中说:"己亥之岁,侍行适楚。舟中无事,博弈饮酒,非所以为闱门之欢。而山川之秀美,风俗之朴陋,贤人君子之遗迹,与凡耳目之所接者,杂然有触于中而发于咏叹。盖家君之作与弟辙之文皆在,凡一百篇。"《南行前集》早已失传,但《南行前集》中所收诗文大部分仍保存下来了,今存苏洵诗十一首;苏轼诗四十二首、赋两篇;苏辙诗二十三首(《栾城集》卷一《巫山庙》诗,当作于治平三年扶父丧返川时)、赋两篇,共八十篇,尚佚二十篇。

苏洵父子在荆州度岁,住了将近一个月。他们拜会了荆州知州王兵部,苏轼有《上王兵部书》,苏洵作了《王荆州画像赞》。苏辙还与王荆州之子王璋交游,他后来在《送王璋长官赴真定孙和甫辟书》中回忆说:"昔年旅南服,始识王荆州。威动千里肃,恩宽行客留。从容见少子,风采倾凡俦。温然吐词气,已觉清且修。"他们父子在江陵过了春节后,于嘉祐五年(1060)正月初五继续北上:"初来寄荆渚,鱼雁贱宜客。楚人重岁时,爆竹鸣磔磔。新春始涉五,田冻未生麦。相携历唐(今河南唐河)许(今河南许昌),花柳渐芽拆。"(卷二《辛丑除日寄子瞻》)

在北行途中,苏洵重游了荆门惠泉,他在《荆门惠泉》诗中写道:

> 古郡带荒山,寒泉出西郭。
> 嘈嘈幽响远,衮衮清流活。
> 当年我少年,系马弄潺湲。
> 爱此泉旁鹭,高姿不可攀。
> 今逾二十载,我老泉依旧。
> 临流照衰颜,始觉老且瘦。
> 当时同游子,半作泉下尘。
> 流水去不返,游人岁岁新。

前四句写眼前之景；次四句回忆二十年前自己再举进士，东出三峡，北上入京，途经荆门惠泉的情况；最后八句是感叹二十年来的巨大变化，自己已经"老且瘦"了，而当时的"同游子"半已作古了。

渡汉水，至襄阳，他们瞻仰了诸葛亮的故里隆中，苏轼《隆中》诗云：

诸葛来西国，千年爱未衰。

今朝游故里，蜀客不胜悲。

他们游览了城西十里的万山，苏洵作有《襄阳怀古》《万山》诗。这里有晋人羊祜的坠泪碑，杜预沉铭的万山。据《晋书·羊祜传》载，羊祜喜爱山水，尝登岘山，每感慨道，自有宇宙便有此山，自来贤达胜士登此山者多矣，湮灭无闻，使人悲伤。襄阳百姓后来就在岘山羊祜游息之所建碑立庙，杜预名之曰堕泪碑。苏洵过此，感叹道："道逢堕泪碣，不觉涕亦零。借问羊叔子，何异葛孔明？今人固已远，谁识前辈情？"（《襄阳怀古》）杜预鉴于高岸为谷、深谷为陵，自然界变化太大，曾刻二碑以纪其功，一立岘山之首，一沉万山之下的潭水中，以便今后潭水干涸、铭石出现，使其功业垂名后世。苏洵写道："揭来万山下，潭水转相萦。水深不见底，中有杜预铭。潭水竟未涸，后世自知名。成功本无敌，好誉真儒生！"苏洵也是渴望建功立业的人，想到诸葛、羊祜、杜预名垂千古，后世少有能继之者，自己年过半百却一事无成，不觉涕下沾巾："自从三子亡，草木无豪英。聊登岘山首，泪与汉流倾。"（同上）

襄阳城东二十里有刘表的呼鹰台。刘表（142—208），字景升，山阳高平（今山东微山）人。表好鹰，东汉末治襄阳时常登此台，歌《野鹰来曲》，故人称呼鹰台。但刘表好谋而无决，有才而不能用，闻善而不能纳，他死后其子刘琮即投降曹操。苏辙作《野鹰来》感慨道："父生已不武，子立又不强。北兵果南下，扰扰如驱羊。鹰来野雉何暇走，束缚笼中安得翔！可怜野雉亦有爪，两手捽鹰犹可伤。"刘表虽好鹰，但他们父子却不是什么鹰，而是任鹰宰割的野雉，甚至连野雉都不如，野雉尚能以爪捽鹰，刘琮却不战而降。联

第十一章 "江上同舟诗满箧"

系到当时朝廷对辽、夏的软弱态度，苏辙这些诗句显然皆有感而发，而非仅仅是怀古。

过叶县，苏洵作《昆阳城》诗。这里是昆阳之战的战场，汉光武帝刘秀以兵三千破王莽军数十万，死者以万计，江水为之不流，比秦赵长平之战死的人还多。苏洵对刘秀的大屠杀显然不满，他写道："杀人应更多长平，薄赋宽征已无补。英雄争斗岂得已，盗贼纵横亦何数。御之失道谁使然？长使哀魂啼夜雨。"

"江上同舟诗满箧"（苏轼《九月二十日微雪怀子由弟》，卷四），在这不到五个月的时间里，是苏洵诗歌的丰收季节，存诗共十五首，占他全部现存诗歌的三分之一。《南行集》也是三苏父子唯一一次同行唱和诗集，很多诗都是同题分作，多数都还存于各自的集子中，共有一百多篇。此次同行诗，最便于比较三父子的诗风，因此特别值得重视。

第十二章 "闲伴诸儒老曲台"

二月十五日，三苏父子到达京师，暂寓西冈，但由于京城桂薪玉食，他们又是全家入京，而且都没有一官半职，因此不久就迁到杞县城南居住。苏辙说："居梁（开封）不耐贫，投杞（杞县）避糠覈。城南庠斋静，终岁守坟籍。酒酸未尝饮，牛美每共炙。"（《辛丑除日寄子瞻》）后来迁居京城宜秋门内的南园，很可能是苏轼出任凤翔签判以后。

在苏洵拒绝应试后，朝廷于嘉祐五年（1060）八月特任命苏洵为试秘书省校书郎。校书郎只不过是九品小官，而且还是"试"职。苏洵虽然勉强接受了这一职务，但却很不满意。以前，他以布衣与公侯交，还可平起平坐；现在，做了这样一个区区小官，成了上下级关系，很难以宾主之礼相见了。苏洵《上欧阳内翰第五书》就集中表现了这一思想，他说："《礼》曰：'仕而未有禄者，君有馈焉，曰献；使焉，曰寡君违；而君薨，弗为服也。'古之君子重以其身臣人者，盖为是也哉！子思、孟轲之徒至于是国，国君使人馈之，其词曰：'寡君使某有献于从者。'布衣之尊而至于此，惟不食其禄也。今洵已有名于吏部，执事其将以道取之耶，则洵也犹得以宾客见；不然，其将与奔走之吏同趋于下风，此洵所以深自怜也！"未食人禄，可以平交王侯，受其尊重；已食人禄，就难免受人驱使了。苏洵被雷简夫誉为"王佐才""帝王师"，实际上他也是以此自许的。虽然他三年前就已名动京师，成了朝廷大员的座上客，现在却以一九品小官就把他打发了，确实有点像对待"巫医卜祝"一样，"特捐一官以乞之"。他在《上韩丞相（琦）书》中说："去岁蒙朝廷授洵试校书郎，亦非敢少之也。使朝廷过听，而洵侥幸，不过得一京官。终不能如汉、唐之际所以待处士者，则京官之与试衔，又何足分多少于其间，而必为彼不为此耶？"在汉朝、唐朝，布衣可因一言而位至卿相；宋朝官吏最滥

第十二章 "闲伴诸儒老曲台"

最冗,但真正有才华的人却很难破格提拔。苏洵鉴于试校书郎的官职,"得六七千钱,诚不足以赡养",就职一年后,上书宰相韩琦要求"别除一官"。信中愤慨地说:"今洵幸为诸公所知,似不甚浅,而相公尤为有意。至于一官,则反复迟疑不决者累岁。嗟乎,岂天下之官以洵故冗耶?"不平之意,溢于言表。

嘉祐六年(1061)七月,太常寺要修纂建隆以来的礼书,才以苏洵为霸州文安县主簿,与陈州项城县令姚辟同修礼书。县主簿也不过是从九品上到从八品上的小官,难怪张方平说韩琦对苏洵的态度是"知其才而不能用"了(《文安先生墓表》)。

治平二年(1065)的重阳节,苏洵参加了韩琦的家宴,回来后写了一首《九日和韩魏公》:

> 晚岁登门最不才,萧萧华发映金罍。
> 不堪丞相延东阁,闲伴诸儒老曲台。
> 佳节久从愁里过,壮心偶傍醉中来。
> 暮归冲雨寒无睡,自把新诗百遍开。

诗的首联写参加韩琦重阳节的家宴;颔联感谢韩琦以他为礼院编纂,但从"闲伴诸儒老曲台"的"闲""老"二字,也不难看出他那郁郁不得志之情;颈联写得最好,"佳节久从愁里过",可见他一直不得志;"壮心偶傍醉中来",可见他仍雄心勃勃,希望有所作为,真是"烈士暮年、壮心不已"。尾联写宴后归来的心情,暮色沉沉,寒雨萧萧,辗转反侧,夜不能寐,给人以凄凉之感。全诗表现了他壮志不酬的苦闷。从这首诗也可看出苏洵同韩琦的关系一直比较密切。苏洵未得重用,主要责任在富弼。叶梦得《石林燕语》卷五云:"欧阳文忠公初荐苏明允,便欲朝廷不次用之。时富公、韩公当国,虽韩魏亦以为当然,独富公持之不可,曰:'姑少待之。'故止得试衔初等官。明允不甚满意,再除,方得编修《因革礼》。前辈慎重名器如此。元祐间,富绍庭欲从子瞻求为《富公神道碑》,久之不敢发。其后不得已而言,一请而诺,人亦以此多子瞻也。"从这段记载可看出，对"不次用"苏洵，韩琦也是"以为当然"的，只因富弼反对才未成功；富弼也并非反对重用苏洵，只是想"少待之"，谁也没有料到苏洵五十八岁就去世了，终成憾事。

苏洵列名于吏部以后，直至去世以前，他主要从事著述活动。苏洵一生的著述活动有两个高峰：一是在皇祐末、至和初，主要撰写政论著作；一是在嘉祐末、治平初，主要撰写学术著作。在这期间，他完稿和未完稿的大部头著作共有三种：一是奉命同姚辟合编的《太常因革礼》一百卷。他在修此书过程中，同别的臣僚发生过争论。有臣僚上言，以为祖宗所行不能无过差不经之事，主张全部删去，不使存录。苏洵说他奉命修的《太常因革礼》，不是在为国家制定典礼，要后世遵行；而是属于史书性质，史书就应忠于历史，遇事而记，不择善恶。为此，苏洵特别上了《议修礼书状》，以阐明自己的观点。二是著《谥法》三卷、《皇祐谥录》三十卷，《宋史·艺文志》有著录。《谥法》三卷曾上奏朝廷，苏洵有《上六家谥法议》可证（今存各种版本的苏洵集俱不载此文，见《宋蜀文辑存》卷四）。这两部书，欧阳修都看过，他在《与苏编礼书》中说："承示表本（即《上六家谥法议》），甚佳。前所借《谥法》三卷，值公私多事，近方遍得披阅……《谥录》（即《皇祐谥录》）既多，只欲借稿本。"三是《易传》十卷共一百余篇未完稿。他在《上韩丞相书》中说："自去岁以来始复读《易》，作《易传》百余篇。此书若成，则自有《易》以来，未始有也。"张方平说他"有《易传》十卷"。为什么苏洵对此书这样自负，认为是"未始有"的著作呢？因为他以对立统一的观点研究《易经》，剥去了俗儒加在它身上的神秘外衣。苏辙说："先君晚岁读《易》，玩其爻象，得其刚柔、远近、喜怒、逆顺之情，以观其词，皆迎刃而解。"（《亡兄子瞻墓志铭》，《后集》卷二二）这确实是在以崭新的观点研究《易经》。

苏洵这时虽然官职卑微，但名声很大，因此有很多人慕名来同他交往。时为秘阁校理，后来官至宰相的苏颂来与他叙同宗。净因大觉琏师以非常珍贵的唐代著名画家阎立本所画的《水官图》赠送苏洵。苏洵作《水官诗》表示感谢说："我从大觉师，得此鬼怪编。画者古阎子，于今三百年。见者谁不爱，予者诚已难。"苏洵嗜画，向他赠画的人很多，苏轼说："始吾先君于物

第十二章 "闲伴诸儒老曲台"

无所好，燕居如斋，言笑有时，顾尝嗜画。弟子门人，无以悦之，则争致其所嗜，庶几一解其颜。故虽为布衣，而致画与公卿等。"为了使父亲"一解其颜"，苏轼曾"以钱十万"购得吴道子画的"阳为菩萨，阴为天王"的四块门板，献与苏洵。在苏洵所珍藏的百余幅名画中，以此为压卷之作。当时与苏洵往来密切的还有李仲蒙，苏轼说："昔吾先君始仕于太常，君以博士朝夕往来相好。先君于人少所与，独称君为长者。"（《李仲蒙哀词》）苏洵在京的门弟子，知其名的还有孙叔静兄弟，"嘉祐、治平间，先君编修《太常因革礼》，在京师，学者多从讲问，而孙叔静兄弟皆笃学能文，先君极称之"（《跋先君与孙叔静帖》）。孙叔静兄弟非常尊敬苏洵，他们把苏洵的亲笔字一直珍藏在身边。

苏洵在担任霸州文安县主簿、礼院编修期间，虽然主要精力在从事著述，培养后进，但他仍然非常关心时局。嘉祐八年，宋仁宗去世，英宗继位。韩琦任山陵使，主持为仁宗修陵园，实行厚葬，大兴土木，闹得鸡犬不宁。苏洵在《上韩昭文论山陵书》（卷一三）中，对韩琦的所作所为进行了激烈的批评。苏洵首先指出，厚葬是不符合仁宗本意的。他说，仁宗以俭德临天下，在位四十多年，宫室游观无所增加，帏簿器皿弊陋不易，"推其平生之心，而计其既殁之意，则其不欲以山陵重困天下亦已明矣。而臣下乃独为此过当逾礼之费，以拂戾其平生之意，窃所不取也"。其次，苏洵指出，现在修建山陵的一切负担终将转嫁于民，"计不过秋冬之间，海内必将骚然"。他说："使今府库之中，财用有余，一物不取于民，尽公力而为之，以称遂臣子不忍之心，犹且获讥于圣人；况夫空虚无有，一金以上非取于民则不获，而冒行不顾，以徇近世失中之礼，亦已惑矣！"结怨于民，更不利于新主。历代新天子即位都很注意收买民心。汉昭帝即位，休息百役，因此即位未逾月，恩泽布于海内。苏洵指出，当今之事，天下之最急，天子之所宜先行者，"莫若薄葬"以争取民心。过去搞厚葬，往往是时君"欲以金玉厚其亲于地下"；现在，"太后至明，天子至圣，而有司信近世之礼而遂为之者，是可深惜也"。苏洵还反驳了主张厚葬的种种谬论。有人"以天下之大而不足于先帝之葬，于人情有所不顺"为词，苏洵认为，敬重先帝应在内心的"诚信"，而不在厚葬。他说:"昔者华元厚葬其君,君子以为不臣;汉文葬于霸陵,木不改列,藏无金玉,天下以为圣明。"华元是春秋时宋国人,他厚葬宋文公,被人指责为生则纵其惑,死又益其侈,是弃君于恶的行为。苏洵以华元比韩琦,大大刺痛了韩琦,张方平《文安先生墓表》说:"先生以书谏琦,且再三,至引华元不臣以责之,琦为变色。然顾大义,为稍损其过甚者。"这说明韩琦虽为之"变色",但因苏洵讲得有理,还是接受了他的一些意见。苏洵这封信比较集中地反映了他对民间疾苦的关心,他在信中反复要求韩琦要"救百姓之急""纾百姓目前之患"。

第十三章 "明允恶荆公甚于仇雠"

当苏洵父子于嘉祐五年（1060）进京，苏洵被任命为试秘书省校书郎的时候，苏轼兄弟经欧阳修等的推荐，参加了制科考试。苏轼兄弟参加制科考试在各自所进的策论中，系统阐述了他们的政治主张，而这些主张同王安石的变法主张有很大不同，特别是苏轼的《进策》，其中有些话显然是针对王安石而发的。这就使苏洵父子同王安石之间本来就不好的关系，进一步恶化了。

苏洵同王安石初次见面于嘉祐元年（1056）欧阳修席上。在这之前，王安石当然不知道世上还有苏洵其人，因为这以前的苏洵还是一位默默无闻的人，但当时王安石的声名已经很不小了，苏洵虽未面识王安石，但从传闻中知道王安石其人，并对其言行不以为然，是完全可能的。代表苏洵政治、军事、经济思想的主要著述，均写于苏、王面识之前，如果把苏、王同期的著述做一比较，我们就不仅可以看出他们间的分歧，而且还可看出苏洵的一些话似乎是专门针对王安石而发的。苏洵所批评的"争言复井田"的"天下之士"就包括了王安石，因为王安石在皇祐五年（1053）所作《发廪》诗中就曾虔诚地表示"愿见井地平"，王安石就是"争言复井田"者中的一人。皇祐元年（1049）文彦博奏请裁减冗兵，认为"公私困竭，正坐兵冗"。王安石却说："有客语省兵，省兵非所先。方今将不择，独以兵乘边。前攻已破散，后距方完坚。以众抗彼寡，虽危犹幸全。"（《省兵》）认为现在择将不精，全靠兵多来御敌。苏洵主张寓兵于民，兵民合一，以所谓新军来逐渐代替现有的军队。在这个问题上，苏洵同王安石也是有分歧的。

正因为在嘉祐元年以前，苏洵对王安石就有不好的看法，因此，在嘉祐元年同处京师时，他拒绝同王安石交游。张方平说："嘉祐初，王安石名始盛，党友倾一时……欧阳修亦已善之，劝先生（指苏洵）与之游，而安石亦愿交于先生。先生曰：'吾知其人矣，是不近人情者，鲜不为天下患。'"（《文安先生墓表》）"不近人情"，将"为天下患"，这正是后来苏洵在《辨奸论》中所阐述的对王安石的看法。苏洵不仅自己不同王安石交游，而且还劝欧阳修不要同王安石交游。方勺《泊宅编》载："欧公在翰苑时，尝饭客。客去独老苏少留，谓公曰：'适坐有囚首丧面者何人？'公曰：'介甫也。文行之士，子不闻之乎？'洵曰：'以某观之，此人异时必乱天下，使其得志立朝，虽聪明之主，亦将为欺惑。内翰何为与之游乎？'"这篇记载，与张方平的记载是一致的。即初见面就对欧阳修说，王安石"异日必乱天下"。但也与张说有所不同，张的记载是欧阳修劝苏洵与王安石游，引出了苏洵对王安石的批评；方勺的记载是苏洵先问"囚首丧面者何人"，欧阳修回答后，苏洵才谈了自己对王安石的看法。后来有人对此提出怀疑："世有公卿士大夫同饭，终不交一言。及饭讫，始问同坐者为何人乎？"（蔡上翔《王荆公年谱考略》第154页，上海人民出版社，1959）其实在人们交往中，初次同桌吃饭，多数都是相互熟悉的人，仅有一人不熟，而主人又忘了介绍，席间不便当着生人问，散后才向主人打听姓名，这是完全可能的。更可能的是，苏洵明明知道他是王安石，但为了向欧阳修表明自己对王安石的看法，故意先问"囚首丧面者何人"。张、方二人的记载正可相互补充。

关于苏洵和王安石于嘉祐元年在欧阳修席上相见的情况，另外还有一些记载。龚颐正《芥隐笔记》说：

荆公在欧公坐，分题送裴如晦知吴江，以"黯然销魂，惟别而已"分韵。时客与公八人，荆公、子美、圣俞、平甫、老苏、姚子张、焦伯强也。时老苏得"而"字，押"谈诗究乎而"。而荆公乃又作"而"字二诗……最为工。君子不欲多上人，王、苏之憾，未必不稔于此也。

苏、王在欧阳修席上分韵题诗送裴如晦知吴江是事实，苏洵的诗虽然见不到了，但王安石的《送裴如晦即席分题三首》却保存下来了。但龚颐正说"苏、王之憾"即始于苏洵分得"而"字韵，王安石再作"而"字韵诗，却是推测

· 第十三章 "明允恶荆公甚于仇雠" ·

之词。苏、王矛盾那样深沉,决不会仅仅是作诗引起。比较起来,叶梦得《避暑录话》(卷二)讲得更可信一些:

苏明允本好言兵,见元昊叛,西方用事久无功,天下事有当改作。因挟其所著书,嘉祐初来京师,一时推其文章。王荆公为知制诰,方谈经术,独不嘉之,屡诋于众。以故,明允恶荆公甚于仇雠。

这段记载有两点特别值得注意:(一)前引材料都只谈到苏洵诋王安石,《避暑后录》却讲到王安石对苏明允也"屡诋于众"。仇怨是双方共同种下的,绝非仅仅一方。(二)苏洵所上书,名震京师,"一时推其文章";而王安石"独不嘉之"。这说明他们的交恶绝非作诗之类的小事,而与政治观点上的分歧分不开,据邵博《邵氏闻见后录》(卷一四)记载,王安石认为"苏明允有战国纵横之学","大抵兵谋、权利、机变之言也"。

苏洵对王安石的厌恶开始于嘉祐元年之前,苏、王相诋始于嘉祐元年初次相识之时,而以后他们间的矛盾就更加尖锐了。嘉祐三年(1058)苏、王两人都曾向仁宗上书。我们来把这两封上皇帝书做一番比较,是很有趣。王安石在《上仁宗皇帝言事书》中说,"天下久不安"的原因是"患在不知法度",要求"变更天下之弊法"。苏洵在《上皇帝书》中却说:"法不足以制天下。"这当然说不上是苏洵在反驳王安石的观点,因为苏洵早在《议法》中就说过:"政之失,非法之罪。"而《议法》是苏洵名震京师的文章之一,王安石显然是看过的,而且不同意他的看法。

王安石在《上仁宗皇帝书》中说:"自古治世,未尝以不足为天下之公患也,患在治财无其道耳。"苏洵在《上皇帝书》中却说,宋王朝财政拮据,人民负担过重,恰恰是"费出之无节"造成的:"糜散帑廪,以赏无用冗杂之兵;一经大礼,费以亿万。赋敛之不轻,民之不聊生,皆此之故也。"可见他们的观点有明显分歧:政治上,王安石强调变法,苏洵强调改革吏治;经济上,王安石强调"生财",苏洵强调节流。

嘉祐六年(1061),苏洵同王安石的矛盾进一步表现为王安石同苏轼兄弟的矛盾。如果说苏洵的《上皇帝书》还未必是有意反驳王安石的《上仁宗皇帝言事书》；那么，嘉祐六年苏轼应制科试所作的《进策》，则明显地在反驳王安石的"患在不知法度"。苏轼说："臣窃以为当今之患，虽法令有所未安，而天下之所以不大治者失在于任人，而非法制之罪也。"苏轼兄弟的观点深受苏洵的影响，特别是在苏洵去世前，在一定程度上是可以代表苏洵的。仁宗看了苏轼兄弟应制科试的文章高兴地说："朕今日为子孙得两宰相矣！"（《宋史·苏轼传》）但王安石对苏轼兄弟的文章却大为不满（王文诰《苏诗总案》云："王安石尤嫉之。"巴蜀书社，1985），王安石曾对人说，苏轼的制策"全类战国文章，若安石为考官，必黜之"（邵博《邵氏闻见后录》卷一四）。王安石当时任知制诰，虽然无权黜去苏轼兄弟，但他在为皇帝起草制词时，却隐隐约约地教训了苏轼一顿，说他"尔方尚少"；"深言当世之务"还不够，还要"试尔从政之才"；"强学赡词"还不够，"必知要，然后不违于道"，等等（王安石《应才识兼茂明于体用科，守河南福昌县主簿苏轼大理评事制》，《临川先生文集》卷五一，四部丛刊初编本）。特别是苏辙，因极言朝政得失，被命为商州军事推官，而王安石不肯撰词，这更加深了苏、王矛盾。可见，在苏洵于嘉祐八年（1063）作《辨奸论》前夕，苏、王交恶几乎已经到了白热化的程度。

　　张方平说："安石之母死，士大夫皆吊，先生（苏洵）独不往，作《辨奸论》一篇。"（《文安先生墓表》）王安石之母死于嘉祐八年（1063），《辨奸论》即作于这一年，其他有些记载说作于嘉祐元年，不可信。张方平与苏洵为同时代人，张方平是最早推荐苏洵的朝廷大臣之一，其后苏、张两家的友谊一直很深，张方平所作的《文安先生墓表》自然比后出的宋人笔记可信得多。同时，《辨奸论》中的观点虽然早在嘉祐元年以前就形成了，并向欧阳修表露过，但只有到了嘉祐末苏、王矛盾已经白热化，而王安石的声誉又越来越高，安石之母死，"士大夫皆吊"，苏洵才容易出现写作《辨奸论》的冲动，这篇文章就是为"士大夫"不能"辨奸"而发的。

　　《辨奸论》的开头一部分泛论应见微知著。苏洵写道："事有必至，理有固然，惟天下之静者乃能见微而知著。月晕而风，础润而雨，人人知之。人

第十三章 "明允恶荆公甚于仇雠"

事之推移，理势之相因，其疏阔而难知，变化而不可测者，孰与天地阴阳之事？而贤者有不知，其故何也？好恶乱其中，而利害夺其外也。"苏洵认为事理有其必然性，只要冷静地观察，就能"见微而知著"。人们对自然现象往往还能见微知著，而对社会现象却不能见微知著，原因就在于不能"静"，为"好恶""利害"所惑。羊祜初见王衍就说："误下下苍生者，必此人也。"[①] 郭子仪初见卢杞[②]也说："此人得志，吾子孙无类矣。"苏洵引此二例以说明羊祜、郭子仪善于见微知著，但同时苏洵又认为，羊、郭之言得以证实也有偶然性，这就是晋惠帝、唐德宗的"暗鄙"，使王衍、卢杞得以逞其奸。

《辨奸论》的中间一部分是不点名地写王安石：

今有人口诵孔、老之言，身履（伯）夷、（叔）齐之行，收召好名之士、不得志之人，相与造作言语，私立名字，以为颜渊、孟轲复出。而阴贼险狠，与人异趣，是王衍、卢杞合而为一人也，其祸岂可胜言哉！夫面垢不忘洗，衣垢不忘浣，此人之至情也。今也不然，衣臣虏之衣，食犬彘之食，囚首丧面而谈《诗》《书》，此岂其情也哉！凡事之不近人情者，鲜不为大奸慝，竖刁、易牙、开方[③]是也。以盖世之名，而济其未形之患，虽有愿治之主、好贤之相，犹将举而用之。则其为天下患，必然无疑者。

苏洵这段话讲了三个问题：第一，指责王安石表里不一，口诵孔老之言，身履夷齐之行，以颜、孟自比，而实际上"阴贼险狠，与人异趣"。第二，指责王安石"不近人情"，面垢不洗，衣垢不浣，"囚首丧面而谈诗书"。第三，认为王衍、卢杞"与物浮沉""不学无文"，不遇"暗鄙之主"，未必会得重用；

---

① 此为山涛语，苏洵引证有误。羊祜原话是："败俗伤化必此人也。"（见《晋书·王衍传》）。羊祜（221—278），西晋大臣，曾参与司马炎篡魏自立的机密，以后又积极筹划灭吴，统一中国。王衍（256—311），西晋大臣，尚清谈，专谋自保，后为石勒所俘，被杀。

② 郭子仪（697—781）：唐大将，在平定安史之乱和仆固怀恩之叛中有功。卢杞，唐大臣，官至宰相，排斥异己，搜刮民财，民间怨声载道。郭子仪有病，百官造请，不屏姬侍。及杞至，即屏之。人问其故，子仪说："彼外陋内险，左右见之必笑。使得权，吾族无类矣。"见《唐书·卢杞传》。

③ 竖刁、易牙、开方皆春秋时齐桓公的近臣。管仲死后专权。桓公死，诸子争立，他们杀害群臣，立公子无亏，太子昭奔宋，齐国大乱。

而王安石则不同，其患未形而其名盖世，即使圣君贤相，也将"举而用之"。因此，其害远远超过王衍、卢杞。

苏洵在《辨奸论》的结尾表示，希望自己的话不要应验。其言不中，人们仅仅认为他的话说过头了；其言不幸而中，他虽然会获得"知言之名"，而天下则将"被其祸"。全文都是围绕着"误天下苍生者必此人也"展开论述的，中心是强调"辨奸"，认为王安石是"大奸"，希望朝廷"见微而知著"，不要"举而用之"。不论苏洵对王安石的看法多么偏激，不管苏、王个人之间的关系是如何紧张，从《辨奸论》总的精神看，并不是在发泄个人私愤，而是在为"天下虑"。

自从《辨奸论》问世以来，直至清人李绂①、蔡上翔②以前，似乎没有人怀疑过《辨奸论》系苏洵所作。李、蔡二人断言《辨奸论》乃邵伯温③托名苏洵而进行的伪造，并认为首载《辨奸论》的张方平的《文安先生墓表》以及苏轼《谢张太保撰先人墓碣书》也同出邵伯温之手。自李、蔡二人提出此说以来，信者颇多。因此，有必要检查一下他们否定《辨奸论》为苏洵所作的主要论据，研究一下这些论据是否能够成立。

第一，从历史背景否定《辨奸论》为苏洵所作。他们认为王安石当时名重天下，苏洵不可能"一反众议"。蔡上翔说："（庆历）四年，曾子固称其人为古今不常有；皇祐三年，文潞公荐其恬退，乞不次进用；至和二年，初见欧阳修，次年以王安石、吕公著并荐于朝，称安石德行文章为众所推……是年，明允至京师，始识安石，安有胪列其丑恶一至此极，而犹屡见称于南丰、庐陵、潞国若此哉！"（《王荆公年谱考略》卷一〇。下引李、蔡语均见此卷，不再注）刘乃昌先生也说："王安石到京任职，苏洵同王安石接触不多，怎么会一见面就咬定王安石是坏人，并预见到若干年后天下将'被其祸'呢？"

---

① 李绂（1675—1750），字巨来，号穆堂，临川（今抚州临川区）人，以康熙进士入如翰林，累官工部右侍郎，有《穆堂类稿》。
② 蔡上翔（1717—1810），字元凤，金溪（今属江西）人，乾隆二十六年进士，授四川东乡知县，在官八年，政尚严肃，著《王荆公年谱考略》，力为王安石辩诬。
③ 邵伯温（1055—1134），字子文，范阳（今河北涿州）人，邵雍之子。元祐年间，以荐为大名助教。章惇为相，欲用伯温，避之。徽宗即位，上书当解元祐党禁，南宋绍兴中卒。著述颇多，有《河间集》《闻见录》等。

第十三章 "明允恶荆公甚于仇雠"

"王安石当政前,道德文章均为士林所重……为什么苏洵独一反众议,一眼就看出王安石是'大奸慝'呢?"(刘乃昌《苏轼同王安石的交往》,见《东北师大学报》1981年第3期)前面论述了苏洵同王安石矛盾的由来和发展,已经部分回答了蔡上翔、刘乃昌所提出的问题。这里想进一步说明苏洵对王安石的指责究竟是"一反众议",还是"众议"中的一种。

说王安石的"道德文章均为士林所推重",确实是对的。《宋史·王安石传》说:"安石少好读书,一过目终身不忘。其属文动笔如飞,初若不经意,既成,见者皆服其精妙。"庆历二年(1042),王安石进士及第后,签书淮南判官。按照惯例,签判满任后,可献文求试馆职,而"安石独否"。庆历七年(1047),王安石"再调知鄞县,起堤堰,决陂塘,为水陆之利,贷谷与民,立息以偿,俾新陈相易,邑人便之"。正如邵伯温所说,王安石"熙宁初执政,所行之法,皆本于此"(《邵氏闻见录》卷一一,中华书局,1983)。这是王安石的变法思想在一县范围内的小小试验。皇祐三年(1051),王安石通判舒州,朝廷召试馆职,他"不就"。欧阳修推荐他为谏官,朝廷任他为集贤校理,他皆辞不就。"馆阁之命屡下,安石屡辞,士大夫谓其无意于世,恨不识其面。"曾巩于庆历六年(1046)向欧阳修推荐王安石说:

> 巩之友有王安石者,文甚古,行称其文。虽已得科名,然居今知安石者尚少也。彼诚自重,不愿知于人。然如此人,古今不常有,如今时所急,虽无常人千万,不害也。顾如安石,此不可失也。(卷一五《再与欧阳舍人书》)

曾巩认为王安石是文行俱美,"古今不常有"之人。欧阳修读了王安石的文章,对王也很赏识。庆历七年(1047),曾巩告诉王安石说:"欧公悉见足下之文,爱叹诵写,不胜其勤。""欧公甚欲一见足下。"(卷一六《与王介甫第一书》)皇祐三年(1051),文彦博向朝廷推荐王安石说:"安石恬然自守,未易多得。"(程俱《麟台故事》,四库全书本)陈襄也向朝廷推荐说:"有舒州通判王安石者,才性贤明,笃于古学。文辞政事,已著闻于时。"(《与两浙安抚陈舍人书》,《古灵先生文集》卷七,四库全书本)由此可见,王安石在当时确实声名不小。

但是，世间万事万物都是矛盾的统一体，称扬王安石的人一多，贬低王安石的人也就出现了，今略举数例：

（一）韩琦。王安石不大讲究衣着，苏洵《辨奸论》曾指责他面垢不洗、衣垢不澣、囚首丧面。在苏洵写《辨奸论》以前二十年，韩琦就有类似的感觉了。邵伯温《邵氏闻见录》卷九说：

> 魏公（韩琦）知扬州，王荆公初及第为签判。每读书至达旦，略假寐，日已高，急上府，多不及盥漱。魏公见荆公少年，疑夜饮放逸。一日从容谓荆公曰："君少年，毋废书，不可自弃。"荆公不答，退而言曰："韩公非知我者。"

不讲究衣着，这本来不算什么问题，但一般都较讲究衣着的士大夫不大看得惯也是常情。特别是韩琦，对王安石完全是误解。王安石恰恰是因为"读书至达旦"，才"多不及盥漱"；韩琦却怀疑他"夜饮放逸"，劝他"毋废书"。由此可看出，王安石的"囚首丧面"是经常的，引人注目的，苏洵《辨奸论》论及这点，是可以理解的。韩琦不满王安石，最初虽然是因王"多不及盥漱"，但却有更深刻的政治上的原因。苏轼以后在《论周穜擅议配享札子》（卷二九）曾说：

> 昔王安石在仁宗、英宗朝，矫诈百端，妄窃大名，或以为可用，惟韩琦独识其奸，终不肯进，使琦不去位，安石何由得志？

王安石奸不奸是另外一个问题，在今天看来，王安石对宋王朝的忠心是无可怀疑的。但上述材料表明，当时不仅苏洵认为王安石"奸"，而且还有一些大臣也有这种看法。

（二）张方平。张说："方平顷知皇祐贡举，或称其（指王安石）文学，辟以考校。既入院，凡院中之事，皆欲纷更。方平恶其人，檄使出。自是未尝与语也。"(《宋史·张方平传》）可见，张方平不满意王安石的凡事"皆欲纷更"。

（三）吴奎。吴奎也曾与王安石共事，对王也无好感："臣尝与安石同领群牧，见其护前自用，所为迂阔，万一用之，必紊乱纲纪。"（《宋史·吴奎传》）吴奎不满王安石"自用""迂阔"。

（四）鲜于侁。"初，王安石居金陵，有重名，士大夫期以为相。侁恶其沽激要君，语人曰：'是人若用，必坏乱天下。'"（《宋史·鲜于侁传》）王安石居金陵，是在嘉祐八年，因母死服丧期间，正是在这一年，苏洵写了《辨奸论》。《辨奸论》中说："举而用之（王安石），则其为天下患，必然无疑者。"这与鲜于侁所说的"是人若用，必坏乱天下"，如出一口。同时，把"馆阁之命屡下，安石屡辞"，视为"沽激要君"，也不是鲜于侁一人的看法，因为连宋神宗也说过："安石历先帝朝，召不赴，颇以为不恭。今又不至，果病邪，有所要邪？"（《宋史·吴奎传》）可见，在王安石当政前，对其"屡诏不起"，誉之者视为"恬退"；毁之者却认为是"沽激要君"。鲜于侁又是苏洵的哥哥苏涣提拔起来的，苏辙《伯父墓表》说："阆人鲜于侁，少而好学笃行，公礼之甚厚，以备乡举，侁以获仕进。其始为吏，人复以循吏许之，侁仕至谏议大夫，号为名臣。"因此苏洵与鲜于侁也可能有往来，他们对王安石有同样看法是可以想象得到的。

（五）李师中。"师中始仕州县，邸状报包拯参知政事，或云朝廷自此多事矣。师中曰：'包公何能为！今鄞县王安石者，眼多白，甚似王敦，他日乱天下，必斯人也。'"（《宋史·李师中传》）王安石知鄞县在庆历七年（1047）。这就是说，在嘉祐元年（1056）苏、王初见面以前将近十年，在嘉祐八年（1063）苏洵写《辨奸论》以前十七年，李师中就早有类似的看法了。

时人对王安石的不满，还可从王安石自己的诗文中得到印证。嘉祐二年（1057），王安石在《答王深父书》（《临川先生文集》卷七二）中讲到他"日得毁于流俗之士"，他说："某学未成而仕，仕又不能俯仰以赴时事之会，居非其好，任非其事，又不能远引以避小人之谤谗。此其所以为不肖以得罪于君子者。"嘉祐四年（1059），他在《酬王詹叔奉使江东访茶利害见寄》

(卷五)诗中又说:"区区欲救弊,万谤不容口……劳心适有罪,养誉终天丑。"在《思王逢原》(卷七)诗中也说:"我疲学更误,与世不相宜。"

从上述材料可看出,苏洵在写《辨奸论》以前,"谤"王安石,认为他"奸""诈"的,已大有人在,苏洵只不过是其中的一人而已。在熟悉了同时代人对王安石的议论后,就会觉得《辨奸论》中的话并不陌生。所谓"囚首丧面",即韩琦看到的"多不及盥漱";所谓"与人异趣",即张方平所说的凡事"皆欲纷更";所谓"奸""阴贼险狠",即仁宗所说的"王安石,诈人也";所谓"口诵孔老之言,身履夷齐之行……以为颜渊、孟轲复出",即曾巩称颂他的"文甚古,行称其文……古今不常有者";所谓"误天下苍生者必此人也""其为天下患必然无疑者",即吴奎与王安石同领郡牧时得到的印象:"万一用之,必紊纲纪。"由此可见,《辨奸论》虽是当时指斥王安石最尖刻的言论,但并不是苏洵一人的看法,它只不过是当时指斥王安石的言论的集大成而已。它并不是"一反众议",而是当时"众议"中的一种。

第二,从《辨奸论》的内容否认其为苏洵所作。蔡上翔指责"《辨奸论》支离无据"。所谓"支离"是说它"乱杂无章""不成文理";所谓"无据"是说它不合事实。蔡上翔说:"明允衡量古人,料度时事,偏见独识,固多有之;然必能畅其说,实为千古文豪。以《嘉祐》全集考之,亦恶有《辨奸》乱杂无章若此哉!"

说《辨奸论》"乱杂无章""不成文理",这是任何一个读过《辨奸论》的人都难于同意的。《辨奸论》首论事有必至,理有固然,唯静者"乃能见微而知著";次举史实以证其说;然后以"今有人"领起,转入对王安石的不指名批判;最后以希望莫"获知言之名"作结。全文观点鲜明,中心突出,结构谨严,文笔畅达,正具有苏洵散文所特有的雄辩性。《辨奸论》即使不是苏洵散文的压卷之作,至少也是《嘉祐集》中的上乘作品,很多选本都选它做范文,怎么能说它"乱杂无章""不成文理"呢?

所谓"无据"是指《辨奸论》对王安石的指责不合事实,如李绂说,王安石"其术即未善,而心则可原,曾何奸之有?"(《书〈辨奸论〉后》,下引李绂语均见此文)其实,苏洵对王安石的指责是否公正同《辨奸论》是苏洵

第十三章 "明允恶荆公甚于仇雠"

所作是两个不同的问题,不能因其偏激而否定其真实性。所谓"无据",还指对史实援引错误,这就是把山涛语误作羊祜语。但是,苏洵父子深受战国纵横家的影响,他们的文章不但时见"援引错误",而且还有故意杜撰史实的笑话。苏轼《刑赏忠厚之至论》有"皋陶曰杀之三,尧曰宥之三"语。欧阳修曾问苏轼此见何书,苏轼以"想当然耳"作答,难道因此而否定《刑赏忠厚之至论》为苏轼所作吗?

如果把《辨奸论》同苏洵的其他著述,特别是同《管仲论》做一比较,就不难发现《辨奸论》的观点是苏洵的一贯观点,《辨奸论》使用的语言也是苏洵的习用语言。例如,《辨奸论》说事有必至,理有固然,月晕而风,础润而雨,任何事情的出现均有征兆可寻;《管仲论》也说,"功之成,非成于成之日,盖必有所由起;祸之作,不作于作之日,亦必有所由兆"。又如,《辨奸论》说:"凡事之不近人情者鲜不为大奸慝,竖刁、易牙、开方是也。"以近不近人情来衡量人物更是苏洵一贯的思想,他的《六经论》集中反映了他的人情说,而《管仲论》更有与《辨奸论》相类似的话:"竖刁,易牙、开方非人情,不可近。"再如,《辨奸论》是以预言者自居的,望其言不中以免天下受其害;苏洵《上皇帝书》的结尾也有类似语气:"天下无事,臣每每狂言,以迂阔为世笑;然臣以为必将有时而不迂阔也……惟陛下不以一布衣之言忽之。"《辨奸论》的思想、用语与苏洵其他著述之一致,也说明《辨奸论》确系苏洵所作。

第三,以《辨奸论》始见何书,来否定其为苏洵所作。李绂说:"其文始见于邵氏《闻见录》中。《闻见录》编于绍兴二年,至十七年,婺州州学教授沈斐编老苏文集附录二卷,载有张文定公方平所为老泉《墓表》,中及《辨奸》;又有东坡《谢张太保撰先人墓碣书》一通,专序《辨奸》事。窃意此三文皆赝作……疑《墓表》与《辨奸》皆邵氏于事后补作也。"(《书〈辨奸论〉后》)说《辨奸论》"始见于邵氏《闻见录》",显然站不住脚,因为《闻见录》作于南宋绍兴二年(1132);而在张方平的《乐全集》卷三九《文安先生墓表》里就全文引了《辨奸论》。于是李绂就干脆把张方平所作的《墓表》和苏轼的《谢书》一并说成是伪作。李绂证明《墓表》为伪作的最得意的证据是

《墓表》中有如下一段话："嘉祐初，王安石名始盛，党友倾一时。其命相制曰：'生民以来，数人而已。'造作语言，至以为几于圣人。"李绂反驳道："以荆公为圣人者神宗也；命相制辞，在熙宁二年；而老泉卒于英宗治平三年，皆非其所及闻也。"蔡上翔也附和说："所最怪者，无如搀入命相制词，明允卒于治平三年；至熙宁三年，安石始同平章事，是时安道同朝，安得错缪至此！""可怪"是可怪，但这一可怪现象是不难解释的。第一，《墓表》云："先生（苏洵）既没三年，而安石用事。"可见《墓表》作者清楚地知道安石"命相"（或叫"用事"）是在苏洵死后。第二，从行文看，"嘉祐初，王安石名始盛，党友倾一时"；"欧阳修亦已善之"，也在嘉祐元年；中间不应插入熙宁三年（相距十三年）的"其命相制曰"。章培恒先生相信《辨奸论》为苏洵所作，他对此的解释是："'其命相制'四字显有鲁鱼之讹。"(《〈辨奸论〉非邵伯温伪作》，见《复旦大学学报·古典文学论丛》)其实也不一定有"鲁鱼之讹"。这段文字虽已引过，但为说明问题，我还不得不把原文再次引于此：

嘉祐初，王安石名始盛，党友倾一时。其命相制曰："生民以来，数人而已。"造作言语，至以为几于圣人。欧阳修亦善之，劝先生与之游，而安石亦愿交于先生。先生曰："吾知其为人也，是不近人情者，鲜不为天下患。"安石之母死，士大夫皆吊之，先生独不往，作《辨奸论》一篇。

这段文字是首讲王安石的影响：自"嘉祐初"至"倾一时"是讲王在"嘉祐初"的影响；自"其命相"至"几于圣人"，是讲王在熙宁初的影响。"倾一时"处不应用逗号而应用句号，"嘉祐初"三字只是前句的时间限制词，并不包括后句。自"欧阳修"至"一篇"是讲苏、王关系；自"欧阳修"至"天下患"是讲嘉祐初的苏、王关系；自"安石之母死"至"一篇"是讲嘉祐八年的苏、王关系。文章脉络清清楚楚，所谓"安得错缪至此"者乃蔡上翔未读懂原文是也。

李、蔡二人不仅断言《墓表》系邵伯温伪作，而且说苏轼《谢张太保撰

第十三章 "明允恶荆公甚于仇雠"

先人墓碣书》也是伪作。把凡不利于其论点的都视为伪作，这更难令人信服。苏轼《谢书》见《东坡集》卷二九。陈振孙《直斋录解题》说《东坡集》四十卷是"坡公无恙时已行于世"；胡仔《苕溪渔隐丛话》说："世说《前集》（即《东坡集》）乃东坡手自编定。"苏轼去世时，苏辙所作的《东坡先生墓志铭》说苏轼"有《东坡集》四十卷，《后集》二十卷，《奏议》十五卷，《内制》十卷，《外制》三卷"，也证明陈、胡的话是可信的，没有确凿证据就断言《前集》中的作品为伪作，是很难令人信服的。蔡上翔几乎把一切不利于他为王安石辩护的文章均指为伪作，如说："苏子瞻作温国（司马光）《行状》，至九千四百余言，而诋安石者居半，无论古无此体，即子瞻安得有如是之文？"（《王荆公年谱考略序》）像这样无根据地否定一篇文章的真实性，未免太轻率了。

第四，从版本上否认《辩奸论》为苏洵所作。李绂说："马端临《经籍考》，列载苏明允《嘉祐集》十五卷，而世俗所刻不称《嘉祐》，书名既异，又多至二十卷，并刻入《洪范》《谥法》等单行之书，又增附录二卷，意必有他人赝作阑入其中。近得明嘉靖壬申年太原守张镗翻刻巡案御史澧南王公家藏本，其书名卷帙并与《经籍考》同，诸论中独无所谓《辩奸论》者，乃益信为邵氏赝作。"这里有一个问题：究竟十五卷本还是二十卷本更接近苏洵文集的本来面目？欧阳修《故霸州文安县主簿苏君墓志铭》说，苏洵"有《文集》二十卷，《谥法》三卷"，"为《太常因革礼》一百卷"，"作《易传》未成"。曾巩《苏明允哀词》说："明允所为《文集》有二十卷行于世，所集《太常因革礼》有一百卷，更定《谥法》二卷，藏于有司，又为《易传》未成。"张方平《文安先生墓表》说："所著《文集》二十卷，《谥法》三卷，《易传》十卷"，"集成《太常因革礼》一百卷"。从苏洵同时代人的这些记载可以看出：第一，苏洵最早的集子为二十卷本，而不是十五卷本。第二，当时并不叫《嘉祐集》，若当时就叫《嘉祐集》，就不会三人都众口一词地仅叫"文集"。今存《嘉祐集》中的作品并不都作于嘉祐年间，甚至主要不是作于嘉祐年间，《几策》《权书》《衡论》《洪范论》《史论》等均作于嘉祐元年以前。把苏洵"文集"称为《嘉祐集》，疑是南宋人所为，可能是因为苏洵于嘉

097

祐年间以这些文章闻名而取名为《嘉祐集》的。第三，欧阳、曾、张三人所列的苏洵集外单行的著作只有《太常因革礼》《谥法》等，李绂把《洪范论》误作"单行之书"，认为不应"刻入"苏洵集中，是他自己搞错了，这也证明今存二十卷本更接近苏洵"文集"原貌，而十五卷本《嘉祐集》，确有不少遗漏。就笔者所知除十五卷本《嘉祐集》外，其他各种版本，包括南宋绍兴年间所刊十六卷本《嘉祐新集》和宋残本《类编增广老苏先生全集》，都收有《辨奸论》。

第五，从《辨奸论》的流传经过，否认其为苏洵所作。蔡上翔说："《辨奸》为一人私书，初传于世，亦诡秘莫测。"刘乃昌先进一步发挥了这一观点，他说："苏洵既然肯定王安石一旦擢用，'则其为天下患，必然而无疑者'，那么他为何不把自己的看法公之于同道，以期防患于未然，而偏秘而不宣，待自己死后若干年，王安石变法已成事实，才由别人将文章传出来呢？"为了回答这一问题，有必要读一读叶梦得有关《辨奸论》流传经过的记载："明允作《辨奸》一篇，密献安道，以荆公比王衍、卢杞，而不以示欧文忠。荆公后微闻之，因不乐子瞻兄弟，两家之隙，遂不可解。《辨奸》久不出，元丰间，子由从安道辟南京，请为明允墓表，特全载之。苏氏亦不入石，比年少传于世。"（《避暑录话》卷二）从叶梦得这段记载可看出，《辨奸论》的流传经历了三个阶段：一是刚写出的时候，曾"密献安道"，可见刘乃昌说苏洵不把自己的看法公之于同道，不符合事实，他不就公之于张方平了吗？"不以示欧文忠"，这是因为欧阳修在其他方面虽然是苏洵的同道，但在对王安石的看法上并不是同道，欧阳修是很看重王安石的。"荆公后微闻之"，张方平自知皇祐贡举以来就"未尝与（安石）语"，因此，王安石不可能从张方平处得知《辨奸论》。这就说明，除张方平外，还有苏洵的其他"同道"也读过《辨奸论》。但总的说来，这个阶段是属于"秘而不宣"的阶段，知道的人不会很多。这不难理解，因《辨奸论》刚写成，连苏轼兄弟都有"嘻，其甚矣"之叹，当然不好公布。二是在"元丰间"，张方平把它全文载入《文安先生墓表》，因为在张方平看来，王安石的变法实践完全证实了苏洵的预言："安石用事，其言乃信。"但元丰年间，王安石虽已罢相，支持新法的神宗仍在，而

第十三章 "明允恶荆公甚于仇雠"

苏轼兄弟都因反对新法被贬官，处境很艰难。因此，他们虽然对张方平表彰苏洵有先见之明感激涕零，但"亦不入石"。神宗、王安石去世后，连司马光都警告说，要防止"反复之徒"，对王安石"诋毁百端"，强调对王安石的安葬"特宜优加厚礼"。这时的苏轼兄弟当然不会张扬《辨奸论》。哲宗亲政后，新党再次得势，苏轼兄弟远谪岭南，徽宗朝也不断在打击元祐党人，明令禁毁三苏文集，因此，北宋后期，《辨奸论》也不可能流传。三是"比年稍传于世"，这里的"比年"是指南宋初年，当时的舆论多把北宋灭亡归罪于王安石变法，苏轼父子都得到表彰，这时《辨奸论》才开始较广泛流传。联系各个时期的历史背景来分析《辨奸论》的流传情况，完全合情合理，一点也不感到"诡秘莫测"。

第十四章　"丹旐俄惊返旧庐"

宋英宗治平二年（1065）九月，苏洵、姚辟合修的礼书完成，共一百卷。参知政事欧阳修上奏英宗，诏以《太常因革礼》为名。

礼书刚修完，苏洵就积劳成疾，卧病不起了。欧阳修对苏洵的健康很关心，多次写信慰问，并具体提出治疗意见，如"更冀调整慎药石"；"孙兆药多凉，古方难用于今，更且参以他方为善也"，"单药得效，应且专服，千万精审，无求速功"（卷一五〇《与苏编礼启》）。但是，苏洵的病一天比一天加重。当他感到自己已经不行时，向苏轼兄弟交代，要他们完成他尚未完稿的《易传》；又说，其兄苏澹早亡，子孙未立，要苏轼兄弟照顾；与杜垂祐结婚的姐姐，死后尚未安葬，要苏轼兄弟设法安葬；苏轼之妻王弗已于头年卒于京师，苏洵对苏轼说："妇从汝于艰难，他日必葬之其姑（婆婆）之侧。"（《亡妻王氏墓志铭》）苏洵做了这些交代后不久，于英宗治平三年（1066）四月二十五日就与世长辞了，年仅五十八岁。

苏洵之死，引起朝廷上下很大震动，"自天子、辅臣至闾巷之士，皆闻而哀之"（曾巩《苏明允哀辞》）。英宗诏赐银绢，韩琦赠银三百两，欧阳修赠银二百两，苏轼均婉言谢绝，只求赠官。英宗赠苏洵光禄寺丞，并敕官府备船载苏洵之丧回川。

对于有志于当世，名震全国的苏洵郁郁不得志而死，当时的有识之士都为之惋惜，朝野之士为之作挽词者有一百多人。欧阳修《苏主簿挽词》写道：

> 布衣驰誉入京都，丹旐俄惊返旧庐。
> 诸老谁能先贾谊，君王犹未识相如。
> 三年弟子行丧礼，千辆乡人会葬车。
> 我独空斋挂尘榻，遗编时阅子云书。

第十四章 "丹旐俄惊返旧庐"

首句写苏洵以布衣而名震京师。次句惊其早死，灵柩返川。三、四句以贾谊、司马相如喻苏洵，谓其超过"诸老"，却官卑位低，未得皇帝接见就死了。这两句颇值得咀嚼玩味。贾谊，西汉洛阳人，少年得志，年二十，汉文帝召以为博士，"每诏令议下，诸老先生不能言，贾生尽为之对，人人各如其意所欲出，诸生于是乃以为能不及也。孝文帝悦之。超迁，一岁中至太中大夫……天子议以贾生任公卿之位，绛（周勃）、灌（灌婴）、东阳侯（张相如）、冯敬之属尽害之，乃短贾生曰：'洛阳之人，年少初学，专欲擅权，纷乱诸事'，于是天子后亦疏之，不用其议，乃以贾生为长沙王太傅"（《史记》卷八四《屈原贾生列传》，中华书局，1959）。贾谊是因为受到大臣们的抑制，才未得重用，郁郁早死的，苏洵与此类似；更有甚者，贾谊最初总还得到过重用，苏洵却一直未被重用。这两句诗是含有对朝廷，特别是对富弼、韩琦等重臣的不满的。五、六句是想象苏轼兄弟居丧，乡人会葬的情景。最后两句是感叹苏洵死后，再无知音，只有时时翻阅他的遗文而已。"我独空斋挂尘榻"是以东汉陈蕃自喻，而以徐穉喻苏洵。陈蕃为豫章太守，不喜接待宾客，只接待郡中名士徐穉，为他特设一榻，穉去就把榻挂起来。这句是说，苏洵一死，他也只好把榻挂起来，任其生尘了。全诗以贾谊、司马相如、扬子云喻苏洵之才，又以陈蕃挂榻的典故写自己对苏洵的特殊敬重。

张方平说，韩琦对苏洵虽是"知其才而不能用"，但是，"及先生殁，韩亦颇自咎恨，以诗哭之曰：'知贤而不早用，愧莫先于余者也。'"（《文安先生墓表》）这是指韩琦的《苏洵员外挽词》。其中第一首写道：

> 对未延宣室，文尝荐《子虚》。
> 书方就绵蒝，莫已致生刍。
> 故国悲云栈，英游负石渠。
> 名儒升用晚，厚愧莫先予。

第一句反用汉文帝于宣室召见贾谊的故事，说苏洵未得皇帝召见。第二句用司马相如上《子虚赋》的典故，比喻欧阳修曾上呈苏洵文章推荐苏洵。三、四句指苏洵刚编成《太常因革礼》就不幸早死。五、六句写乡人为其早死悲哀，感叹太常寺修礼书未能展其英才。石渠即石渠阁，汉代宫中的藏书阁，这里指苏洵修礼书的太常寺。最后两句即张方平所说的韩琦的"自咎"之词。

时人为苏洵作挽词的还很多，如赵概、曾公亮、王拱辰、王珪、张焘、郑獬、苏颂、张商英、姚辟、陈襄等，他们所作的挽词都流传下来了，这里不再一一叙述。

苏洵死后，士大夫前往苏家吊唁，司马光也在其中。欧阳修已经为苏洵写了墓志铭，苏轼兄弟哭且言于司马光："某将奉先君之柩归葬于蜀。蜀人之祔也，同垄而异圹。日者吾母夫人之葬也，未之铭。子为我铭其圹。"于是司马光又写了《苏主簿夫人墓志铭》。在京师的吊唁活动结束后，苏轼兄弟护父丧离京，自汴入淮、沿江而上，返川。治平四年（1067）八月，葬苏洵于眉州彭山安镇乡可龙里老翁井侧。《老苏先生会葬致语并口号》（见清康熙三十七年二十卷本《嘉祐集》附录），对苏洵的巨大贡献和影响做了很高的评价，对其不幸遭遇表示了极大的义愤。文过长，今节录如下，作为对苏洵一生的总结：

编礼寺丞，一时之杰，百世所宗。道兼文武之隆，学际天人之表。渔钓渭上，韫六韬而自称；龙蟠汉南，非三顾而不起。宋兴百载，文弊多方，简编具在，气象不振。虽作者之继出，尚古文之未还。迨公勃兴，一变至道。上自朝廷缙绅之士，下及岩穴处逸之流，皆愿见其表仪，固将以为师友。而道将坠丧，天不假年。书虽成于百篇，爵不过于九品。谓公为寿，不登六十；谓公为夭，百世不亡。今者丧还里闾，宵会亲友，顾念悲之不足，假讽咏以纾情。敢露微才，上陈口号：

万里当年蜀客来，危言高论冠伦魁。
有司不入刘蕡第，诸老徒推贾谊才。
一惠独刊姬《谥法》①，《六经》先集汉家台。

---

① 姬《谥法》，即周公《谥法》。苏洵《上六家谥法议》："世之以谥著书而可以名家者，止于六家……六家之中，其名周公者，最无条贯……臣等……刊谬补阙，务求完正。"

第十四章 "丹旐俄惊返旧庐"

> 如公事业兼忠愤，泪作岷江未寄哀。

"道兼文武之隆，学际天人之表。"——充分肯定了苏洵的贡献。"一时之杰，百世所宗"；"上自朝廷缙绅之士，下及岩穴处逸之流，皆愿见其表仪，固将以为师友"——充分说明了苏洵在当时的巨大影响，准确估价了他在文学史上的重要地位。"书虽成于百篇，爵不过于九品"；"有司不入刘蕡第，诸老徒推贾谊才"——这是对他一生的不幸，发出的沉痛哀叹，"姬《谥法》"，周公《谥法》，此指苏洵所作《谥法》。"百篇"书指《太常因革礼》一百卷，"九品"爵指他仅以文安县主簿终身。刘蕡，字去华，唐文宗时应贤良对策，极言宦官祸国，考官不敢录取。"有司不入刘蕡第"，哀其成名前总是屡试不第；"诸老徒推贾谊才"，哀其成名后，朝廷大臣也只是推许其文才，实际上并未重用他。屡试而不第，徒推其文才，爵不过九品，这就是宋王朝对待苏洵这样一位"王佐才""帝王师"的态度。

苏轼兄弟护父丧出都，自汴河入淮河，然后沿长江逆流而上，一路风涛甚大，十分难行："忆同溯荆峡，终夜愁石首。余飙入帐幄，跳沫溅窗牖"（苏辙《和子瞻涡口遇风》，卷三）；"乘船入楚溯巴蜀，溃漩深恶秋水高"（苏辙《巫山庙》，卷一）。泊舟云安（今重庆云阳）已是治平四年（1067）正月二十日（苏轼《题云安下岩》，卷七一）。过丰都可能已在二月，仙都山道士曾以阴长生《金丹诀》示苏辙，并为他大讲"调养精气"的养生之道（《龙川略志》卷一）。

第十五章 "千载之微言焕然可知"

以人情说解释《六经》可说是三苏父子的共同特点。苏洵认为，贪生怕死，好逸恶劳，是人之常情，不承认这种人之常情是不现实的，问题在于如何加以引导，使之不越轨。这可说是苏洵《六经论》的中心思想。

苏洵说："民之苦劳而乐逸也，若水之走下。"在远古，民无贵贱，无尊卑，无长幼，不耕不蚕而仰给于自然界，故其民逸。后来圣人制定了君臣、父子、兄弟之礼，使天下贵役贱，尊役卑，长役幼，蚕而后衣，耕而后食，故其民劳。"一圣人之力，固非足以胜天下之民之众。而其所以能夺其乐而易之以其所苦，而天下之民亦遂肯弃逸而即劳，欣然戴之以为君师而遵蹈其法制者，礼则使然也。"为什么天下的人愿意弃乐即苦，弃逸即劳，服从这种礼呢？因为在远古无贵贱、尊卑、长幼之别，结果人与人间"相杀无已"；不耕而食鸟兽之肉，不蚕而衣鸟兽之皮，这是"鸟兽与人相食无已"。现在有贵贱、尊卑、长幼之礼，则人不相杀了；耕而食，蚕而衣，则鸟兽与人不相食了。"人之好生也甚于逸，而恶死也甚于劳，圣人夺其逸、死，而与之劳、生，此虽三尺竖子，知所趋避矣。"（卷六《易论》）这就是说圣人利用贪生怕死的人之常情来抑制好逸恶劳的人之常情，以"遵蹈其法制"。

苏洵说："圣人之道，所以不废者，《礼》为之明而《易》为之幽也。"以上所讲的是"《礼》为之明"，接着苏洵又分析了"《易》为之幽"。贵贱、尊卑、长幼，耕而食，蚕而衣虽劳，但可避免残杀，这是显明的道理，"虽三尺竖子，知所趋避"，显明的道理容易取信于人，但只有幽深难测的道理才能获得人们的尊敬。显明的道理易行也易废，只有幽深不可测的道理才能长久维系人心。苏洵说："圣人惧其道之废，而天下复于乱也，然后作《易》。观天地之象以为爻，通阴阳之变以为卦，考鬼神之情以为辞，探之茫茫，索之冥

第十五章 "千载之微言焕然可知"

冥,童而习之,白首而不得其源,故天下视圣人如神之幽,如天之高,尊其人而其教亦随而尊。故其道之所以尊于天下而不敢废者,《易》为之幽也……此圣人用其机权,以持天下之心,而济其道于无穷也。"(同上)这样看待《易经》,确实是大不恭的,有人对苏洵的"机权"二字特别不满,认为"'机权'两字诬圣人矣"(《古文辞类纂》卷三引王文濡语)。在苏洵看来,《易》之所以要弄得茫茫冥冥,神秘莫测,无非是圣人利用人之常情——对那些"新奇秘怪"的东西特别尊敬的心理,来维持其对圣人之道的尊敬;无非是"圣人用其机权,以持天下之心"。苏洵实际上是把儒家视为神圣的《易经》看作神道设教,看作愚民手段,以使天下之人把圣人之道当作宗教来信仰。

乐又是怎样产生的呢?苏洵说:"礼之始作也,难而易行;既行也,易而难久。"说它难,因为要以民劳易民逸;说它易行,因为"天下恶乎死也久矣",而圣人这套办法"果可以生天下之人",因此,容易被天下之人所接受;说它难久,因为即使"百人从之",但只要有"一人不从",你总不能就把他处死吧,其他的人看见这位不守礼的人未至于死,就会跟着违反礼。这就需要对天下之人"阴驱而潜率之",进行潜移默化的引导。"于是观之天地之间,得其至神之机而窃之以为乐。雨,吾见其所以湿万物也;日,吾见其所以燥万物也;风,吾见其所以动万物也。隐隐嶐嶐而谓之雷者,彼何用也?阴凝而不散,物蛰而不遂,雨之所不能湿,日之所不能燥,风之所不能动,雷一震焉,而凝者散,蛰者遂,曰雨者,曰日者,曰风者,以形用;曰雷者,以神用。用莫神于声,故圣人因声以为乐。为之君臣、父子、兄弟者礼也,礼之所不及而乐及焉,正声入乎耳,而人皆有事君、事父、事兄之心。"(卷六《乐论》)苏洵把《诗》《书》《易》《礼》《春秋》的产生,都看成是个别圣人所为,把《乐》看成是圣人受到雷声的启发而"窃之以为《乐》",这当然是不正确的,这都是他"风俗之变,圣人为之"的历史观的表现。但他看到了礼法不能完全战胜人情,看到"正声"(乐)潜移默化的教育作用,仍然是很有见地的。

苏洵的《诗论》(卷六)更集中地表现了他的人情说。礼之所以起作用,无非是告诉人们,不守礼,天下将互相残杀,不能安生。但是,"人之嗜欲,好之有甚于生；而愤憾怨怒，有不顾其死。于是，礼之权又穷"。如果天下之人皆不好色，皆不愤憾怨怒，"皆泊然而无思，和易而优柔"，那当然好。但是，"人之情又不能皆然，好色之心驱诸其中，是非不平之气攻诸其外，炎炎而生，不顾利害，趋死而后已"。这种好色之心、是非不平之气是无法禁止的，禁之过严，反而要出问题，走向反面："禁人之好色，而至于淫；禁人之怨其君父兄，而至于叛，患生于责人太详。"如果不是禁，而是加以节制，引导使其不越轨，才符合"人之情"，才能被人接受，"好色之不绝而怨之不禁，则彼将反不至于乱。故圣人之道严于《礼》而通于《诗》。《礼》曰：'必无好色，必无怨而君父兄。'《诗》曰：'好色而不至于淫，怨而君父兄而无至于叛。'严以待天下之贤人，通以全天下之中人"。这样，不禁止好色而只禁止淫，不淫是可以做到的；不禁止怨而只禁止叛，对君父兄之虐待可"明讥而明怨之，使天下明知之"，那么不叛也是可以做到的。"人不自胜其忿，然后忍弃其身。"只要人们的"愤憾怨怒"还能自我克制，人们是不会铤而走险的。

苏洵还朦朦胧胧地认识到事物发展有它的必然性，有一定的规律，这就使预见成为可能。他在《辨奸论》（卷一一）中说："事有必至，理有固然。惟天下之静者乃能见微而知著。"前两句讲的是事物发展的必性然和规律性，后一句讲要善于预见。

苏洵认为，不同的时代有不同的风俗，风俗是随着时势的变化而变化的，是不以主观意志为转移的。夏尚忠，商尚质，周尚文。"忠之变而入于质，质之变而入于文，其势便也。及夫文之变而又欲反之于忠也，是犹欲移江河而行之山也；人之喜文而恶质与忠也，犹水之不肯避下而就高也。彼其始未尝文焉，故忠、质而不辞；今吾日食之以太牢，而欲使之复茹其菽哉！"尧让天下给舜，舜让天下给禹，舜、禹"受而居之"，既未以小恩小惠讨好老百姓，也未说这是什么天意，既未说丹朱（尧之子）、商均（舜之子）不肖，也没有自我赞誉，总之，没有宣传自己"当得天下之故"。汤伐桀，武王伐纣，情况就不同。汤则"嚣嚣然数其（桀）罪而以告人"；武王则自言其祖先之功，大讲他的东征是如何得人心，好像在说"吾家之当为天子久矣"。商初大臣伊尹

第十五章 "千载之微言焕然可知"

因商王太甲不理国政而把太甲放逐,自己"摄位三年,而无一言以自解";周成王年幼,周公摄政,有流言说他篡位,周公却"纷纷乎急于自疏其非篡"(卷七《书论》)。苏洵认为这种风俗日薄都是时势使然。

如前所述,苏洵认为古之法简,今之法繁。但是,这也是时势使然:"简者不便于今,而繁者不便于古。非今之法不若古之法,而今之时不若古之时也。"(卷五《申法》)再如,苏洵虽然认为古之民乐,今之民苦是由于井田废造成的,但他却反对复井田,主要也是认为古代的井田制"其所由来者渐矣";现在复井田,"其势亦不可得"。这一切都表明,苏洵已经初步认识到形势不由人,人们只能因势利导,而不能不顾客观形势来随意创造历史。

苏洵不仅用对立统一的观点来读《周易》,而且用这种观点来观察其他问题。前面已经谈到,苏洵在分析军事问题时,曾比较全面地分析了战争中十多个对立的因素。这里再以《明论》(卷九)等文为例,来进一步看看他的朴素的辩证法思想。

《明论》一开头就说:"天下有大知,有小知。人之智虑,有所及,有所不及。圣人以其大知而兼其小知之功,贤人以其所及而济其所不及。愚者不知大知而以其所不及丧其所及。"这里提出了大知和小知、及和不及、贤和愚等对立的概念。天下确实有大知之人,他们看得远,看得深。他们善于从大处着眼而兼有小知之功,他们善于集中精力办好力所能及的事,以补救力所不及的事,而那些愚蠢的人却在力所不及的事情上浪费时间,结果连力所能及的事也未办成。《明论》全文就是围绕这一观点展开论述的。

苏洵接着说:"圣人治天下也以常,而贤人治天下也以时,既不能常,又不能时,悲夫殆哉!"这里又提出了"常"与"时"这一对立的概念。所谓"常",即《审势》所说的"万千年而不变"的"不可革易"的"大体";所谓"时",即《审势》所说的随着时移势易而可以变化的"小节"。圣贤治国既能守常,又能通时;而愚者既不能守常,又不能通时,结果使国家处于危险境地。

苏洵说:"日月经乎中天,大可以被四海,而小或不能入一室之下,彼固无用此区区小明也。"这里又提了大明和小明、有所为和有所不为的问题。当时有一种迷信说法，认为叛父母、亵神明就要遭雷打。苏洵说："雷霆固不能尽击此等辈也，而天下之所以兢兢然不敢犯者，有时而不测也；使雷霆日轰轰焉绕天下，以求夫叛父母、亵神明之人而击之，则其人未必能尽，而雷霆之威无乃亵乎！"苏洵所举的例子虽属迷信，但他所要说明的哲理却是深刻的。雷霆要击叛父母、亵神明之人，只需杀一儆百就可以了，这叫作"用其心约而成功博"；没有必要轰轰焉绕天下以求之，那是"用其心劳而功不成"的蠢办法。齐威王治齐就是采用的这一办法。齐国的贤者远不止一位即墨大夫，威王奖一即墨，天下的贤者都受到鼓励。乱齐国者，也不止一阿大夫，但杀一阿大夫，齐国的坏人都受到警告，苏洵说："天下之事，譬如有物十焉，吾举其一，而人不知吾之不知其九也；历数之至于九，而不知其一，不如举一之不可测也，而况乎不至于九也。"这也是"以其所及济其所不及"的思想。苏洵对博与约、一与九、有所为与有所不为的论述，是很辩证的。

　　苏洵在《管仲论》（卷一一）中还提出了本与末的重要思想，管仲病危，齐桓公问何人可以继仲为相，管仲没有举贤自代，仅说竖刁、易牙、开方三人不可近。苏洵说："齐国不患有三子，而患无仲。有仲，则三子者三匹夫耳。不然，天下岂少三子之徒哉？虽威公（即桓公）幸而听仲，诛此三人，而其余者，仲能悉数而去之耶？呜呼，仲可谓不知本矣！因威公之问举天下之贤者以自代，则仲虽死，而齐国未为无仲也，夫何患？三子者，不言可也！"举贤自代才是治齐的根本，诛此三人仅仅是治齐之末，因为齐国有了管仲这样的贤相，三子就不可能得志。管仲却本末倒置，捡了芝麻，丢了西瓜，仅仅以三子不可近为戒。苏洵说，乱齐国者，"吾不曰竖刁、易牙、开方，而曰管仲"，就因为管仲未能举贤自代。这话虽然刻削，但却颇为深刻。

第十六章　"有得乎吾心而言"

我国的散文有着源远流长的优良传统。早在先秦，特别是春秋、战国时代，就形成了百家争鸣、百花竞艳的局面，散文取得了光辉的成就。两汉散文继其余波，出现了司马迁的《史记》、班固的《汉书》等不朽的史学名著和大量切中时弊、质朴畅达的政论散文。但是，在南北朝时期，在形式主义文风的影响下，散文几乎被绮丽的骈文逐出了文坛。直至中唐，以韩愈、柳宗元为首的古文运动，才动摇了骈文的统治地位，使散文重放异彩。历史是曲折反复的，到了晚唐、五代，古文运动渐趋衰落，辞藻华丽而内容空虚的骈文又充斥文坛。宋初承袭了"五代文弊"。宋初的柳开、王禹偁、穆修等人曾反对这种浮艳文风，提倡韩、柳的古文；但是，由于积习难移，加之他们未能创作出足够的典范作品，终未能扭转文坛风气。王禹偁《五哀诗》说："文自咸通（唐懿宗年号）后，流散不复雅。因仍历五代，秉笔多艳冶。"（《小畜集》卷四，四部丛刊本）苏轼也说："五季（五代）文章堕劫灰，升平格力未全回。"（卷二八《全门寺中见李西台与二钱唱和四绝，戏用其韵跋之》）但是到了北宋中叶，文坛风气大变，欧阳修大力倡导古文革新，曾巩、王安石、苏洵父子继起响应，共同反对空洞无物、浮艳艰涩的文风，提倡韩、柳朴实的文风，并以他们的大量文章为这种文风树立了典范，使古文革新运动立于不败之地。欧阳修主张重道以充文，认为"道胜者文不难而自至"；指出要工于文就必须关心"百事"，认为"弃百事不关于心"整天"职于文"，是写不出好文章的；他反对只在文字技巧上模拟前人（"勉焉以模言语"），认为这样会"愈勤而愈不至"；提倡"辞丰意雄，霈然有不可御之势"，"纵横高下皆如意"的文风（卷四七《答吴充秀才书》）。

苏洵的文论主张和创作实践与欧阳修是合拍的，他是北宋古文革新运动的有力推动者。苏洵没有专门的文论著述，他的文论散见于他的文章和书信中。把他这些散见的观点集中起来，仍是相当系统、相当深刻的。

第一，反对时文，不肯"区区符合有司之尺度"。真宗朝和仁宗朝曾多次明诏天下，申戒浮文，但是，余风未灭，新弊复作，很多人的文章求深务奇，写得怪僻而不可读。苏洵经常指责那些"浅狭可笑""虚浮不实""好奇而务深"的文章，就是针对文坛时弊而发的。嘉祐二年（1057），即苏轼兄弟同科进士及第的这一年，欧阳修主持礼部考试，对这种不良文风给予了有力的打击。《宋史·欧阳修传》说，欧阳修"知嘉祐二年贡举，时士子尚为险怪奇涩之文，号'太学体'。修痛排抑之，凡如是者辄黜。毕事，向之嚣薄者伺修出，聚噪于马首，街逻不能制。然场屋之习，从是遂变"。苏轼后来回忆说："吾举进士，试于礼部，欧阳文忠见吾文曰：'此我辈人也，吾当避之。'方是时，士以剽裂（拾人牙慧，磔裂章句）为文，聚而见诮，且诮公者，所在成市。"（卷六四《太息一首送秦少章》）这说明在古文革新问题上斗争很激烈。欧阳修坚持对"为险怪奇涩之文"者一概不取，结果是"诮公者，所在成市"，并聚众闹事，"伺修出，聚噪于马首"。

苏洵的多次应试"不中"，除因他"少不喜学"外，还可能与他的文风同当时占统治地位的浮艳怪涩的文风不同有关。苏洵的"博辨宏伟"的文风，虽然主要是在他二十七岁发愤苦读以后逐渐形成的，但也不能截然分开，很可能他青年时代的文风就不符合那些以浮艳怪涩的文章为美的考官的胃口。苏洵多次表示自己"不能区区附合有司之尺度"，就为我们透露了一些消息。苏轼《谢梅龙图书》（卷一一）说："轼长于草野，不学时文，词语甚朴，无所藻饰。"苏轼的"不学时文"，显然是受了苏洵的影响。苏轼还说："始朝廷以声律取士，而天圣（1024—1032）以前学者犹袭五代文弊。独吾州之士，通经学古，以西汉文词为宗师。方是时，四方指以为迂阔。"（卷一一《眉州远影楼记》）苏洵显然也是"以西汉文词为宗师"的"吾州之士"中的一人，被视为"迂阔"也许正是他屡试不中的原因之一。苏洵父子的"不学时文"，正符合欧阳修古文革新的要求，因此得到了他的特别赏识。欧阳修对苏洵说：

第十六章 "有得乎吾心而言"

"予阅文士多矣,独喜尹师鲁①、石守道②,然意常有所未足。今见君之文,予意足矣!"(苏辙《后集》卷一二《颖滨遗老传》)

第二,学习古文。苏洵"陋今而高古"(张方平《文安先生墓表》),他既不满时文,就转而深入研究古代文化的优良传统。他在《上田枢密书》(卷一四)中说:

数年来退居山野,自分永弃,与世俗日疏阔,得以大肆其力于文章,诗人之优柔,骚人之精深,孟、韩(愈)之温淳,(司马)迁、(班)固之雄刚,孙(武)、吴(起)之简切,投之所向,无不如意。常以为董生(仲舒)得圣人之经,其失也流而为迂;晁错得圣人之权,其失也流而为诈;有二子之才而不流者,其惟贾生(谊)乎!

在《上欧阳内翰第一书》中说:

执事(指欧阳修)之文章,天下之人莫不知之,然窃自以为,洵之知之特深,愈天下之人。何者?孟子之文,语约而意尽,不为巉刻斩绝之言,而其锋不可犯。韩子(愈)之文,如长江大河,浑然流转,鱼鼋蛟龙,万怪惶惑,而抑遏蔽掩,不使自露,而人望见其渊然之光,苍然之色,亦自畏避,不敢迫视。执事之文,纡余委备,往复百折,而条达疏畅,无所间断,气尽语极,急言竭论,而容与间易,无艰难劳苦之态。此三者皆断然自为一家之文也。惟李翱之文其味黯然而长,其光油然而幽,俯仰揖让,有执事之态;陆贽之文,遣言措意,切近的当,有执事之实。而执事之才又自有过人者,盖执事之文,非孟子、韩子之文,而欧阳子之文也。

这两段话,可说是苏洵写的一篇文学简史。他历评了先秦的《诗经》《离

---

① 尹洙(1001—1047):字师鲁,洛阳人,官至起居舍人直龙图阁,北宋文学家,为文风格间古。
② 石介(1005—1045):字守道,兖州奉符(今山东泰安东南)人,官至太子中允,北宋文学家,曾抨击宋初的浮艳文风。

骚》《孙子兵法》《吴子》《孟子》，两汉贾谊、董仲舒、晁错、司马迁、班固的文章，唐代韩愈、陆贽、李翱的文章及本朝欧阳修的文章。从其归纳之准确，评价之公允，可看出他用功之深。他虽然"高古"，但并不迷信古人。他在着重肯定历代文豪的成就时，对其中的某些人，如董仲舒、晁错，也略有微词。他很强调各家的独特风格，强调"自为一家之文"，认为欧阳修文章之可贵就在有特色，"非孟子、韩子之文，而欧阳子之文也"。他在评价古代和当代的文人时，几乎完全不受儒家文以载道的传统观点的约束，他全是就文论文，着重比较各家风格和艺术特色，很少有北宋道学家论文的迂腐气。郭绍虞在引了苏洵《上欧阳内翰第一书》中那段话后说："他所重的完全重在出言用意的方法。他只是论文的风格，不复论及文的内容。他从作风品格，衡量文的价值，而不复拖泥带水牵及道的问题。这就是三苏文论突出的地方。"（《中国文学批评史》第190页，上海古籍出版社，1979）

第三，强调文章要"得乎吾心"，反对因袭前人，他在《太玄论上》（卷八）中说："言无有善恶也，苟有得乎吾心而言也，则其词不索而获。"历代正统文人都把宣扬孔孟之道作为评价文章好坏的最高标准，苏洵却把"得乎吾心"，即文章要有自己的真知灼见作为论文的首要标准。根据这一标准，他称赞了孔子著述，认为《易经》系辞是经过深思而写出的，因此写得很深邃；《春秋》是有感于历史而写的，因此写得很剀切；《论语》是在接触现实过程中的言行记录，因此讲得很平易。"方其为书也，犹其为言也；方其为言也。犹其为心也。书有以加乎其言，言有以加乎其心，圣人以为自欺。"写在书中的就是口头所讲的，口头所讲的就是心中所想的，如果所说所写不是所想的，那就是在自欺欺人。根据同一标准，苏洵指责扬雄的文章说："不得乎其心而为言，不得乎其言而为书，吾于扬雄见之矣。"他说扬雄的《法言》是"辩乎其不足问也，问乎其不足疑也"，即无话找话说；指责扬雄的《太玄》是"自附于夫子，而无得于心者也"，即因袭孔子而没有自己的真知灼见，没有自己的心得体会。无论苏洵对扬雄的批评是否完全合理，他强调文章要"得乎吾心"则是完全正确的。苏轼把他的意思说得更明白："战国之际，其言语言章，虽不能尽通于圣人，而皆卓然近于可用，出于其意之所谓诚然者。自汉以来，世之儒者忘己以循人，务为射策决科之学，其言虽不叛于圣人，而皆泛滥于辞章，不适于用。"（卷八《策总序》）战国诸子的文章，尽管不完全符合孔孟之道，有的甚至是反对孔孟之道的，但都是"出于其意所谓诚然者"，说的都是他们自认为对的，因此，仍然是好文章。后之儒者，"其言虽不叛乎圣人"，说的一字一句都是"圣经"上有的，但由于是鹦鹉学舌，"忘己以循人"，不是"得乎吾心"的文章，因此，算不上好文章。

除强调文章要讲真心话外，苏洵还进一步强调文章内容要符合客观实际，朝廷命他修纂《礼书》，有人认为"祖宗所行，不能无过差；不经之事，欲尽芟去，无使存录"。苏洵反驳说，他修的《礼书》属史书性质，"遇事而记之，不择善恶，详其曲折，而使后世得知而善恶自著者，是史之体也"。因此他反对"掩恶讳过"，书其善而不书其不善的做法（卷一五《议修礼书状》）。有人托他为其父作碑铭，并向他提供了行状。苏洵说他既"不获知子之先君"，而据以作铭的行状"又不可信"，"行状之所云，皆虚浮不实之事"。苏洵虽然"惜其先君无站于后"而勉强作铭，但却坚持"不取于行状"（卷一三《与扬推节书》）。作墓志碑铭往往有这样的矛盾，请托者希望以一些"虚浮不实"之词使其亲人永垂不朽，而稍微严肃的作者很难满足请托者的所有要求。苏轼也正是有鉴于此，才"平生不为行状墓碑"（卷一三《陈公弼传》）。

第四，反对为文而文，强调文贵自然。苏洵说他的《权书》是"不得已而言之之书也"（卷二《权书叙》）。所谓"不得已而言"，就是指心中有很多话非说不可，不吐不快；而不是为文而文，无话找话说。他在描述自己的写作经验时说，读书"既久，胸中之言日益多，不能自制，试出而书之，已而再三读之，浑浑乎觉其来之易也"（《上欧阳内翰第一书》）。欧阳修在论述苏洵的写作经验时也说："闭户读书，绝笔不为文辞者五六年，乃大究六经百家之文，以考质古今治乱成败，圣贤穷达出处之际，得其精粹，涵畜充溢，抑而不发。久之慨然曰：'可矣！'由是下笔顷刻数千言，其纵横上下，出入驰骤，必造于深微而后止。"（《故霸州文安县主簿苏君墓志铭》）笼统强调"闭户读书"，当然是不对的。苏洵的"闭户读书"对其创作产生了奇效，是因为他从小喜欢游历，去过不少名山大川，又结交了一些有志之士，已有比较丰富的阅历。在此基础上，针对自己的少不喜学，辅之以苦读，所以取得了很好的效果。读书也不一定非要"绝笔"不可，一面读书，一面练笔，往往更有效。但这里强调的基本观点是，不要没有什么心得就敷衍成文，而是要"胸中之言日益多，不能自制"时，才能写出好文章。好文章不是挤出来的，而是涌出来的。

苏洵的《仲兄字文甫说》（卷一九）比较集中地反映了他的文贵自然的思想。他以风水相激而自然成文作喻说："此二物者，岂有求乎文哉？无意乎相求，不相期而相遭，而文生焉……二物者，非能为文，而不能不为文也。物之相使，而文出于其间也。故曰此天下之至文也。"

苏洵还以这样的思想教育苏轼兄弟。苏轼在《南行前集叙》（卷一〇）中说："夫昔之为文者，非为之为工，乃不能不为之为工也。山川之有云，草木之有花实，充满勃郁而见于外，夫虽欲无有，其可得耶？自少闻家君之论文，以为古之圣人有所不能自己而作者。故轼与弟辙为文至多，而未尝敢有作文之意。"风水相激而成文，山川之云，草木之花实，都是自然而然形成的，非有意为之，故具有自然美。文章也是这样，为文而文是不会有好文章的，要不能不为之文，不能自己之作，才是好文章。"有所不能自己而作"，这是苏洵父子共同遵守的重要的写作原则。

第四，主张文章应有为而作，言必中当世之过。他说："君子之为书，犹工人之做器也，见其形以知其用。"（卷七《太玄论上》）读书人写文章像工人做器具一样，要有用。苏轼在《凫绎先生诗集叙》（卷一〇）中记载了苏洵一段精彩的文论：

> 昔吾先君适京师，与卿士大夫游，归以语轼曰："自今以往，文章其日工，而道将散矣。士慕远而忽近，贵华而贱实，吾已见其兆矣。"以鲁人凫绎先生之诗文十余篇示轼曰："小子识之，后数十年，天下无复为斯文者也。先生之诗文皆有为而作，精悍确苦，言必中当世之过，凿凿乎如五谷必可以疗饥，断断乎如药石必可以伐病。其游谈以为高，枝叶以为观美者，先生无一言焉。"

第十六章 "有得乎吾心而言"

苏洵反对慕远忽近、贵华贱实，反对以游谈为高、以枝叶为观美；主张"言必中当世之过"，主张文章应像谷可疗饥、药可治病那样解决实际问题。苏洵是这样说的，也是这样做的，他著书是以"施之于今"（《上韩枢密书》）为着眼点的。欧阳修称赞他的文章"博于古而宜于今，实有用之文"（《荐布衣苏洵状》）；雷简夫称赞他的文章"讥时之弊"，"惶惶有忧天下心"（邵博《闻见后录》卷一五）。这都说明他的文章都是"有为而作"的。

第五，探讨了不同文体的共同要求和不同写法。苏洵说："大凡文之用四：事以实之，词以章之，道以通之，法以检之。此经、史所兼而有之者。"（卷九《史论上》）事是事实，应以确凿的事实来证实自己的观点，充实文章的内容。词是文词，应有适当的文词来表现、阐明自己的观点。苏洵所谓的道，指圣人之道，就文章说也可理解为道理、主题、中心思想，应以这样的道来贯穿全文。苏洵所谓的法指圣人之法，但也可理解为章法、法则，文章应有一定的章法。这是一切文章都应具备的共同要求。

但不同的文章也有不同的要求。经书和史书的写法就不一样。"经以道法胜，史以事词胜，经不得史，无以证其褒贬；史不得经，无以酌其轻重。经非一代之实录，史非万世之常法，体不相沿，而用实相资。"（同上）苏洵这段话阐明了经、史的区别和相互为用的关系。经属理论，故"言圣人之道与法详"，"至于事举其略，词则务于简"，这就是"经以道、法胜"。史属"实录"，"事既曲详，词亦夸耀"，这样才能显褒贬，励君子，儆小人，因此史应以事、词胜。经不可能周详曲尽地记载史实，因此，"经非一代之实录"。史是"一代之实录"，无论善恶，均应详其曲折，而不掩恶讳过。史书所记有可效法的，有不可效法的，因此，"史非万世之常法"。苏洵编《太常因革礼》，有人主张要全部删去祖宗"过差不经之事"，就因他们不懂得经、史之别。

史书虽是"实录"，但不是纯客观的记述，通过作者对史料的精心剪裁和安排，表现出作者的爱憎和褒贬，贯穿了道与法。苏洵说："（司马）迁、（班）固史虽以事、词胜，然亦兼道与法而有之。"苏洵把司马迁、班固对史料的精心剪裁，巧妙安排，归纳为"隐而章""直而宽""简而明""微而切"四个方面。所谓"隐而章"是指对于"功十而过一"的人，本传记其功，对其过则"本传晦之,而他传发之"。这样既做到了"实录",又达到了褒善的目的。否则,后之人见"十功不能赎一过,是将苦其难而怠矣"。所谓"直而宽"是指对于"过十而功一"的人,本传不仅要记其过,而且要详记其"一功"。否则后之凶人会说,前之凶人都"有善不录矣,吾复何望哉!"这样会"窒其自新之路,而坚其肆恶之志"(卷九《史论下》)。苏洵对"简而明""微而切"也做了具体说明,这里不再论述。从以上可看出,苏洵对不同体裁的文章,特别是对史书的写法曾做深入的研究。雷简夫称赞他的"《史论》得迁史笔"(邵博《邵氏闻见后录》卷一五),并非过誉。

在反对时文、提倡古文,反对模拟前人、提倡文章应有为而作等方面,苏洵和欧阳修都是一致的。但欧阳修比较重视道,反复强调"道纯则充于中者实,中充实则发为文者辉光"(卷六八《答祖择之书》)。苏洵也讲到,如前引"自今以往,文章其日工,而道将散矣",但在具体评论作家作品时,他却更强调"得乎吾心"。在文道关系上,苏洵受儒家传统文论的影响较欧阳修要小得多。

苏洵之所以能提出对当时来说比较进步的古文革新主张,这首先是因为时代的需要。到了宋中叶社会矛盾已日趋尖锐,革新政治的呼声已越来越强烈,越来越要求以散文为武器来反映社会现实,为革新朝政服务。范仲淹在推行庆历新政时就提出了"敦谕词臣,复兴古道"的要求。同时,也与西蜀的文化传统有关。在晚唐五代,西蜀在词上受浮艳文风的影响较大,花间词派出于西蜀就是突出的表现。但在散文方面,正如苏轼所说:"吾州之士,通经学古,以西汉文词为宗师。"西蜀士人比较重视西汉散文的优良传统。苏洵本人性格豪迈,不愿受"章句、名数、声律之学"的束缚,他长期沉沦在下层而又注目时局,他的特殊经历也是他能够提出比较进步的文论主张的重要原因。

第十七章 "君之文博辩宏伟"

苏洵的文章在当时的文坛之所以能产生那样大的影响，首先是因为他的文章确实是"有用之言"，他的文艺思想、政治思想、军事思想均能切中时弊（所谓"言必中当世之过"），反映出时代的要求。但同时，也与苏洵散文的艺术特色分不开。概括起来，苏洵散文有以下特色。

一、纵横恣肆，气势磅礴

盛赞苏洵的欧阳修认为他的文章具有荀子的文风（"目为孙卿子"）；对苏洵"独不嘉之"并"屡诋于众"（叶梦得《避暑录话》卷二）的王安石则说："苏明允有战国纵横之学。"（邵博《邵氏闻见后录》卷一五）苏洵也公开承认自己对纵横家的爱好。战国纵横家朝秦暮楚，没有自己的固定主张，苏洵是不赞成的；但他很欣赏他们善于根据人主的好恶，因势利导的雄辩之术。他说："龙逢、比干，吾取其心，不取其术；苏秦、张仪，吾取其术，不取其心。"（卷九《谏论上》）后世也几乎公认苏洵散文深受战国诸子，特别是纵横家的影响。茅坤说："苏文公崛起蜀徼，其学本申韩，而其行文杂出于荀卿、孟轲及《战国策》诸家。"（《唐宋八大家文钞》卷一一一）战国散文，包括纵横家的说辞，往往感情充沛，气势磅礴，纵横恣肆，酣畅淋漓，滔滔不绝，笔带锋芒，妙喻连篇，形象生动，富有鼓动性，具有雄辩的说服力。苏洵的文章也具有这种特点。欧阳修说，苏洵的文章"博辩宏伟""纵横上下，出入驰骤，必造于深微而后止"（《故霸州文安县主簿苏君墓志铭》）；曾巩说他的文章"雄壮俊伟，若决江河而下"（《苏明允哀词》）；张方平说他的文章"如大云之出于山，忽布无方，倏散无余，如大川之滔滔，东至于海源"（《文安先生墓表》），都是指的这一特点。

他的《项籍论》劈头就写道："项籍有取天下之才，而无取天下之虑；曹操有取天之虑，而无取天下之量；刘备有取天下之量，而无取天下之才。故三人者终其身而无成焉。"这篇文章的中心是要论证"项籍有取天下之才，而无取天下之虑"，认为项籍没有直捣咸阳为失策，但却以曹操、刘备做衬托，一开头就造成强大的声势。接着根据"地有所不取，城有所不攻，胜有所不就，败有所不避"的作战原则，指出项羽不乘胜直捣咸阳，"而区区与秦将（章邯）争一旦之命"，使刘邦先入关中，这就决定了"天下之势在汉不在楚，百战百胜尚何益哉？"以上是讲项羽直捣咸阳的必要性，有无这种可能性呢？项羽"必能入秦"吗？苏洵又从章邯轻敌，亡秦守关不如刘邦守关，刘邦攻关不如项羽攻关等三个方面做了肯定的回答。"或曰秦可入矣，如救赵何？"苏洵以虎方捕鹿、罴搏虎子、虎必回救的比喻和围魏救赵的战例，证明直捣咸阳，必能解赵之围。文章通过层层深入分析，已经充分证明没有直捣咸阳之失策，文章至此本可结束，但苏洵突然妙笔生花，提出"诸葛孔明弃荆州而就西蜀，吾知其无能为也"的问题，从侧面再次证明项羽没有直捣咸阳之失策，作者一面提出问题，一面分析问题，文中大量使用排比句，造成磅礴的雄辩气势，读之令人折服。苏洵的多数文章都具有这一特点，如他的《六经论》，尽管正统文人不赞成其观点，说它是"不根之谈"；但也不得不承认它"行文雄放，有俯仰一世之概"，"出入起伏，纵横如志，甚雄而畅"，"风驰雨骤，极挥斥之致"（《古文辞类纂》卷三）。

二、结构谨严，说理周详

苏洵的《谏论》上篇，主要在论证"臣能谏，不能使君必纳谏，非真能谏之臣"。文中有如下一段：

说之术可为谏法者五：理喻之，势禁之，利诱之，激怒之，隐讽之之谓也。

触詟以赵后爱女贤于爱子，未旋踵而长安君出质（秦攻赵，赵求救于齐，齐要赵以长安君为人质。赵后不同意，触詟说赵太后道："今媪尊长安君之

第十七章 "君之文博辩宏伟"

位，而不及今有功于国，一旦山陵崩，长安君将何以自托？"赵后悟，乃以长安君出质）；甘罗以杜邮之死诘张唐，而相燕之行有日（秦吕不韦派张唐相燕，张唐不肯行。甘罗对张唐说，范雎欲攻赵，白起不赞成，立即被害死于杜邮。今吕不韦亲自请你相燕，你不肯行，"臣不知卿之死所矣。"张唐于是相燕）；赵卒以两贤王之意语燕，而立归武臣（秦末，陈胜派武臣、张耳、陈余攻赵，在张、陈引诱下，武臣自立为王。后武臣为燕将所俘，一赵卒往说燕将曰："张耳、陈余与武臣下赵数十城，此亦各欲南面而王。今囚赵王，两君必分赵自立。夫以一赵尚易〔轻〕燕，况以两贤王乎？"燕乃归武臣）。此理而喻之也。

子贡以内忧教田常，而齐不得伐鲁（田常欲作乱于齐，移其兵伐鲁。孔子派子贡说田常："忧在内者攻强，忧在外者攻弱。今君忧在内。"田常称善，遂停止伐鲁）；武公以麋鹿胁顷襄，而楚不敢图周（楚顷襄王欲攻周，武公对楚王说："攻之者，名为弑君。然而犹有欲攻之者，见祭器在焉故也。夫虎肉臊而兵利身，人犹攻之，若使泽中之麋蒙虎之皮，人之攻之也必万倍矣。"）；鲁连以烹醢惧垣衍，而魏不果帝秦（魏派垣衍说赵，共尊秦为帝。鲁仲连以纣醢九侯，脯鄂侯事说垣衍道："万乘之国奈何欲从而帝之，卒就脯醢之地乎？"魏于是不敢帝秦）。此势而禁之也。

田生以万户侯启张卿，而刘泽封（汉初，吕后封诸吕为王，田生劝张泽〔即张卿〕讽吕后说，王诸吕，大臣未服。不如封刘泽为王，诸吕王益固。吕后于是封刘泽为琅邪王）；朱建以富贵饵闳孺，而辟阳赦（辟阳侯审食其与吕后有暧昧关系，汉惠帝欲诛审食其，朱建叫惠帝幸臣闳孺劝惠帝赦审食其，吕后大欢，两主俱幸，可得富贵）；邹阳以爱幸悦长君，而梁王释（梁孝王派人暗杀袁盎，汉景帝遣使追究。邹阳对长君〔帝后之兄〕说：长君弟得幸于上，长君诚为王言，得毋竟梁事，太后德长君，而长君之弟幸于两宫，金城之固也。长君言于帝，梁王释），此利而诱之也。

苏秦以牛后羞韩，而惠王按剑太息（苏秦劝韩王勿事秦说："宁为鸡口〔进食之用〕，无为牛后〔出粪之用〕。今大王西面交臂而臣事秦，何以异于牛后乎？"韩王勃然作色，按剑仰天叹息说："寡人虽不肖，必不能事秦。"）；范雎以无王耻秦，而昭王长跪请教（范雎入秦岁余，乃得秦昭王召见。范雎故意对宦者说："秦安得王？秦独有太后、穰侯耳。"时太后、穰侯专权，昭王于是多次长跪请教）；郦生以助秦凌汉，而沛公辍洗听计（郦食其入谒刘邦，刘邦踞床洗脚见郦生。郦生曰："足下必欲诛暴秦，不宜踞见使者。"刘邦乃辍洗听计），此激而怒之也。

苏代以土偶笑田文（孟尝君田文将入秦，苏代［苏秦之弟］止之曰："臣见有土偶人笑桃梗曰：'子东国之桃梗也，刻削子以为人，淄水至，流子而去，则子漂漂者，将何如入？'今秦四塞之国，譬若虎口，而君入之，则臣不知君所出。"），楚人以弓缴感襄王（楚人庄辛对楚顷襄王说，黄鹄奋其六翮，自以为无患，不知射者方将治其缯缴，将加乎百仞之上。以此喻秦将侵楚），蒯通以娶妇悟齐相（蒯通劝齐相曹参举隐士说："妇人有夫死三日而嫁者，有幽居守寡不出门者，足下即欲求妇，何取？'参曰：'取不嫁者。'蒯通于是以隐士荐。此隐而讽之也。

五者，相倾险诐（不正）之论，虽然，施之忠臣，足以成功。何则？理而谕之，主虽昏必悟；势而禁之，主虽骄必惧；利而诱之，主虽怠必奋；激而怒之，主虽懦必立；隐而讽之，主虽暴必容。悟则明，惧则恭，奋则勤，立则勇，容则寡。致君之道，尽于此矣。

这段文字颇能代表苏洵的文风：结构谨严，有总论，有分论，有小结，层次分明，前呼后应；全用事实说话，五条"说之术"都各举史实加以证明；大量使用排比段、排比句，读起来朗朗上口，铿锵有力。他所举的史实，我们今天也许不全熟悉，但对过去的读书人来说都不生僻，因此，只需简明扼要提一下就行了。这样，读起来更觉简洁雄劲。苏洵的文章不仅全篇结构严谨，说理周详，而且几乎其中的任何一段，也有这种特点。如所引的最后一段，先说即使游说之士的立论不正，但忠臣用其术也"可以成功"，就带有这一段的总论性质。接着以"何则"设问，自问自答，从五个方面阐明了理由：理喻必悟，势禁必惧，利诱必奋，激怒必立，隐讽必容，这是分论。然后又进一步从悟、惧、奋、立、容，推论出明、恭、勤、勇、宽，而以"致君之道，尽于此矣"作结。结构之精密，论理之周详，有如无缝之天衣；而其论证的方法，大量使用排比所造成的气势，都酷似荀子的文风。

三、曲折多变，纡余婉转

苏洵的文章还以曲折见长。《与欧阳内翰第一书》《送石昌言使北引》《上张侍郎（方平）第二书》都足以说明这点。《与欧阳内翰第一书》的开头部分就极尽行文曲折变化之能事。苏洵说，庆历新政时，范仲淹、富弼、欧阳修等人当政，仅有"毛发丝粟之才"的人都"纷纷然而起"；但他自度愚鲁无用，"不足以自奋于其间"，这是一折。于是，"退而养其心，幸其道之将成，而可以复见于当世之贤人君子"，二折。结果自己"道未成"，庆历新政就失败了，范、欧等人相继被逐出朝廷，苏洵深感"斯人之去，道虽成，不复足为荣也"，三折。接着他又转念，"今之世无复有善人也则已矣，如其不然也，吾何忧焉？姑养其心，使其道大有成而待之，何伤？"四折。经过十来年，诸公果然回到朝廷，自己是"喜且自贺，以为道既已粗成，而果将有以发之也"；但可惜范仲淹、尹洙二人已死，于是又"潸然出涕以悲"，五折。好在其他诸公尚在，"则又以自解"，六折。苏洵欲尽识诸公，但富弼身为宰相，远方寒士难于求见，七折。欧阳修位不甚贵，"可以叫呼扳援而闻之以言"，八折。又因"饥寒衰老之病"，自己不能至于欧公之庭，九折。但"以慕望爱悦其人之心，十年而不得见……何可以不能自往而遽已也？"于是给欧阳修写了这封求见信，十折。苏洵把自己对欧阳修的仰慕表达得非常婉转曲尽，读之感人。

《送石昌言使北引》是一篇仅四百来字的短文，文章的前一部分写他同石昌言的关系：苏洵儿时为戏，昌言以枣栗给他吃，两家相近，加之又是亲戚，故"甚狎"；后苏洵读书，未成而废，昌言闻之，"甚恨"；十余年后，苏洵"摧折复学"，昌言又"甚喜"。甚狎、甚恨、甚喜六字，不仅使得文章脉络清楚，而且使得文章波澜起伏，曲折多姿。文章后一部分才写送石昌言使北，苏洵先发感慨："丈夫生不为将，得为使，折冲口舌之间足矣。"接着写往年出使的人，一见敌方炫耀武力，往往"震惧而失辞，以为夷狄笑"。接着写敌人不足惧，因为词卑者攻，词强者退，敌方如此耀武扬威，"吾知其无能为也"。最后引孟子关于"说大人而藐之"（对大人物说话应藐视他），以"况于夷狄"四字作结，表面看，苏洵似乎没有一句直接规讽石昌言的话，但实际上作者希望石昌言不要被敌人的气势汹汹所吓倒，要敢于折冲口舌之间，敢于藐视敌人，以夺取外交上的胜利。行文婉转曲折，意在言外，言者并未伤人，闻者足为鉴戒。苏洵称赞孟子"不为巉刻斩绝之言，而其锋不可犯"（《上欧阳内翰第一书》）。苏洵这篇文章也具有这种特点："波澜跌宕，极为老成，句调声响，中窾合节，几并昌黎（韩愈）。"（姚鼐《古文辞类纂》卷三二，四部备要本）

苏洵《上张侍郎（方平）第二书》也以隐晦曲折见长。嘉祐元年冬，张方平从成都离任归京，当时苏洵在京谋官未遂，虽然名震京师，却未得到任何官职。苏洵又作《上张侍郎第二书》（卷一二）求张荐举。信的开头，先借"平生亲旧"之口说："子（苏洵）欲有求，无事他人，须张益州来乃济。"次写"自思"："公之与我者，盖为不浅"，是会推荐自己的；"天子虚席而待公，其言宜无不听用"，是能推荐自己的；自己"且未甚老，而犹足以有为"，是不会辜负张的推荐的。这两层是喻之以理，从各个角度说明只有张方平才能使自己"有为"，问题就在于张方平推荐自己，肯不肯"至于再，至于三，俟得其请而后已"了。信的最后又动之以情，写"雪后苦风，晨至郑州，唇黑面裂，僮仆无人色"，以迎候张方平的苦况，而以"明公所谓洁廉而有文，可以比汉之司马子长者，盖穷困如此，岂不为之动心，而待其多言耶"作结。苏洵称赞欧阳修的文章说："执事之文，纡余委备，往复百折而条达疏畅，无所间断；气尽语极，急言竭论，而容与间易，无艰难劳苦之态。"这封信也具有这一特点，此信的最后一段写得情真意切、凄楚悲凉而又含蓄委婉，虽说无需待其"多言"，但意思已表达得很充分。

四、妙喻连篇，形象生动

苏洵的文章还善做贴切的比喻。其《谏论》下篇，为了说明需要"立赏以劝之"，"制刑以威之"来"使臣必谏"，做了如下的比喻：

第十七章 "君之文博辩宏伟"

今有三人焉,一人勇,一人勇怯半,一人怯。

有与之临乎渊谷者且告之曰:"能跳而越此,谓之勇,不然为怯。"彼勇者耻怯,必跳而越焉。其勇怯半者与怯者则不能也。

又告之曰:"跳而越者与千金,不然则否。"彼勇怯半者奔利,必跳而越焉,其怯者犹未能也。

须臾,顾见猛虎暴然向逼,则怯者不待告,跳而越之如康庄矣。

然则,人岂有勇怯哉?要在以势驱之耳。

前两条用以比喻赏(一是精神方面的嘉奖,一是物质方面的奖赏)对"使人必谏"的作用;后一条用以比喻罚(虎要吃人)对"使人必谏"的作用。这种生动的比喻比说一大堆空道理有说服力得多。

类似的比喻在苏洵散文中比比皆是。如以"酒有鸩,肉有堇(均有剧毒),然后人不敢饮食;药可以生死(医活将死的人),然后人不以苦口为讳"来比喻礼虽烦但可使人与人免于残杀(《易论》)。以"若水之走下"来比喻"民之苦劳而乐逸"(同上)。以"欲移江河而行之山"来比喻风俗之不可复反(《书论》)。以"抱薪救火,薪不尽,火不灭"来比喻不可赂秦(《六国论》)。

特别值得一提的是《仲兄字文甫说》。苏洵的文章本以古朴为特征,这篇文章却写得非常华丽。他为了阐明不能不为之文才是天下之至文,以风水相激,自然成文做比喻。他先描写水:"油然而行,渊然而留,溥洄汪洋,满而上浮";接着描写风:"蓬蓬然而发乎太空,不终日而行乎四方,荡乎其无形,飘乎其远来,既往而不知其迹之所存";然后描写风水相激:

今夫风水之相遭乎大泽之陂也,纡余委蛇,蜿蜒沦涟,安而相推,怒而相凌。舒而如云,蹙而如鳞,疾而如驰,徐而如缅,揖让旋避,相顾而不前。其繁如縠,其乱如雾。纷纭郁扰,百里若一。汩乎顺流,至于沧海之滨。磅礴汹涌,号怒相轧,交横绸缪,放乎空虚,掉乎无垠。横流逆折,溃旋倾侧,宛转胶戾。回者如轮,萦者如带,直者如燧,奔者如焰,跳者如鹭,跃者如鲤。殊状异态,而风水之极观备矣。

清人姚鼐说:"此段形容风水处,极工极工。"它描绘了在陂泽和沧海之中风水相遭的不同状态。在陂泽是纡徐委蛇、蜿蜒沦涟,纷纭郁扰,百里若一,这时风水相激而形成的波纹并不算大。顺流急下(汩,急流貌),到了沧海,则磅礴汹涌,吼声震天,水流相互排挤,交横纠缠,茫茫无际,这是大海怒涛。为了形容风水相遭的状态,苏洵用了形象的拟人化手法,如"安而相推,怒而相凌","揖让旋辟(回转而避开),相顾而不前",赋予波纹以人的感情(安、怒)和动作(揖让、相顾)。暗喻不算,仅明喻就一口气用了十二个之多,说波纹舒展如云彩、迫蹙如鱼鳞、迅疾如驰马、缓慢如游丝(缅,细丝)、繁如绉纱(縠)、乱如浓雾、回转如车轮、萦绕如缠带、直如烽燧、奔如火焰、跳如鹭、跃如鲤。苏洵几乎把他所能想到的比喻,都用来形容风水相激的"殊状异态"了:"极形容风水相遭之态,可与庄子言风比美,而其运词却从《上林》《子虚》得来。"(《古文辞类纂》卷三二)这段描写确实具有以司马相如的《子虚赋》和《上林赋》为代表的汉代大赋的特点,极尽铺陈排比、夸张形容之能事。苏洵文章虽然好用比喻,但像这种连珠炮般的博喻,在他的文章中并不多见。

五、语言质朴,意味隽永

苏洵的文章语言古朴、简劲、凝练,而内涵丰富,能给人以回味的余地。苏洵用貂裘从一溪叟那里换来木山三峰,置于堂前,并写了《木假山记》(卷一五)。这是一篇借物寓慨之作,抒发了他郁郁不得志而又不愿与世浮沉,力图自立的感情。文章开头一部分写道:

木之生或蘖(分蘖)而殇,或拱(长到两手合围那么大)而夭;幸而至于任为栋梁则伐。不幸而为风之所拔,水之所漂,或破折,或腐;幸而得不破折,不腐,则为人之所材,而有斧斤之患。其最幸者漂沉汩没于湍沙之间,不知其几百年,而其激射啮食之余,或仿佛于山者,则为好事者取去,强之以为山,然后可以脱泥沙而远斧斤。而荒江之濆(沿河高地)如此者几何?不为好事者所见,而为樵夫野人所薪者,何可胜数!则其最幸者之中,又有不幸者焉。

第十七章　"君之文博辩宏伟"

苏洵这段文字显然是有感而发。树木所经历的种种不幸遭遇，或夭殇，或砍伐，或漂没，或破折，或腐烂，在"激射齧食之余"，作为木假山而留于人间，是多么不容易！人生经历了无数的升降浮沉，得留名于青史，那就更不容易了。很显然，这里也包含了他求仕不遂的隐痛，这段文字几乎可以看成是苏洵对自己的写照。他本是"田野匹夫，名姓不登于州闾"；虽曾"侥幸于陛下之科举，有司以为不肖，辄以摈落"（《上皇帝书》）；他虽经过多年的刻苦努力，但如果没有欧阳修等人的荐拔，也很难名闻于朝廷。木假山能不能为"好事者取去"而供之于堂上，一个人能不能出头而名留青史，确实有很多偶然因素。"不为好事者所见而为樵夫野人所薪者，何可胜数！"苏洵这些话是充满感慨的。文章后一部分讲到他家所蓄的木假山三峰：

中峰魁岸踞肆，意气端重，若有以服其旁之二峰；二峰者庄栗刻削，凛乎不可犯，虽其势服于中峰，而岌然无阿附意。

有人说苏洵在以中峰喻己，而以二峰喻其二子。这未必符合苏洵的原意。看来苏洵主要在以三峰的峭拔象征一种巍然自立，而不与世浮沉（所谓"无阿附意"）的精神，即"绝意于功名，而自托于学术"，坚持走自己认为正确的道路的精神。苏洵之所以被时人看重也正是他这种"务一出己见，不肯蹑故迹"的精神。欧阳修喜欢荐拔人才，当然是苏洵得以名震京师的重要原因。但首先也要苏洵确实是出类拔萃的人才，欧阳修才可能推荐他，苏洵的名震京师并非偶然。苏洵说，木假山三峰得以置于他家堂上，"其理似不偶然也"。可见，苏洵虽然对沦落者"何可胜数"深有感慨，但他却并不屈从这种命运。苏轼兄弟在后来的政治斗争风浪中屡遭打击，也始终"无阿附意"，继承了苏洵的精神。从这个意义上说，木假山三峰的峭拔挺立、意气端重，正是苏洵父子三人的象征。

苏洵的《名二子说》也是语言凝练而内涵丰富的代表作：

轮、辐（车轮上凑集于中心毂上的直木）、盖、轸（车箱底部四面的横木），皆有职乎车，而轼独若无所为者。虽然，去轼则吾未其为完车也。轼乎，吾惧汝之不外饰也。

  天下之车莫不由辙。而言车之功，辙不与焉。虽然，车仆马毙，而患亦不及辙。是辙者，善处乎祸福之间也。辙乎，吾知免矣。

  轼是用作车上扶手的横木，是露在外面的，因此说："轼乎，吾惧汝之不外饰也。"苏轼一生豪放不羁，锋芒毕露，确实"不外饰"，结果屡遭贬斥，差点被杀头。辙是车子碾过的印迹，既无车之功，但也无翻车之祸，因此说处于"祸福之间"。苏辙一生冲和淡泊，深沉不露，所以在当时激烈的党争中虽遭贬斥而终能脱祸，悠闲地度过了晚年。这篇仅八十余字的短文，说明了苏轼兄弟命名轼、辙的原因，表现了苏轼兄弟的不同性格以及苏洵对二子的担心和希望。这篇短文确实言简意赅，在极其精炼的文字中，含有丰富的思想内容。

  在《嘉祐集》中，既有相互联贯的成组论文，如《权书》《衡论》均多达十篇；又有洋洋洒洒，长达四五千言的大块文章，如《上皇帝书》。曾巩说，苏洵之文，"少或百字，多或千言，其指事析理，引物托喻，侈能尽之约，远能见之近，大能使之微，小能使之著，烦能不乱，肆能不流。其雄壮俊伟，若决江河而下也；其辉光明白，若引星辰而上也"（《苏明允哀词》），这可算是对苏洵散文的定评。

第十八章 "精深有味，语不徒发"

叶梦得《避暑录话》卷二说："（韩琦）席间赋诗，明允有'佳节屡从愁里过，壮心时傍醉中来'之句，其意气尤不少衰。明允诗不多见，然精深有味，语不徒发，正类其文。如《读易》诗（应为《送蜀僧去尘》）云：'谁为善相应嫌瘦，后有知音可废弹。'婉而不迫，哀而不伤，所作自不必多也。"这段话颇重要，指出了苏洵诗的特点：在数量上，"明允诗不多见"；从内容上看，"精深有味，语不徒发，正类其文"；从风格上看，"婉而不迫，哀而不伤"。

苏洵作诗不多，今存多数版本的苏洵集存诗仅二十七首；双研堂十六卷本《苏老泉先生全集》多《香诗》一首；宋残本《类编增广老苏先生大全文集》收诗最多，在以上二十八首之外，还多出二十首；散见于苏轼诗集，实为苏洵所作，又为以上诸本所不载者，还有两首（《老翁井》《三游洞》），总计存诗五十首。苏洵作诗当然不止此数，如前文所述龚颐正《芥隐笔记》所载，苏洵与欧阳修、王安石等八人作《送裴如晦知吴江》，老苏得"而"字韵，这首诗就没有流传下来。

在这五十首诗中，以古体诗，特别是五古为多，四言五首，五古二十首，七古八首，共三十三首。近体以七律为多，也有七绝、五律、五绝，但较少。可见，苏洵虽作诗不多，但却诸体皆备，而且各体都写得不错。

四言诗是我国最早的诗歌总集《诗经》的主要形式。其后，作四言诗的人不多，仅曹操、嵇康、陶潜作过一些好的四言诗。唐宋作四言诗的人更少，而苏洵所存的四言诗占其所存诗歌总数十分之一。《诗经》的四言诗常以首句名篇，苏洵的五首四言诗也都以首句名篇。"四言简直"（胡应麟《诗薮》卷二，上海古籍出版社，1979年校点本），苏洵的四言诗也具有古朴简直的特点。如《有触者犊》：

有触者犊，再箠不却。为子已触，安所置角？天实畀我，子欲已我。恶我所为，盍夺我有？子欲不触，盍索之笠？

大意是说，牛天生有角，有角必然有触；既然恶牛之角，何不"索之笠？"如前所述，韩琦、富弼对苏洵比较激进的革新主张不感兴趣，对其尖锐的批评更不喜欢，《有触者犊》一诗，正反映了当局者对其触角之厌恶，以及他对当局者的愤愤不平。诗中多用反诘句，简劲有力，强烈地表现了苏洵坚持其主张的精神。

苏洵诗以古体写得最多最好，时人多推崇他的古诗，《答陈公美》诗有"新句辱先赠，古诗许见推"句，可见陈公美就很推崇他的古诗。古诗中又以五古突出，今举一首，以见一斑：

飞鹰搏平原，禽兽乱衰草。
苍茫就擒执，颠倒莫能保。
白兔不忍杀，叹息爱其老。
独生遂长拘，野性始惊矫。
贵人织筠笼，驯扰渐可抱。
谁知山林宽，穴处颇自好。
高飙动槁叶，群窜迹如扫。
异质不自藏，野照明暠暠。
猎夫指之笑，自匿苦不早。
何当骑蟾蜍，灵于手自捣。

这首《欧阳永叔白兔》（卷一六）诗，是嘉祐元年苏洵与欧阳修交游时写的。前八句写白兔被擒和笼养的经过。"禽兽乱衰草"的"乱"字，活画出了在"飞鹰"搏击下，飞禽走兽拼命奔逃的景象；"苍茫就擒执，颠倒莫能保"，

第十八章 "精深有味，语不徒发"

"颠倒"二字写出了禽兽被擒被杀的痛苦挣扎之状。在这种背景下，白兔未被杀而被笼养起来，当然是不幸之中的万幸；但是，被长期拘留，野性被矫正得来驯顺可抱，对白兔来说也是可悲的。中六句写白兔的本性，好山林穴处，成群奔窜，在平野上形成"皛皛"白色。现在身处贵人筠笼，这一切都不可得了。最后四句借猎夫之口，笑白兔不自匿而被长拘，没有月中白兔骑着蟾蜍捣药自由。"异质不自藏""自匿苦不早"就是全诗主题。全诗结构谨严，形象生动，意味隽永，算得一篇佳作。

苏洵的七言古诗也写得不错，《丙申岁，余在京师。乡人陈景回自南来，弃其官，得太子中允。景回旧有地在蔡，今将治园囿于其间以自老。余尝有意于嵩山之下，洛水之上，买地筑室，以为休息之馆而未果。今景回欲余诗，遂道此意。景回志（记）余言，异日可以知余之非戏云尔》就是一首七言古诗诗。全诗可分三层，第一层写他想迁离四川：

> 岷山之阳土如腴，江水清滑多鲤鱼。
> 古人居之富者众，我独厌倦思移居。
> 平川如手山水麤，恐我后世鄙且愚。

在这里，苏洵一方面肯定了四川土地肥沃，物产丰富；另一方面又指出四川山水局促，四周险要，交通不便，几乎与外界隔绝，难以有为。第二层写他看中了嵩洛之地，这里平原辽阔，嵩岳秀丽，人才济济：

> 经行天下爱嵩岳，遂欲买地居妻孥。
> 晴原漫漫望不尽，山色照野光如濡。
> 民生舒缓无天札，衣冠堂堂伟丈夫。
> 吾今隐居未有所，更后十载不可无。

最后一层盛赞蔡景回弃官移居上蔡，表示自己也决心移居嵩洛：

闻君厌蜀乐上蔡，占地百顷无边隅。
草深野阔足狐兔，水种陆取身不劬。
谁知李斯顾秦宠，不获牵犬追黄狐。
今君南去已足老，行看嵩少当吾庐。

李斯（？—前208），楚国上蔡（今河南上蔡西南）人，战国末入秦，佐助秦始皇统一天下，官至丞相。秦二世时被赵高所诳杀，临死时感叹欲牵黄犬，逐狐兔于上蔡东门而不可得。上蔡人李斯贪恋官禄而不得重返上蔡与蜀人陈景回弃官归隐上蔡，构成鲜明对比，而以"行看嵩少当吾庐"作结，对陈景回的仰慕之情溢于言外。范梈云："七言古诗……须是波澜开合，如江海之波，一波未平，一波复起。又如兵家之阵，方以为正，又复为奇；方以为奇，忽复为正；正奇出入，变化不可纪极。"（《诗格》，诗学指南本）苏洵这首七言古诗也具有这种曲折多变的特点。方说西蜀民殷物阜，又说"厌倦思移居"；方说嵩山之可爱，又说陈景回的"厌蜀"；方说陈景回"乐上蔡"，又说李斯的后悔之词。全诗波澜起伏，若断若续，活泼跳荡，情致委折。

在近体诗中，苏洵以七律作得最多，也较有韵味。如《送吴待制中复知潭州二首》之二：

台省留身凡几岁，江湖得郡喜今春。
卧听晓鼓朝眠稳，行入淮流乡味生。
细雨满村莼菜长，高风吹旆彩船狞。
到家应有壶觞劳，倚赖比邻不畏卿。

这首诗作于嘉祐六年（1061）春，时吴中复以天章阁待制出知潭州。首联说吴由台省而做郡吏。中间两联想象他赴任途中境况。吴中复是兴国永兴人，即今湖北阳新人。由京城开封赴潭州任，将经过淮河和家乡，想象他快到家时也许细雨濛濛，莼菜葱绿，旌旆迎风招展，船上彩画逼真。尾联想象他到家之后，乡人定会壶觞相劳，而潭州与他的家乡邻近，潭州百姓有这样一位

第十八章 "精深有味，语不徒发"

比邻可赖，定无畏惧。结句婉而多讽，意在言外，表现了苏洵对吴中复所寄的厚望。胡应麟《诗薮》内篇卷五云："近体之难，莫难于七言律。"苏洵这首七律写得来情深意厚，华美流畅。

其他诗体，苏洵集中存诗不多，这里就不一一细说了。以上足以说明苏洵虽作诗不多，但诸体粗备，并多佳作，即使还不足以名家，但亦颇值一读。

从苏洵诗作的内容分类，有以下一些方面：

咏物诗。

除前举《欧阳永叔白兔》外，苏洵还有一首题作《香》的诗（卷一六）：

> 擣麝筛檀入范模，润分薇露合鸡苏。
> 一丝吐出青烟细，半炷烧成玉箸粗。
> 道士每占经次第，佳人惟验绣工夫。
> 轩窗几席随宜用，不待高擎鹊尾炉。

前两联写香制作经过，燃烧形象；后两联写香的用途，道士占经，佳人织绣均用得着，而且轩窗、几席随处可插，不必非要香炉不可。全诗虽无多少深意，但我们不得不佩服苏洵状物之工，特别是其中的第二联。

书画诗。

颜真卿是唐代著名的书法家，封鲁国公。在安史之乱中，他同从兄颜杲卿联兵抵抗，使安禄山不敢急攻潼关；后李希烈反，他前往劝喻，被李缢死。苏洵的《颜书》，前一部分歌颂颜的忠义："鲁公实豪杰，慷慨忠义姿。"后一部分歌颂他的书法艺术：

> 况此字颇怪，堂堂伟形仪。
> 骏极有深稳，骨老成支离。
> 点画乃应和，关连不相违。
> 有如一人身，鼻口耳目眉。
> 彼此异状貌，各自相结维。

离离天上星，分如不相持。

左右自缀会，或作斗与箕。

骨严体端重，安置无欹危。

苏洵指出了颜书形仪骏伟，深稳端重，点画应和，富有相互关联的整体美。苏洵诗文均巧于比输，这里用鼻、口、耳、目、眉的相异相维，天上星星的相离相缀，来形容书法关联应和，非常贴切。

苏洵对绘画也很爱好，苏轼在《四菩萨阁记》中曾说，他"虽为布衣，而致画与公卿等"。《水官诗》记叙了他收集的阎立本画。阎立本是唐代著名画家，工人物、车马、台阁。英宗治平年间，净因大觉琏师以阎立本所画水官赠苏洵，苏洵就作了这首诗来表示感谢。诗的大部分内容是描述这幅画的：写"水官骑苍龙"，说"龙行欲上天""浩若乘风船""不知几何长，足尾犹在渊"；写从臣，说他们"矍铄相顾失，风举衣袂翻"；写侍女，说他们"白颊垂双鬟。手执雉尾扇，容如未开莲"。这些描写都很形象，都能做到"诗中有画"，使我们仿佛看到了阎立本的画一样。诗的结尾也别开生面，苏洵没有向大觉琏师直接表示感谢，而是说阎画"见者谁不爱，予者诚已难"；但是，"在我犹在子，此理宁非禅？报之以好词，何必画在前！"这样结尾就不落俗套，比直接以谢语结尾有味得多。

记游诗。

讲苏洵生平时，曾多次引用他的长诗《忆山送人》。这首诗规模宏伟，历述了他多次出游的经过，长达七十余韵，七百余字。苏洵首先写了岷峨之游，接着着重写了全国的周游，然后以"归来顾妻子，壮抱难留连。遂使十余载，此路常周旋"，把"常周旋"的具体内容一笔带过，而只写了庆历七年的吴越之游，结构谨严，布局合理，详略得当。苏洵以"终日到绝顶，目眩手脚颠"，形容岷山之高；以"峡山无平冈，峡水多悍湍"，形容巫峡的山峦起伏，水流湍急；以"虚阁怖马足，险崖摩吾肩"，形容剑阁之险要；以"飞下二千尺，强烈不可干"，形容庐山瀑布，均能刻画出祖国山河的雄伟壮丽，形象鲜明，使人如临其境。

第十八章 "精深有味，语不徒发"

嘉祐四年苏氏三父子沿江东下，北行赴京途中，苏洵所作的十多首诗均属记游诗，亦颇多佳句，如"山川随望阔，气候带霜清"（《游嘉州龙岩》）；"乌牛山下水如箭，忽失峨眉枕席间"（《初发嘉州》）；"深岩耸蒿木，古观霭遗像"（《题仙都观》），等等。前已论及，兹不重述。

抒怀诗。

在苏洵诗中，不少作品抒发了他怀才不遇的苦闷。他在《答二任》诗中，以鲁人的不看重孔丘，来比喻自己虽名震京师，却不被"故旧"看重："嗟我何足道，穷居出无车。昨者入京洛，文章被人夸。故旧未肯信，闻之笑呀呀。"只有"二任"特别看重苏洵："独有两任子，知我有足嘉。远游苦相念，长篇寄芬葩。"全诗的情调是比较低沉的：

> 贫穷已衰老，短发垂髿髿。
> 重禄无意取，思治山中畲。
> 往岁栽苦竹，细密如蒹葭。
> 庭前三小山，本为山中楂。
> 当前凿方池，寒泉照欲呀。
> 玩此可竟日，胡为踏朝衙？

所谓"重禄无意取"，当然是自我安慰的话，从嘉祐元年他给许多朝廷大臣的书信看，他并不是自甘退隐的人，而是热心仕进，想有作为的人；"思治山中畲"，完全是由于仕途失意，是出于不得已。他对他家园中的苦竹、木山、方池、寒泉的描写，以及"玩此可竟日，胡为踏朝衙"的感慨，表面看轻松悠闲，实际上有着难言的隐痛。

苏洵直接反映民间疾苦的诗很少，但有一些抒发他关心边防、抵御外侮的诗篇，如《上田待制》《途次长安上都漕傅谏议》等。因前已叙及，此不重复。

从风格上看，苏洵的诗大体可分为两类。一类意气风发，豪情满怀，他的咏物诗、记游诗、御侮诗，大都具有这种特点。"飞鹰搏平原，禽兽乱衰草。"(《欧阳永叔白兔》)——充满了雄鹰搏击的气氛。"少年喜奇迹,落拓鞍马间。纵目视天下,爱此宇宙宽。"(《忆山送人》)——少年苏洵云游天下的豪迈之情跃然纸上。"忆在天宝末,变起渔阳师。猛士不敢当,儒生横义旗。感激数十郡,连衡斗羌夷。"(《颜书》)——充满了对义士颜真卿、颜杲卿的仰慕之情。而他的《上田待制诗》,更表现了击败西夏侵扰的必胜信念。即使在他极不得意时,也能写出"佳节屡从愁里过,壮心时傍醉中来"这类豪情难抑的名句,"意气尤不少衰"。

另一类作品以含蓄蕴借为特征,四言诗《有骥在野》云:

有骥在野,百过不呻。子不我良,岂无他人?执我于厩,乃不我驾。遇我不终,不如在野。秃毛于霜,寄肉于狼。宁彼我伤,宁不我顾?无予我忘!

这是一篇比体诗,以执骥于厩而不驾,喻自己虽在京做官而不得重用。这首诗很可能与《上韩丞相书》作于同时,即作于嘉祐六年。当时苏洵任试秘书省校书郎,曾要求韩琦"别除一官",结果是"迟疑不决者累岁"。《有骥在野》与《上韩丞相书》都表现了苏洵对怀才不遇的愤懑:您既认为我不好,我难道就找不到看得起我的人?既把我网罗于此,而又不用我,像这样"遇我不终",我还"不如在野"哩!在野,虽有"秃毛于霜"之苦,"寄肉于狼"之险,但总比在这里不受顾视好得多。

《朝日载升》的主旨也与此篇相同:

朝日载升,薨薨伊氓。于室有绩,于野有耕。于途有商,于边有征。天生斯民,相养以宁。嗟我何为,踽踽无营。初孰与我,今孰主我?我将往问,安所处我?

苏洵以对比手法,直叙各色人等都各得其所,只有他才"踽踽无营"。先前是谁举的我,现在是谁主宰我,究竟准备怎样对待我?不平之气,行于笔端。

第十八章 "精深有味,语不徒发"

这两首诗的感情都表现得比较强烈,恐怕还算不上"婉而不迫,哀而不伤"的典型,比较典型的是《老翁井》:

> 井中老翁误年华,白沙翠石公之家。
> 公来无踪去无迹,井面团团水生花。
> 翁今与世两何与,无事纷纷惊牧竖。
> 改颜易服与世同,勿使世人知有翁。

这首诗描述了老翁井的传说,有位"苍颜白发"的老翁以泉为家,来无踪,去无迹,与世无争。此诗可能与《老翁井铭》作于同时,即作于嘉祐二年(1057),时苏洵葬妻于老翁井上,因自己入京求仕不遂,也有老于泉旁之念。"改颜易服与世同,勿使世人知有翁",和光同尘,不求有闻于世,正反映了他当时的抑郁心情。但表达得比较含蓄,朱熹所谓"其意怨而不怒,用意亦远矣"(《晦庵诗话》)。

第十九章 "一时之杰，百世所宗"

以上我们比较全面地论述了苏洵的生平事迹，他的政治思想、哲学思想、文艺思想以及他的散文、诗歌的艺术成就。苏洵是一位思想家，他一反孔孟"君子喻于义，小人喻于利"（《论语·里仁》）的传统观点，认为"利之所在，天下趋之"（《上皇帝书》），"利在则义存，利亡则义亡"（《利者义之和论》）；他以人情论解释六经，认为"民之苦劳而乐逸也，若水之走下"（《易论》），人之常情是无法制止的，只能加以引导，使"好色而不至于淫，怨而无至于叛"（《诗论》）；他晚年解《易》，剥去了"诸儒"的"附会之说"，以对立统一的观点来"观其词，皆迎刃而解"（苏辙《东坡先生墓志铭》）。前人指责苏洵"经术甚疏"，对儒家经典的解释是"不根之谈"，是"战国纵横之学"。其实，苏洵思想之可贵正在于这种"务一出己见，不肯蹑故迹"的独创精神。

苏洵是一位政论家，他尖锐地抨击了北宋腐朽的官僚制度，"天下之吏，犯法者甚众"（《上文丞相书》）；深刻揭露了当时土地兼并，阶级对立的严重，"田非耕者之所有，而有田者不耕"（《田制》）；他无情嘲笑了宋王朝岁以金缯"数十百万"以资辽、夏，"虽名为息民，而其实爱其死而残其生"（《审敌》）。他的政治、经济、军事主张，表现了他的爱国思想和革新精神。

苏洵是我国历史上著名的文学家，他的文学成就主要在散文方面。他强调文章要"得乎吾心"，要有自己的真知灼见；强调文贵自然，反对为文而文，认为不能不为之文才是"天下之至文"（《仲兄字文甫说》）；强调文贵有用，要"言必中当世之过"，如五谷可以疗饥，药石可以伐病。他的文艺思想与欧阳修所倡导的古文革新运动完全合拍；他的散文"辞辩闳伟，博于古而宜于今"，"不为空言而期于有用"（欧阳修《荐布衣苏洵状》），对改变北宋文坛风气起了巨大作用，"士争传诵其文，时文为之一变"（张方平《文安先生墓表》）。

第十九章 "一时之杰，百世所宗"

特别可贵的是他对两个儿子进行了精心的教育，为我们培养出一代文豪苏轼。前人评价苏洵，经常论及这点："时名谁可嗣，父子尽贤良"（韩琦《苏洵员外挽词》）；"康成①宜有后，正使大门间"，"诗礼终谁及，贤良萃一门"（刘敞《挽苏明允》）；"后嗣皆鸾鹭，吾知庆有余"（曾公亮《老苏先生挽词》）；"一门歆、向②传家学，二子机、云③（陆机、陆云）并隽游"（张焘《老苏先生挽词》）。

除宋徽宗时曾禁毁三苏文集（其中自然也包括苏洵文集）外，历代对苏洵散文的评价都很高。南宋朱熹从正统儒家观点出发，斥苏氏父子兄弟之学为"杂学"，但对苏洵文章本身也很佩服。他说："看老苏《六经论》，则是圣人全是以术欺天下。老苏只就《孟子》学作文，不理会他道理（实际上是苏洵'理会'得与朱熹不同），然其文亦实是好。""老苏文雄浑，其父子为文，自史中《战国策》得之，皆自小处起议论。"（《朱子语录》卷一三九）元人朱夏说："老苏之文，顿挫曲折，苍然郁然，镌刻削厉，几不可与争锋，然而有识之士，犹有讥焉者，良以其立论之驳，而不能尽合乎圣人之道也"（《答程伯大论文》）。他们都指责苏洵"立论"驳杂，"不能尽合乎圣人之道"，在今天看来，这正是苏洵散文的优点，他不愿鹦鹉学舌，满足于重复"圣人之道"。但一论及文章的写作技巧，连这些不满意苏洵"立论"的人，也不得不称赞它"实是好"，"不可与争锋"。

到了明清两代，苏洵散文更成为学习的典范，选家们编辑的一些范文选本，苏洵的文章都入选。明初朱右编《八先生文集》，苏洵即为"八先生"之一，所谓唐宋散文八大家之名，即始于此。明中叶著名散文家唐顺之纂《文编》、茅坤编《唐宋八大家文钞》及清人储欣编的《唐宋十大家全集录》，苏洵均名列其中。唐顺之在《文编序》中说："文不能无法，是编者，文之工匠

---

① 康成：郑玄（127—200），字康成，北海高密（今属山东）人，东汉著名经学家，篇注群经，为汉代经学集大成者。
② 歆、向：指刘向及其子刘歆，皆西汉著名经学家。刘向，名更生，字子政，沛（今江苏沛县）人。刘歆，字子骏，后名秀，字颖叔。父子总校群书，纂成《七略》，对我国目录学的建立颇有贡献。
③ 机、云：指陆机、陆云兄弟，皆西晋文学家。陆机，字士衡，陆云，字士龙，吴县华亭（今上海淞江）人，三国时名将陆逊之孙。

而法之至也……学者观之，可以知所谓法也。"可见他是把苏洵等人的文章作为学习的典范选入《文编》的。茅坤在《唐宋八大家文钞总序》中说："苏氏父子兄弟及曾巩、王安石之徒，其间材旨小大、音响缓亟虽属不同，而要之于孔子所删六艺之遗，则共为家习而户眇者也……予于是手掇韩公愈、柳公宗元、欧阳公修、苏公洵、轼、辙、曾公巩、王公安石之文，而稍为批评之，以为操觚者之券，题之曰《八大家文钞》。"从茅坤这段序言可以知道，到了明代中叶，苏洵等人的文章已经"家习而户眇"，广泛流传了；而他编选《八大家文钞》，目的是要作为"操觚者之券"，即作文之依据的。明末黄灿、黄炜兄弟细心搜求苏洵佚文，编成二十卷本的《重编嘉祐集》，马元调在《叙》中说："先生（苏洵）之书……宜片词只句，罔令散失。"可见他们对苏洵文章的重视。清人邵仁泓在《苏老泉先生全集序》中说："接迹庐陵（欧阳修）如针芥之相合，水乳之交融者，尤必推眉山苏轼父子。间也，二苏具天授之雄才，而又得老泉先生为之先引，其能卓然成一家言，不足异也。老泉先生中年奋发，无所师承，而能以其文抗衡韩、欧，以传之二子，斯足异也。间尝取先生之文而读之，大约以雄迈之气，坚老之笔，而发为汪洋恣肆之文，上之究极天人，次之修明经术，而其于国家盛衰之故，尤往往淋漓感慨于翰墨间。先生之文，盖能驰骋于孟（子）、刘（向、歆）、贾（谊）、董（仲舒）之间，而自成一家者也……上继韩、欧，下开长公（苏轼）兄弟。"这段评论相当精彩，它首先强调了苏洵能成一家之言颇不容易。苏轼兄弟幼而习之，又有家父培养，能成一家，不足为奇。而苏洵发奋既晚，又无师承，全靠自己摸索，而能与孟、刘、贾、董、韩、欧抗衡，确实是了不起的。其次，它相当准确地概括了苏洵散文的思想内容和艺术特色。内容十分丰富，"究极天人"，"修明经术"，能尽"国家盛衰之故"；文风雄迈、坚老、汪洋恣肆、感慨淋漓。最后，指出了苏洵在文学史上的地位，上继韩、欧，下开苏轼兄弟，是一位承上启下的人物。

附录

一　苏洵年谱

苏洵，字明允，号老泉，眉州眉山（今四川眉山）人。

《眉山县志》（卷一）："眉山古称形胜地。唐《通义志》云：'峨眉揖于前，象耳镇于后。山不高而秀，水不深而清。'《广舆记》云：'介岷峨之间，为江山秀气所聚。'唐卢拯《罗城记》云：'坤维上腴，岷峨奥区。'其概言之也。今详考其形，岷江由北而南，纵贯全境。县治距江西岸。"

苏洵《苏氏族谱》（道光壬辰眉山三苏祠二十卷本《嘉祐集》卷一七。后引苏洵文章，凡只注卷数者均见此集）："苏氏出自高阳（古帝颛顼）而蔓延于天下。唐神龙（唐中宗年号，705－707）初，长史（苏）味道刺眉州，卒于官，一子留于眉。眉之有苏氏，自是始。"《旧唐书·苏味道传》（卷九四）："苏味道，赵州栾城人也。少与乡人李峤俱以文辞知名，时人谓之苏、李。弱冠，本州举进士……延载（唐武则天年号，694）初，历迁凤阁舍人，检校凤阁侍郎，同凤阁鸾台平章事，寻加正授……神龙初，以亲附张易之、昌宗，贬授郿州刺史。俄而复为大都督府长史，未行而卒，年五十八。"

今据十五卷本《嘉祐集·苏氏族谱》所列世系，缩减、补充如下：

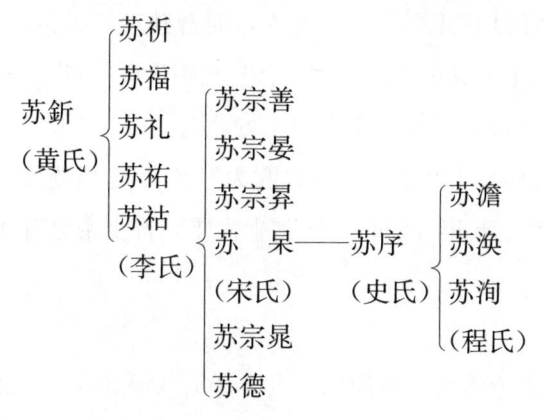

```
苏釿         ┌苏祈
(黄氏)       │苏福
             │苏礼     ┌苏宗善
             │苏祐     │苏宗晏
             │苏祜     │苏宗昇               ┌苏澹
             (李氏)    │苏杲──苏序           │苏涣
                      │(宋氏) (史氏)         │苏洵
                      │苏宗晁               (程氏)
                      └苏德
```

苏轼《苏廷评（苏洵之父苏序）行状》（三苏祠本《东坡集》卷一七）："曾祖讳釿，祖讳祐，父讳杲，三世不仕，皆有隐德。"

苏辙《伯父（苏涣）墓表》（《栾城集》卷二四）："曾大父讳祐，妣李氏。大父讳杲，妣宋氏。考讳序，以公（苏涣）登朝，授大理评事，累赠尚书职方员外郎；妣史氏，追封仙游蓬莱县君。"

高祖苏釿，高祖母黄氏：

苏洵《族谱后录下篇》（卷一七）引其父苏序语云："苏氏自迁于眉，而家于眉山，自高祖泾则已不详。自曾祖釿（苏洵称高祖）而后稍可记。曾祖娶黄氏，以挟气闻于乡里。"

曾祖苏祐，曾祖母李氏：

苏洵《族谱后录下篇》引苏序语："吾祖祐（苏洵称曾祖）最少最贤，以才干精敏见称。生于唐哀帝之天祐二年（905），而殁于周世宗之显德五年（958），盖与五代相终始……吾祖娶于李氏。李氏唐之苗裔，太宗之子曹王明之后，世曰瑜，为遂州（今四川遂宁）长江尉，失官家于眉之丹棱（今四川丹棱）。祖母严毅，居家肃然。"苏轼《苏廷评行状》：皇祖生于唐末，而卒于周显德。是时王氏（王建、王衍）、孟氏（孟知祥、孟昶）相继王蜀，皇祖终不肯仕。

祖父苏杲，祖母宋氏：

苏洵《族谱后录下篇》引苏序语："吾父杲（苏洵之祖父）最好善，事父母极于孝，与兄弟笃于爱，与朋友笃于信，乡间之人无亲疏皆敬爱之。娶宋氏，夫人事上甚孝谨而御下甚严。生子九人，而吾独存。善治生，有余财。时蜀新破，其达官争弃其田宅以入觐。吾父独不肯取，曰：'吾恐累吾子。'终其身田不满二顷，屋弊陋不茸也。好施与，曰：'多财而不施，吾恐他人谋我。然施而使人知之；人将以我为好名。'是以施而尤恶人知之……卒之岁，盖淳化五年（994）。推其生之年则晋少帝之开运元年（944）也。"

父苏序，母史氏：

苏洵《族谱后录下篇》："先子讳序，字仲先，生于开宝六年（973），而

·附　录·

殁于庆历七年（1047）。娶史氏夫人，生三子，长曰澹；次曰涣；季则洵也。先子少孤，喜为善而不好读书。晚乃为诗，能白道，敏捷立成。凡数十年得数千篇，上自朝廷郡邑之事，下至乡闾子孙畋渔治生之意，皆见于诗。观其诗虽不工，然有以知其表里洞达；豁然伟人也。性简易，无威仪，薄于为己而厚于为人。与人交，无贵贱，皆得其欢心。见士大夫曲躬尽敬，人以为诌。及其见田父野老亦然，然后人不以为怪。外貌虽无所不与，然其中心所以轻重人者甚严。居乡闾出入不乘马，曰：'有甚老于我而行者，吾乘马无以见之。'敝衣恶食，处之不耻，务欲以身处众之所恶，盖不学《老子》而与之合。居家不治家事，以家事属诸子。至族人有事就之谋者，常为尽其心，反复而不厌。凶年尝鬻其田以济饥者。既丰，人将偿之，曰：'吾自有以鬻之，非尔故也。'卒不肯受。力为藏退之行，以求不闻于世。然行之既久，则乡人亦多知之，以为古之隐君子莫及也。以涣登朝，授大理评事。史氏夫人，眉之大家，慈仁宽厚。宋氏姑甚严，夫人常能得其欢心，以和族人。先公十五年而卒，追封蓬莱县太君。"

苏轼《苏廷评行状》和曾巩《赠职方员外郎苏君（序）墓志铭》（《元丰类稿》卷三四）所记苏序事迹与苏洵所记大同小异，仅有一处重要补充："李顺反，攻围眉州。公年二十有二，日操兵乘城。会皇考病殁，而'贼'围愈急，居人相视涕泣，无复生意。而公独治丧执礼尽哀如平日。太夫人忧甚，公强施施解之曰：'朝廷终不弃蜀，贼行破矣。'"

李廌《师友谈记》载苏轼语："今日乃先祖太傅之忌（五月十一日）。祖父名序，甚英伟，才气过人，虽不甚读书而气量甚伟；顷年在乡里郊居，陆田不多，惟种粟，及以稻易粟，大仓储之，人莫晓其意。储之累年，凡至三四千石。会眉州大饥，太傅公即出所储，自族人、次外姻、次田户、乡曲之贫者，次第与之，皆无凶岁之患。或曰：'公何必粟也？'惟粟性坚能久，故日广储以待匮尔。又绕宅皆种芋魁，所收极多，即及时多盖新苫。野民乏食时，即用大甑蒸之，罗置门外，恣人取食之，赖以无饥焉。"

兄苏澹、苏涣：

苏轼《苏廷评行状》："（苏序）生三子，长曰澹，不仕，亦先公卒。次曰涣，以进士得官，所至有美称。及去，人常思之，或以比汉循吏。终于都官郎中，利州路提点刑狱。"欧阳修《故霸州文安县主簿苏君（明允）墓志铭》（《欧阳文忠公集》一一〇）："职方君（苏序）三子：曰澹、曰涣，皆以文学举进士。"

张方平《文安先生墓表》（《乐全集》卷三九）："（苏序）生三子，澹、涣教训甚至，各成名宦。"按：苏澹举进士未第，亦未仕，"各"字误。

姊二：

苏轼《苏廷评行状》："女二人，长适杜垂裕，幼适石扬言。"

宋真宗大中祥符二年己酉（1009）：苏洵生。

头年十月，真宗封禅于泰山。之后，士大夫争奏符瑞，献赞颂。三月，丁谓上封禅祥瑞图。崔立言："水发徐、兖，旱连江、淮，无为（今属安徽）烈风，金陵（今江苏南京）大火，是天所以戒骄矜也。而中外多上云雾芝草之瑞，此何足为治道言哉！"（《历代通鉴辑览》。本年谱下引背景材料，凡未注明出处者均见此书）

欧阳修《故霸州文安县主簿苏君墓志铭并序》："君以疾卒，实治平三年（1066）四月戊申也，享年五十有八。"从治平三年回溯五十八年，则为宋真宗大中祥符二年（1009）。

大中祥符三年庚戌（1010）：两岁。

苏洵之妻程氏生。

司马光《程夫人墓志铭》（《传家集》卷七六）："夫人以嘉祐二年（1057）四月癸丑终于乡里，其年十一月庚子葬某地，年四十八。"其年苏洵四十九岁，可见程氏小苏洵一岁。从嘉祐二年回溯四十八年即为大中祥符三年（1010）。

· 附 录 ·

大中祥符四年辛亥（1011）：三岁。

二月，真宗祭后土于汾阴。龙图阁待制孙奭上疏陈不可云："今之奸臣以先帝尝议封禅，故赞陛下以继承先志。先帝欲北平幽燕，西取继迁，大勋未集，用付陛下……而乃卑辞厚币，求和于契丹。"三月，太子太师吕蒙正卒。

大中祥符五年壬子（1012）：四岁。

五月赐杭州隐士、诗人林逋以粟帛。

大中祥符六年癸丑（1013）：五岁。

苏位生。

苏洵《祭侄位文》："昔汝之生，后余五年。余虽汝叔父，而幼与汝同戏为兄弟。"据苏洵《苏氏族谱》所列世系表，苏位乃苏洵长兄苏澹之长子。

苏洵与群儿戏父侧，并与石昌言相亲近。

苏洵《送石昌言使北引》（卷一八）："昌言举进士时，吾始数岁，未学也。忆与群儿戏先府君侧，昌言从旁取枣栗啖我。家居相近，又以亲戚，故甚狎。"石昌言，名扬休，眉州人，乃石扬言之兄弟；而苏序幼女适石扬言，故苏、石两家是"亲戚"。旧时，一般七岁入学。其时，苏洵"始数岁，未学"，故系于五岁时。

司马光《石昌言哀辞》（《传家集》卷七九）："眉山石昌言，年十八州举进士，伦辈数百人，昌言为之首，声振西蜀。四十三乃及第。及第十八年知制诰，又三年以疾终……光为儿始执卷则知昌言名，已而同登进士第，与昌言游凡二十年。"据《司马文正公年谱》，司马光于宝元元年（1038）进士及第，上溯四十三年则石昌言当生于宋太宗至道元年（995），长苏洵十四岁；下推二十一年（十八年，又三年），当卒于嘉祐四年（1059），年六十四；十八岁举进士，亦当在大中祥符六年（1013）。

大中祥符七年甲寅（1014）：六岁。

正月，真宗入亳州，谒老子于太清宫，加号太上老君混元上德皇帝。六月，以寇准为枢密使。

大中祥符八年乙卯（1015）：七岁。

寇准罢枢密使。范仲淹进士及第。

大中祥符九年丙辰（1016）：八岁。

天禧元年丁巳（1017）：九岁。

七月，王旦因疾罢相。真宗问曰："卿万一有不讳，朕以天下付之谁乎？"王旦以寇准对。真宗曰："准性刚褊，更思其次。"王旦曰："他人，臣所不知也。"八月，以王钦若同平章事，九月，王旦卒。

天禧二年戊午（1018）：十岁。

八月，立子受益为皇太子，更名祯（即仁宗）。

天禧三年己未（1019）：十一岁。

六月，王钦若有罪免相，寇准因上"天书"得召用、同平章事。

天禧四年庚申（1020）：十二岁。

六月，寇准因真宗有疾，请皇太子监国，被谗罢相，贬知相州，再贬道州司马。

天禧五年辛酉（1021）：十三岁。

王安石生。

苏序折庙毁神像。

李廌《师友谈记》载苏轼语："眉州或有神降，曰茅将军，巫觋皆狂，祸福纷错，州皆畏而祷之，共作大庙、像宇皆雄，祈验如响。太傅（苏序）忽乘醉呼村仆二十许人入庙，以斧镬碎其像，投溪中，而毁拆其庙屋，竟无所灵，后三年，伯父初登第。"按：苏涣登第于天圣二年（1024），逆数三年，则苏序拆庙毁神像当在天禧五年。

乾兴元年壬戌（1022）：十四岁。

二月，真宗崩，遗诏皇后权处分军国事。年仅十三岁的皇太子赵祯即位，是为仁宗。

仁宗天圣元年癸亥（1023）：十五岁。

夏五月诏礼部贡举。闰九月，故相寇准卒于雷州贬所。

苏涣就乡试。

> 苏辙《伯父墓表》："公讳涣，字公群，晚字文父（甫）。公少颖悟。职方君（苏序）自总以家事，使公得笃志于学。其勤至手书司马氏《史记》，班氏《汉书》。公虽少年而所与交游皆一时长老，文辞与之相上下。天圣元年始就乡试，通判州事蒋公堂就阅所为文，叹其工，曰：'子第一人矣。'公曰：'有父兄在，杨异、宋辅与吾游，不愿先之。'蒋公益以此贤公，曰：'以子为第三人，以成子美名。'"苏涣卒于嘉祐七年（1062），享年六十有二，故应生于宋真宗咸平四年（1001），就乡试时应为二十三岁。

天圣二年甲子（1024）：十六岁。

三月赐礼部奏名进士、诸科及第出身四百八十五人。

苏涣与程浚进士及第，两家反应迥别。

> 李廌《师友谈记》载苏轼语："祖父（苏序）嗜酒，甘与村父箕踞，高歌大饮。忽伯父（苏涣）封告至，伯父登朝，而外氏程舅亦登朝。外祖甚富，二家连姻，皆以子贵封官。程氏预为之，谓祖父曰：'公何不亦预为之？'太傅（苏序）云：'儿子书云，作官器用亦寄来。'一日方大醉中，

封告至，交外缨、公服、笏、交椅、水罐子、衣版等物。太傅时露顶戴一小冠子如指许大，醉中取告，箕踞读之毕，并诸物置一布囊中。取告时，有余牛肉，亦置一布囊中，令村童荷而归，跨驴入城。城中人闻受告，或就郊外观之，遇诸途，见荷担二囊，莫不大笑。程老闻之，而诮其太简。惟有识之士知之。"

苏序至剑门迎苏涣，欲再毁神庙。

李廌《师友谈记》载苏轼语："伯父初登第，太傅甚喜，亲至剑门迎之。至七家岭，忽见一庙甚大，视其榜曰茅将军。太傅曰：'是妖神却在此为患耶？'方欲率众复毁，忽一庙吏前迎拜，曰：'君非苏七君乎？某昨夜梦神泣曰：明日苏七君至，吾甚畏之。哀告苏七君，且为容恕，幸存此庙，俾窃食此土地。'众人怪之，共劝焉，乃舍。""梦神泣告"云云，显系"庙吏"托词；但苏序敢于毁庙破除迷信确系事实。

苏涣进士及第，影响巨大。

苏辙《伯父墓表》："明年登科，乡人皆喜之，迎者百里不绝。为凤翔宝鸡主簿。"又云："苏氏自唐始家于眉，阅五季皆不出仕。盖非独苏氏也，凡眉之士大夫修身于家，为政于乡，皆莫肯仕者。天禧中，孙君堪始以进士举，未显而亡，士犹安其故，莫利进取。公于是时独勤奋问学，既冠，中进士乙科。及其为吏，能据法以左右民，所至号称循良。一乡之人欣而慕之，学者至是相继辈出。至于今，仕者常数十百人，处者常千数百人，皆以公为称首。"

苏轼《苏廷评行状》："涣以进士得官西归，父老纵观以为荣，教其子孙者皆法苏氏。自是眉之学者日益至千余人。"苏轼《谢范舍人书》："自孟氏（昶）入朝，民始息肩，救死扶伤不暇。故数十年间，学校衰息。天圣中，伯父解褐西归，乡人叹嗟，观者塞途。其后执事与诸公相继登于朝，以文章功业闻于天下，于是释耒耜而笔砚者，十室而九。"

曾巩《赠职方员外郎苏君（序）墓志铭》："蜀自五代之乱，学者衰少，又安其乡里，皆不愿出仕。君（苏序）独教其子涣受学，所以成就之者甚备。至涣以进士起家，蜀人荣之，意始大变，皆喜受学。及其后，眉

·附　录·

之学者至千余人，盖自苏氏始。"

天圣三年乙丑（1025）：**十七岁。**

苏涣"为凤翔宝鸡主簿"（苏辙《伯父墓表》）。

天圣四年丙寅（1026）：**十八岁。**

五月契丹伐回鹘，兵败而还。诏礼部贡举，士有文行不副者，州郡毋得荐送。

苏洵初举进士不中。

> 欧阳修《故霸州文安县主簿苏君（明允）墓志铭》："年二十七始大发愤，谢其素所往来少年，闭户读书为文辞。岁余，举进士再不中。""再"字表明，其前苏洵曾举进士。苏洵《送石昌言使北引》："吾后渐长，亦稍知读书，学句读，属对声律，未成而废。昌言闻吾废学，虽不言，察其意甚恨。后十余年，昌言举进士及第第四名。"

天圣五年丁卯（1027）：**十九岁。**

正月晏殊出知宣州，兴州学，延范仲淹以教生徒。仲淹敦尚风节，每感激论天下事，晏殊深器之。三月，赐礼部奏名进士，诸科及第出身一千零七十六人。

苏洵娶妻程氏。

> 司马光《程夫人墓志铭》："夫人姓程氏，眉山人，大理寺丞文应之女。生十八年归苏氏。程氏富而苏氏极贫。夫人入门执妇职，孝恭勤俭。族人环视之，无丝毫鞅鞅骄踞可讥诃状。由是共贤之。或谓夫人曰：'若父母非乏于财，以父母之爱，若求之宜无不应者。何为甘此蔬粝，独不可以一发言乎？'夫人曰：'然。以我求于父母，诚无不可。万一使人谓吾夫为求于人以活其妻子者，将若何之？'卒不求。时祖姑犹在堂，老而性严，家人过堂下，履错然有声，已畏获罪。独夫人能顺适其志，祖姑见之必说。"程氏少苏洵一岁，十八岁归苏洵，当在苏洵十九岁时。

天圣六年戊辰（1028）：二十岁。

五月，夏主赵德明使其子元昊袭回鹘甘州，取之。遂立元昊为皇太子。

以晏殊荐，范仲淹为秘阁校理。

苏洵长女夭折。

> 苏洵《极乐院六菩萨记》："始余少年时，父母俱存，兄弟妻子备具，终日嬉游，不知有生死之悲。自长女之夭，不四五年，而丁母夫人之忧，盖年二十有四矣。"二十四岁回溯四五年，当在二十岁前后。

天圣七年己巳（1029）：二十一岁。

闰二月复制举六科，增高蹈丘园、沉沦草泽、茂才异等科，以待布衣之被举者。又置书判拔萃科及试武举。三月，契丹饥，流民至境上，诏给以唐、邓州闲田，所过给食。十一月秘阁校理范仲淹疏请太后还政，不报，遂乞外任，出为河中府通判。

天圣八年庚午（1030）：二十二岁。

赐礼部奏名进士，诸科及第八百二十二人。翰林学士晏殊知礼部贡举，举欧阳修礼部第一。富弼中制科。

钱惟演留守西京洛阳，欧阳修、尹洙、梅圣俞从之游。

> 《姑苏笔记》："钱文僖公演虽生富贵家，而文雅乐善出天性。晚以使相留守西京，时通判谢绛、掌书记尹洙、留守推官欧阳修，皆一时胜彦，游宴吟咏，未尝不同。"

> 《闻见前录》："天圣、明道中，钱文僖公自枢密留守西都，谢希深为通判，欧阳修为推官，尹师鲁为掌书记，梅圣俞为主簿，皆天下之士，钱相遇之甚厚。多会于普明院，白乐天故宅也。有唐九老画像，钱相与希深而下亦画其旁。因府第起双桂楼，西城建临园驿，命永叔、师鲁作记。永叔文先成，凡千余言。师鲁曰：'某只用五百字可记。'及成，永叔服其简古。永叔自此始为古文。钱相谓希深曰：'君辈，台阁禁从之选也，当用意史学，以所闻见拟之。'故有一书谓之《都厅闲话》者，诸公之所

·附 录·

著也。一时幕府之盛，天下称之。"

苏洵游玉局观，得张仙画像，祈嗣。

天圣九年辛未（1031）：**二十三岁。**

六月，契丹主隆绪卒，子宗真立。

明道元年壬申（1032）：**二十四岁。**

范仲淹为右司谏，上疏请销冗兵，削冗吏，省京师费用，减江淮馈运。十一月，夏主赵德明卒，子元昊立。初元昊数戒其父臣宋。嗣位后，加紧准备对宋用兵。

苏洵母史氏夫人卒。

苏洵《极乐院六菩萨记》："丁母夫人忧，盖年二十有四矣。"

苏涣去官，回家居丧。

苏辙《伯父墓表》："罢（凤州司法），为永康录事参军。岁饥，掌发廪粟，民称其均。以太夫人忧去官。"

苏洵少年不学，年二十五始知读书。今将有关苏洵少年不学之记载，总附于二十四岁时：

苏洵《上欧阳内翰第一书》（卷一五）："洵少年不学，生二十五岁，始知读书。"

苏洵《忆山送人》：所记岷峨之游，当在二十五岁以前即已开始，且不止一次，因青城山、峨眉山离苏洵家乡很近。引文见前第二章，此从略。

苏洵《祭亡妻文》（卷一九）："昔予少年，游荡不学。子虽不言，耿耿不乐。我知子心，忧我泯没。"

苏轼《苏廷评行状》："轼之先人，少时独不学，已壮犹不知书。公（苏序）未尝问。或以为言，公不答。久之，曰：'吾儿当忧其不学耶？'"

欧阳修《故霸州文安县主簿苏君（明允）墓志铭》："君少独不喜学，年已壮犹不知书。职方君（苏序）纵而不问，乡闾亲族皆怪之。或问其故，职方君笑而不答，君亦自如也。"

曾巩《赠职方员外郎苏君（序）墓志铭》："君之季子洵，壮犹不知书，君亦不强之。谓人曰：'是非忧其不学者也。'"

张方平《文安先生墓表》："先生字明允……已冠，犹不知书。职方（苏序）不教。乡人问其故，笑曰：'非尔所知也。'"

明道二年癸酉（1033）：二十五岁。

三月，皇太后刘氏崩，仁宗始亲政。五月，诏礼部贡举。十一月谏官范仲淹因反对废郭皇后，出知睦州。

苏洵《上欧阳内翰第一书》："生二十五岁始知读书，从士君子游。年既已晚，而又不遂刻意厉行，以古人自期。而视与己同列者皆不胜已，则遂以为可矣。"

景祐元年甲戌（1034）：二十六岁。

正月诏礼部所试举人十取其二；进士三举、诸科五举尝经殿试，进士五举年五十、诸科六举年六十，及曾经先朝御试者，皆以名闻。二月罢书判拔萃科，诏礼部贡院，诸科举人七举者不限年，并许特奏名。三月赐礼部进士、诸科及第出身七百八十三人。十月，夏主赵元昊寇环庆，缘边都巡检杨遵，环庆都监齐宗矩与战，均败。

苏洵长子或生于此年，考见宝元元年谱。

景祐二年乙亥（1035）：二十七岁。

以范仲淹为礼部员外郎，天章阁待制，改吏部员外郎，权开封府。夏主赵元昊攻吐蕃，大败而归。

苏洵始大发愤，刻苦读书。

司马光《程夫人墓志铭》："府君（苏洵）年二十七犹不学。一旦慨然谓夫人曰：'吾自视今犹可学。然家待我而生，学且废生，奈何？'夫人曰：'我欲言之久矣，恶使子为因我而学者。子苟有志，以生累我可也！'即罄出服玩鬻之以治生，不数年遂为富家。府君由是得专志于学，卒成大儒。"

欧阳修《故霸州文安县主簿苏君（明允）墓志铭》："年二十七始大发愤，谢其素所往来少年，闭户读书为文辞。"

张方平《文安先生墓表》："年二十七始读书。"

苏洵幼女生。

苏洵《自尤诗并叙》："壬辰之岁而丧幼女"，"年十有八而死"。壬辰即皇祐四年（1052），逆数十八年，即当生于景祐二年，长苏轼一岁。

景祐三年丙子（1036）：二十八岁。

五月，知开封府范仲淹因反对权臣吕夷简，贬知饶州。余靖、尹洙、欧阳修等坐贬。十二月，夏主赵元昊侵回鹘，取瓜沙肃州。

程夫人怀苏轼，梦一僧托宿。

释惠洪《冷斋夜话》载苏轼语："先妣方孕时，梦一僧来托宿，记其颀然而眇一目。"

十二月十九日苏轼生。

苏轼《送沈逵》："嗟我与君同丙子。"

苏轼《赠长芦长老》："与公同丙子，三万六千日。"

苏轼《李委吹笛》："元丰五年十二月十九日，东坡生日，置酒赤壁矶下。"

宋傅藻《东坡纪年录》："十二月十九日卯时，公生于眉山纱縠行私第。"

程夫人命乳母任采莲哺乳苏轼。

苏轼《乳母任氏墓志铭》："赵郡苏轼子瞻之乳母任氏，名采莲，眉之眉山人。父遂，母李氏。事先夫人三十有五年，工巧勤俭，至老不衰。乳亡姊八娘与轼。"

景祐四年丁丑（1037）：二十九岁。

三月诏礼部贡举。苏洵再次应举，不中。

151

欧阳修《故霸州文安县主簿苏君墓志铭》继"年二十七始大发愤"后云："岁余,举进士再不中。"

苏洵因举进士,东出巫峡入京,次年落榜后西越秦岭返川。

按:苏洵《忆山送人》对这次旅程有完整记载。王文诰《苏诗总案》卷一系此条于庆历五年苏洵应制科试时,误。因为:第一,庆历五年应制科试入京,落第之后于庆历七年初"自嵩洛之庐山,"未越秦岭返川。第二,诗中叙述东出三峡,西越秦岭返川后云:"归来顾妻子,壮抱难留连。遂使十余载,此路常周旋。"而庆历五年入京,庆历七年因父丧自虔州(今江西赣州)返川后却是"到家不再出,一顿俄十年。"若把这两次入京混为一谈,则从庆历五年至七年,仅时隔两年,何来"十余载"?庆历七年返川后是十年"不再出",何来"常周旋"?第三,嘉祐四年十月苏轼兄弟服母丧期满,侍父入京亦走水路,于十二月到达江陵,三父子皆写有《荆门惠泉》诗。苏洵诗云:"当年我少年,系马弄潺湲。爱此泉旁鹭,高姿不可攀。今逾二十载,我老泉依旧。临流照衰颜,始觉老且瘦。"嘉祐四年苏洵已五十一岁,从二十九岁应进士试经此,到这时确实已"逾二十载"。若庆历五年(时苏洵三十七岁)应制科试经此,仅十四年,不得云"逾二十载"。苏洵《荆门惠泉》诗是《忆山送人》所记东出三峡入京,西越秦岭返川,乃景祐四年至宝元元年应进士试时事的确证。

兄苏澹卒。

苏洵《极乐院六菩萨记》:"其后(指丁母夫人忧)五年,丧兄希伯。"苏洵母死于明道元年(1032),"其后五年"即景祐四年(1037)。

宝元元年戊寅(1038):三十岁。

正月诏求直言。

苏舜钦言:"今陛下春秋鼎盛,实宵旰求治之秋;乃隔日御殿,此政事不亲也。三司计度经费二十倍于祖宗之时,府库匮竭,科敛无虚日,此用度不足也。"疏入,诏复日御前殿。七月,策制举人、武举人。

十月,范仲淹贬岭南。中外论荐仲淹者众,诏戒朋党。夏主元昊反,称帝,

·附 录·

改元天授，国号夏。

苏洵与眉山史彦辅兄弟交游。

> 苏洵《祭史彦辅文》（卷一九）："辍哭长思，念初结交，康定宝元。子以气豪，纵横放肆，隼击鹏骞。奇文怪论，卓者无敌，悚怛旁观。忆子大醉，中夜过我，狂歌叫欢。予不喜酒，正襟危坐，终夕无言。他人窃惊，宜若不合，胡为甚欢？嗟人何知，吾与彦辅，契心忘颜。"史经臣，字彦辅，眉山人，应试不中，终生未仕。其弟史沆，字子凝，进士及第，官于临江（今江西清江），因事入狱，不久死。王文诰《苏诗总案》（卷一）系此条于康定元年（1040），误。"康定宝元"实"宝元康定"之倒文，以便押韵。苏洵与史经臣结交始于宝元，今改系宝元元年。

石昌言进士及第，见司马光《石昌言哀辞》。

苏洵长子景先卒。

> 苏洵《极乐院六菩萨记》继"丧兄希伯"后云："又一年而长子死。"

> 苏辙《次韵子瞻寄贺生日》（《栾城后集》卷二）："弟兄本三人，怀抱丧其一。"景先生年不详。时，苏轼两岁。景先长于苏轼而又尚在"怀抱"，可能仅三四岁，生于景祐元年（1034）或其前后。

宝元二年己卯（1039）：三十一岁。

六月下诏削夺元昊官爵，绝互市，揭榜于边，募人能擒元昊及斩首献者，即授定难节钺。十一月夏人寇保安军，狄青击走之。

苏辙生。

> 苏辙《和子瞻沉香山子赋》："仲春仲休，子由于是始生。东坡老人居于海南，以沉水香山遗之，示之以赋。曰：'以为子寿。'乃和而赋之，其词曰：'我生斯晨，阅岁六十。'"苏轼此赋作于绍圣五年（1098），时贬官雷州，逆数六十年，则苏辙当生于宝元二年。

> 苏轼《与程正辅提刑书》："其中乃是子由生日香合等，他是二月二十日生。"

> 孙汝听《颍滨年表》："仁宗宝元二年己卯二月丁亥苏辙生。"

苏洵与董储交游。

　　苏轼《董储郎中尝知眉州，与先人游，过安邱，访其故居，见其子希甫，留诗屋壁》。王注引尧卿曰："董储，密州安邱人，宝元二年以都官员外郎知眉州。"

苏洵与陈公美交游，拜陈为兄。

　　苏洵《答陈公美》（卷二〇）："念昔居乡里，游处了无猜。饮食不相舍，谈笑久所陪。拜君以为兄，分蜜谁能开？齿发俱未老，未至衰与颓。我子在襁褓，君犹无婴孩。"据"我子在襁褓"句，姑系于宝元二年，时苏轼三岁，苏辙一岁。

康定元年庚辰（1040）：三十二岁。

　　正月元昊寇延州。二月命知制诰韩琦安抚陕西，召范仲淹知永兴军。五月以范仲淹兼知延州。

庆历元年辛巳（1041）：三十三岁。

　　正月，元昊遣人议和于范仲淹、韩琦。二月，元昊寇渭州，任福与战于好水川，败死，将士死者万余人，关右大震。韩琦贬知秦州。三月，诏郡国举人，勿以边机为名希求恩泽。范仲淹贬知耀州，未几徙庆州。八月元昊陷丰州。分陕西为四路，以韩琦、范仲淹等兼经略安抚招讨使。

苏洵幼姊（即适石扬言者）卒。

　　苏洵《极乐院六菩萨心》继"长子死"后云："又四年而幼姊亡。"

苏涣通判阆州，苏序往视，亦在此前后。

　　苏轼《苏廷评行状》："涣尝为阆州，公往视其规划措置良善，为留数月，见其父老贤士大夫，阆人亦喜之。"

　　苏辙《伯父墓表》："（涣）通判阆州，州苦衙前法坏，争者日至。公为立规约，讼遂止。职方君自眉视公治，喜其能，为留数月而归。"

·附 录·

庆历二年壬午（1042）：三十四岁。

三月赐礼部奏名进士、诸科及第出身八百三十九人。契丹乘元昊之乱，求关南地。仁宗许增岁币或以宗室女和亲，富弼使契丹。八月，策制举人，策武举人试骑射。九月，岁增纳辽银绢各十万两匹。闰九月，元昊寇镇戎军，大掠渭州。

是年三月，王安石进士及第，签书淮南判官。

孙叔静生，后从苏洵学。

时苏轼七岁，始读书。

苏轼《上梅直讲书》（《东坡集》卷二八）："轼七八岁时始知读书。"

庆历三年癸未（1043）：三十五岁。

正月，元昊虽数胜，但死亡创夷相半，遂上书请和。四月，仁宗许和，岁赐绢十万匹，茶三万斤。元昊之叛，海内重困，仁宗思革新朝政。七月，以范仲淹参知政事，富弼为枢密副使。范仲淹上十事，主张明黜陟，抑侥幸，精贡举，择长官，均公田，厚农桑，修武备，推恩信，重命令，减徭役。富弼亦上当世之务十余条及安边十三策，多为仁宗采纳。此即所谓庆历新政。石介作《庆历圣德诗》颂之。

庆历四年甲申（1044）：三十六岁。

三月诏天下州县立学，本道使者选部属官为教授，员不足取于乡里宿学有道业者。行科举新法，先试策，再试论，再试诗赋，罢帖经墨义。范仲淹任参知政事后，有所兴革。按察使出，多所举劾，众心不悦；任子之恩薄，磨勘之法密，侥幸者不便，由是毁谤稍行，论者籍籍。范仲淹恐惧不安，请行边。六月以参知政事为河东宣抚使，七月以富弼为河北宣抚使，九月以欧阳修为河北都转运使。同月，晏殊罢相，以杜衍同平章事兼枢密使。

文彦博知益州，赞文与可文。

家诚之《石室先生年谱》："是岁（指庆历四年）按《实录》，文潞公除枢密直学士，知益州。七年，擢谏议大夫，入政府。按先生（文与可）

墓志，'潞公守成都，誉公所赞文字以示府学，学者一时称慕之。'必在是年或五年、六年之间也。"

文彦博为郫县处士张愈置青城山白云溪杜光庭故居以处之。

《宋史·张愈传》："张愈字少愚，益州郫人，其先自河东徙。愈隽伟有大志，游学四方，屡举不第。宝元初，上书言边事，请使契丹，令外夷相攻，以完中国之势，其论甚壮。用使者荐，除试秘书省校书郎，愿以授父显忠而隐于家。文彦博治蜀，为置青城山白云溪杜光庭故居以处之。"

苏洵与郫县张愈交游。

苏轼《张白云诗跋》："张愈少愚，西蜀隐君子也。与予先君游居岷山下白云溪，自号白云居士。本有经世志，以自重难合，故老死草野。"

王称《东都事略·张愈传》："张愈，（一作俞）字少愚，益之郫人也。少嗜书，好为诗。西戎犯边，上书陈攻取十策。宰相吕夷简曰：'魏元忠所上书不及也。'诏以为校书郎，召愈赴阙，愈不起。乃上书夷简，夷简甚重其言。又下诏敦促，大臣屡荐，凡六诏起之，卒不起。遂隐居青城山之白云溪。愈为人不妄忧喜，性高情澹，有超然远俗之志。"按：王文诰《苏诗总案》系此条于宝元元年，误。《宋史·文彦博传》："元昊来寇，围城十日，知有备解去。迁天章阁待制，都转运使，连进龙图阁、枢密直学士，知秦州，改益州……召拜枢密副使、参知政事。"又《宋史·宰辅表》庆历七年栏："文彦博自枢密直学士、户部郎中、知益州加右谏议大夫，除枢密副使，丁酉，除参知政事。"可见《石室先生年谱》云庆历四年至七年文彦博知益州无误。而文知益州后始为张愈置青城山白云溪杜光庭故居，则苏洵与张愈游白云溪当在此时或其后。

苏序戒其子孙勿执事学中。

曾巩《苏序墓志铭》："庆历初，诏州县立学取士，争欲执事学中。君独戒其子孙退避。"

苏洵撰《苏氏族谱》。

苏洵《谱例》："昔者洵尝自先子之日而咨考焉，由今而上得五世，由五世而上得一世，一世之上失其世次，而其本出于赵郡苏氏，以为《苏氏族谱》。"按：苏洵自庆历五年出川，直至庆历七年父死才返川，故《苏氏族谱》当作于庆历五年前，今姑系于此。

庆历五年乙酉（1045）：三十七岁。

正月，监进奏院苏舜钦、集贤校理王益柔用鬻故纸钱祠神，以妓乐娱宾。御史中丞王拱辰以二人皆范仲淹所荐，苏舜钦又系时相杜衍之婿，于是劾其事以打击范、杜等人。苏舜钦除名，王益柔黜监复州酒税，范仲淹知邠州，杜衍知兖州，富弼知郓州。三月韩琦罢枢密副使，知扬州。王拱辰喜曰："吾一举网尽矣。"庆历新政以失败告终。是月，诏礼部贡举。

王安石时为淮南签判，每读书至达旦，略假寐，日已高，急上府，多不及盥漱。知扬州韩琦见王安石年少，疑其夜饮放逸，戒之曰："君少年，毋废书，不可自弃。"王安石退而言曰："韩公非知我者。"事见《邵氏闻见录》。

苏洵命苏轼作《夏侯太初论》。

  王宗稷《苏文忠公年谱》："东坡十来岁，老苏令作《夏侯太初论》，有'人能碎千金之璧，不能无失声于破釜；能搏猛虎，不能无变色于蜂虿'之语，老苏爱此论。"

苏洵游京师，见石昌言于长安。

  苏洵《送石昌言使北引》："吾以壮大，乃能感悟，摧折复学。又数年，游京师，见昌言长安，相与劳苦，如平生欢。出文十数首，昌言甚喜称善。吾晚学无师，虽日为文，中甚自惭。及闻昌言说，乃颇自喜。今十余年，又来京师。"此文写于嘉祐元年（1056），上溯至庆历五年，正十年有余。苏洵《上欧阳内翰第一书》："往者天子有意于治，而范公（仲淹）在相府，富公（弼）为枢密副使，执事（欧阳修）与余公（靖）、蔡公（襄）为谏官，尹公（洙）驰骋上下，用力于兵革之地。方是之时，天下之人，毛发丝粟之才，纷纷然而起，合而为一。而洵也，自度其愚鲁无用之身，不足以自奋于其间。退而养其心，幸其道之将成，而可以复见于当世之贤人君子。不幸道未成，而范公西，富公、执事与余公、蔡公分散四出，而尹公亦失势，奔走于小官。洵时在京师，亲见其事。"

苏洵此次东游，有史彦辅同行。

苏洵《祭史彦辅文》："飞腾云霄，无有远迩，我后子先。挤排涧谷，无有险易，我溺子援。破窗孤灯，冷灰冻席，与子无眠。旅游王城，饮食寤寐，相恃以安。"王城，周公所建，平王东迁，都于王城。故址在今洛阳王城公园一带。此处可能指京城。

苏洵结识彭州僧保聪于京师。

苏洵《彭州圆觉禅院记》（卷一八）："予在京师，彭州僧保聪来求识予甚勤。及至蜀，闻其自京师归，布衣蔬食，以为其徒先。凡若干年，而所居圆觉院大治。一日为余道其先师平润事，与其院之所以得名者，请予为记。"苏洵四十八岁时入京，直至去世，仅妻死曾返川居两年多。从"凡若干年"一语可知，苏洵结识彭州僧保聪，应为三十七岁入京时。

苏洵在京与颜醇之等卿士大夫交游。

苏轼《凫绎先生文集叙》（《东坡集》卷二四）："昔吾先君适京师，与卿士大夫游，归以语轼曰：'自今以往，文章其日工，而道将散矣。士慕远而忽近，贵华而贱实，吾已见其兆矣。'以鲁人凫绎先生之诗文十余篇示轼曰：'小子识之：后数十年，天下无复为斯文者也。先生之诗文皆有为而作，精悍确苦，言必中当世之过。凿凿乎如五谷必可以疗饥，断断乎如药石必可以伐病。其游谈以为高，枝叶以为观美者，先生无一言焉。'"颜太初，字醇之，徐州彭城人，因所居在凫、绎两山之间，号凫绎先生。进士及第，为莒县尉、阆中主簿、临晋主簿等职。喜为诗，多讥切时事。《宋史》有传（卷四四二）。

送乡人在伋知清江。

苏洵《送任师中任清江》："吾喜送任师，羡君方少年……君今始得县，翱翔大江干。大江多风波，渺然势欲翻。浩荡吞九野，开阖壮士肝。人生患不出，局束守一廛。未常见大物，不识天地宽。今君吾乡秀，固已见西川。去年作边吏，出入烽火间。儒冠杂武弁，屈与毡裘言。又当适南土，大浪泛目前。"《宋史》卷三四五《任伯雨传》："任伯雨，字德翁，眉州眉山人。父孜，字遵圣，以学问气节推重乡里，名与苏洵埒，仕至光禄寺丞。其弟伋，字师中，亦知名，尝通判黄州，后知泸州。当时称大任、小任。"苏轼有《送任伋通判黄州兼及其兄孜》诗，王注尧卿谓其"于庆历间登第"。苏洵诗云"羡君方少年"，"去年作边吏"，"今君始得县"，当在登第后不久；"人生患不出"四句亦不似苏洵庆历七年返川杜门不出之后所云，故系于苏洵在京期间。

苏洵游学在外，程氏夫人亲授苏轼兄弟以书。

苏辙《东坡先生墓志铭》（《栾城后集》卷二二）："公生十年而先君宦学四方，太夫人亲授以书……太夫人尝读东汉史至《范滂传》，慨然太息。公侍侧曰：'轼若为滂，夫人亦许之否乎？'太夫人曰：'汝能为滂，吾顾不能为滂母耶？'公亦奋厉有当世志。太夫人喜曰：'吾有子矣！'"司马光《程夫人墓志铭》："夫人喜读书，皆识其大义。轼、辙之幼也，夫人亲教之，常戒曰：'汝读书，勿效曹耦，止于以书自名而已。'每称引古人名节以励之曰：'汝果能死直道，吾无戚焉。'"

苏洵次女卒。

苏洵《极乐院六菩萨记》继"幼姊亡"后云："又五年而次女卒。"苏洵幼姊亡于庆历元年，"又五年"即庆历五年。

庆历六年丙戌（1046）：三十八岁。

三月赐礼部奏名进士、诸科及第出身八百五十三人。六月诏制科随礼部贡举。八月策试贤良方正能直言极谏，并试武举人。是年，曾巩推荐王安石于欧阳书。曾巩《再与欧阳舍人书》云："巩之友有王安石者，文甚古，行称其文。虽已得科名，然居今知安石者尚少也。彼诚自重，不愿知于人。然如此人，古今不常有。如今时所急，虽无常人千万不害也。顾如安石，此不可失也。"

苏洵与史经臣同举制策，皆不中。

苏轼《记史经臣兄弟》："先友史经臣（彦辅）与先君同举制策，有名蜀中。"

欧阳修《故霸州文安县主簿苏君（明允）墓志铭》："又举茂材异等

不中。"

曾巩《苏明允哀词》(《元丰类稿》卷四一)："始举进士，又举茂材异等，皆不中。"

庆历七年丁亥（1047）：三十九岁。

王安石知鄞县。

《邵氏闻见录》(卷一一)："王荆公知明州鄞县，读书为文章，三日一治县事。起堤堰，决陂塘，为水陆之利；贷谷与民，立息以偿，俾新陈相易；兴学校，严保伍，邑人便之。故熙宁初执政，皆本于此。"王安石《与马运判书》(《王文公文集》卷五)云："方今之所以穷空，不独费出之无节，又失所以生财之道故也。"曾巩《与王介甫（安石）第一书》："欧公悉见足下之文，爱叹诵写，不胜其勤……恨不与足下共讲评之。"

十一月，贝州王则起义，自称东平王。

苏洵下第，苏涣作诗相送。苏洵自嵩洛游庐山。

苏轼《伯父送先人下第诗》云："人稀野店休安枕，路入灵关稳跨驴。"

王文诰《苏文忠公诗编注集成总案》(卷一)庆历七年条下云："宫师与史经臣同举制策，中都公（苏涣）阆中解还，遇于都门，赋诗送宫师下第，有'人稀野店休安枕，路入灵关稳跨驴'之句，遂自嵩洛之庐山，游东、西二林。"

苏洵《忆山送人》："又闻吴越中，山明水澄鲜。百金买骏马，往意不自存。投身入庐岳，首挹瀑布泉。飞下二千尺，强烈不可干。余润散为雨，遍作山中寒。次入二林寺，遂获高僧言。问以绝胜境，导我同跻攀。逾月不倦厌，岩谷行欲殚。下山复南迈，不知已南虔。五岭望可见，欲往若不难。便拟去登玩，因得窥群蛮。此意竟不偿，归抱愁煎煎。"

苏洵在庐山与讷禅师、景福顺公游。

苏轼《圆通禅院，先君旧游也……院有蜀僧宣，逮事讷长老，识先君云》(诗略)

苏辙《赠景福顺长老二首并序》(《栾城集》卷一一)："辙幼侍先君，闻尝游庐山，过圆通（寺），见讷禅师，留连久之。元丰五年以谪居高安，景福顺公不远百里，惠然来访。自言昔从讷于圆通，逮与先君游。岁月迁谢，今三十六年矣。二公皆吾里人。讷之化去已十一年。而顺公年七十四，神完气定，聪明了达，对之怅然。"自元丰五年（1082）上溯三十六年即庆历七年（1047）。

苏洵南游虔州，观赏白居易墨迹。

苏轼《天竺寺诗并引》（《东坡后集》卷四）："予年十二，先君自虔州归，为予言近城山中天竺寺，有乐天亲书诗云：'一山门作两山门，两寺元从一寺分。东涧水流西涧水，南山云起北山云。前台花发后台见，上界钟声下界闻。遥想吾师行道处，天香桂子落纷纷。'笔势奇异，墨迹如新。今四十七年矣。"苏轼此诗作于绍圣元年（1094）赴惠州贬所途中，上溯四十七年即庆历七年。

苏洵在虔州与钟子翼及其弟钟槩交游。

苏轼《钟子翼哀辞》："轼年十二，先君宫师归自江南，曰：'吾南游至虔，有隐君子钟君与其弟槩从吾游。同登马祖岩，入天竺观，观乐天墨迹。吾不饮酒，君尝置醴焉。'方是时，先君未为时所知，旅游万里，舍者常争席，而君独知敬异之……君讳裴，字子翼，博学笃行，为江南之秀。欧阳永叔、尹师鲁、余安道、曾子固皆知之，然卒不遇以殁。"

苏洵父序于五月十一日卒于家。

苏洵《祭史亲家母文》（卷一九）："始自丁亥，天崩地坼，先君殁世。"

苏轼《苏廷评行状》："庆历七年五月十一日终于家，享年七十有五。"

苏轼《与曾子固书》："轼逮事祖父。祖父之殁，轼年十二矣。"

苏洵欲游五岭，八月得知父卒，匆匆返川。

苏洵《祭史彦辅文》："庆历丁亥，诏策告罢，子将西辕。慨然有怀，吾亲老矣，甘旨未完。往从南公，奔走乞假，遂至于虔。子时亦来，止于临江，系马解鞍。爱弟子凝，仓卒就狱，举家惊喧。及秋八月，予将北归，亦既具船。有书晨至，开视惊叫，遂丁大艰。故乡万里，泣血行役，敢期生还？中途逢子，握手相慰，曰无自残。旅宿魂惊，中夜起行，长江大山。前呼后应，告我无恐，相从入关。"苏洵与史彦辅同游京、洛后，苏洵不久东游庐山。而史彦辅访官于临江之弟史沆（子凝）。史沆却"仓卒就狱"（原因不详）。

苏洵赴丧返川。苏轼兄弟始识伯父苏涣。

苏辙《伯父墓表》："（苏涣）还朝，监裁造务。未几，而职方君殁。葬逾月，芝生于墓木，乡人异焉……辙生九年，始识公于乡……辙幼与兄轼皆侍伯父，闻其言曰：'予少而读书，师不烦。少长，为文日有程；不中程，不止。出游于途，行中规矩。入居室，无惰容。非独吾尔也，凡与吾游者举然。不然，辄为乡所摈，曰：'是何名为儒？'故当是时学者虽寡，而不闻有过行。自吾之东，今将三十年。归视吾里，弦歌之声相闻，儒服者于他乡为多。善矣！尔曹才不逮人，姑亦师吾之寡过焉可也！'"
苏辙生于宝元二年（1039），"生九年"即庆历七年（1047）。苏涣于天圣二年（1024）进士及第，仕于外，至庆历七年返川，共在外二十四年。言"自吾之东，今将三十年，"乃就整数而言。

苏洵为兄苏涣易字，作《仲兄字文甫说》。

苏洵《仲兄字文甫说》（卷一九）："洵读《易》，至涣之六四，曰：'涣其群，元吉。'曰：'嗟夫，群者圣人所欲涣以混一天下者也。盖余仲兄名涣而字公群，则是以圣人之所欲解散涤荡者以自命也，而可乎？'他日以告，兄曰：'子可无为我易之？'洵曰：'唯。'既而曰：'请以文甫易之，如何？'"

苏辙《伯父墓表》云：'涣始字公群，晚字文父（甫）。'据此，姑系于庆历七年。

苏洵作《名二子说》（卷一五），以勉励苏轼兄弟。

苏洵以凫绎先生诗文示苏轼，见前引苏轼《凫绎先生文集叙》。

又命苏轼拟作《谢宣诏赴学士院仍谢对衣、金带及马表》。

赵德麟《侯鲭录》（卷一）："东坡年十余岁，在乡里，见老苏诵欧公《谢宣诏赴学士院仍谢对衣、金带及马表》。老苏令坡拟之。其间有云'匪垂衣之带有余，非敢后也，马不进。'老苏喜曰：'此子他日当自用之。'"

> 按：王宗稷《苏文忠公年谱》把苏洵命轼作论、表和"公生十年而先君宦学四方"同系于庆历五年苏轼十岁时。《侯鲭录》云"东坡年十余岁。而《苏文忠公年谱》引作"东坡年十岁"，缺"余"字，据此，改系庆历七年，苏轼十二岁时。

苏洵因屡试不中，于是悉焚旧稿，辍笔苦读，决心放弃科举，而自托于学术。

苏洵《上欧阳内翰第一书》："其后困益甚，然后取古人之文而读之，始觉其出言用意与己大异。时复内顾，自思其才，则又似乎不遂止于是而已者。由是，尽焚曩时所为文数百篇，取《论语》、《孟子》、韩子（愈）及其他圣人贤人之文而兀然端坐终日以读之者七八年。""困益甚"即指屡试不中。

苏洵《上韩丞相书》："洵少时自处不甚卑，以为遇时得位当不卤莽。及长，知取仕之难，遂绝意于功名，而自托于学术。"

欧阳修《故霸州文安县主簿苏君墓志铭》继"举茂才异等不中"后云："（苏洵）退而叹曰：'此不足为学也。'悉取所为文数百篇焚之。益闭户读书，绝笔不为文辞者五六年，乃大究六经百家之说，以考质古今治乱成败、圣贤穷达出处之际，得其精粹，涵畜充溢，抑而不发者久之。"

曾巩《苏明允哀词》继屡试"皆不中"后云："归焚其所为文。闭户读书，居五六年，所有既富矣，乃始复为文。"

庆历八年戊子（1048）：四十岁。

正月，王则起义失败。夏元昊卒。四月元昊子谅祚立。

王安石知鄞县。

王安石《上杜学士言开河书》（《王文公文集》卷三）："某为县于此，幸岁大穰，以为宜乘人之有余，及其暇时，大浚治川渠，使有所潴，可以无不足水之患。而无老壮稚少，亦皆惩旱之数而幸今之有余力，闻之翕然皆劝趋之，无敢爱力。夫小人可与乐成，难与虑始，诚有大利，犹将强之，况其所愿欲哉！"

葬苏序于先茔。

苏轼《苏廷评行状》:"八年二月某日葬于眉山县修文乡安道里先茔之侧。"曾巩《苏序墓志铭》所载同。

苏洵在家居丧,其后十年均未出游。

苏洵《忆山送人》:"到家不再出,一顿俄十年。"

苏洵精心教育二子,以明其学。

苏洵鉴于自己"以懒钝废于世"的教训,不愿让二子再成为"湮沦弃置之人",这就是苏洵精心培养苏轼兄弟的目的。苏轼之成为文坛巨匠,原因是多方面的,但苏洵培养之功是不能抹煞的。

苏辙《藏书室记》:"予幼师事先君,听其言,观其行事。今老矣,犹志其一二。先君平居不治产业,有田一廛,无衣食之忧。有书数千卷,手缉而校之,以遗子孙曰:'读是书,内以治身,外以治人,足矣!'"按:此当为苏洵家居十年时事,姑系于此。

孙汝听《颍滨年表》:"八年戊子,父洵以家艰闭户读书,因以学行授二子,曰:'是庶几明吾学者。'"

石昌言知制诰,见第一章司马光《石昌言哀辞》。

皇祐元年己丑(1049):四十一岁。

八月,用文彦博等人议,裁减陕西及河北诸路羸兵六万人。文彦博云:"公私困竭,正坐冗兵。"王安石作《省兵》(《王文公文集》卷五一)诗,提出异议:"有客语省兵,省兵非所先。方今将不择,独以兵乘边。前攻已破散,后距方完坚。以众亢彼寡,虽危犹幸全。将既非其才,议又不得专。兵少败孰继,胡来饮秦川。万一虽不尔,省兵当何缘。骄惰习已久,去归岂能田?不田亦不桑,衣食犹兵然。省兵岂无时,施置有后前……择将付以职,省兵果有年。"九月,侬智高寇邕州(今广西南宁)。

苏洵杜门在家。

苏轼《答任师中家汉公》(《东坡集》卷八):"先君昔未仕,杜门皇祐初。道德无贫贱，风采照乡闾。何尝疏小人，小人自阔疏。出门无所诣，老史（即史彦辅）在郊墟。门前万竿竹，堂上四库书。高树红消梨，小池白芙渠。常呼赤脚婢，雨中撷园蔬。"

皇祐二年庚寅（1050）：四十二岁。

史经臣病，史沆死。苏洵与吴照邻议，欲收恤史沆之女。

苏洵《祭史彦辅文》："归来几何，子以病废，手脚若挛。我嘉子心，壮若铁石，益固而坚。瞋目大呼，屋瓦为落，闻者竦肩。子凝之丧，大临呕血，伤心破肝。"

苏洵幼女适表兄程之才。

苏洵《自尤诗并叙》：叙云："壬辰之岁而丧幼女。""既适其母之兄程濬之子之才，年十有八而死。"诗云："生年十六亦已嫁，日负忧责无欢欣。"壬辰岁即皇祐四年（1052），时幼女十八岁；十六岁适程之才，可见在皇祐二年（1050）。

苏洵拜见知益州田况。

苏洵《上田枢密书》（卷一四）："曩者见执事于益州，当时之文，浅狭可笑。饥寒穷困乱其心，而声律记闻又从而破坏其体，不足观也矣。"据《续资治通鉴》卷五一仁宗皇祐二年十一月戊戌条载："召知益州田况权御史中丞……况在蜀逾二年……蜀人爱之，以比张咏。"据此可知田况知益州当在庆历八年下半年至皇祐二年十一月期间，姑系苏洵见田况于皇祐二年。

皇祐三年辛卯（1051）：四十三岁。

王安石通判舒州。文彦博推荐王安石云："殿中丞王安石，进士第四人及第。旧制，一任还，进所业求试馆职。安石凡数任，并无所陈。朝廷特令召试，而亦辞以家贫亲老。且文馆之职，士人所欲；而安石恬然自守，未易多得。"（程俱《麟台故事》）陈襄荐王安石云："有舒州通判王安石者，才性贤明，笃于古学，文辞政事，已著闻于时。"（陈襄《与两浙安抚陈舍人荐士书》）张方平云："方平顷知皇祐贡举，或称其（指王安石）文学，辟以考校。既入，凡院中之事皆欲纷更。方平恶其人，檄使出，自是未尝与语也。"（《宋史·张方平传》）张方平于皇祐何年知贡举，本传未载明，姑系于此，以见当时对王安石看法之对立。

苏洵兄弟居丧期满，苏涣任祥符令。

苏辙《伯父墓表》："服除，选知祥符。"

皇祐四年壬辰（1052）：四十四岁。

五月范仲淹卒。侬智高围广州，陷昭州。七月以狄青为荆湖宣抚使，督诸军讨侬智高。

苏洵幼女因受虐待郁郁而死。

苏洵《极乐院六菩萨记》继"先君去世"后云："又六年而失其幼女。"苏洵父卒于庆历七年（1047），"又六年"即为皇祐四年。

苏洵《苏氏族谱亭记》（卷一七）："夫某人者是乡之望人也，而大乱吾俗焉。是故其诱人也速，其为害也深。自斯人之逐其兄之遗孤子而不卹也，而骨肉之恩薄；自斯人之多取其先人之赀田而欺其诸孤子也，而孝弟之行缺；自斯人之为其诸孤子之所讼也，而礼义之节废；自斯人之以妾加其妻也，而嫡庶之别混；自斯人之笃于声色而父子杂处喧哗不严也，而闺门之政乱；自斯人之渎财无厌惟富者之为贤也，而廉耻之路塞。此六行者，吾往时所谓大惭而不容者也。今无知之人皆曰：'某人何人也，犹且为之！'其舆马赫奕，婢妾靓丽，足以荡惑里巷之小人；其官爵货力，足以摇动府县；其矫诈修饰言语，足以欺罔君子；是州里之大盗也。"

苏洵《自尤诗并叙》："壬辰之岁而丧幼女。始将以尤其夫家，而卒以自尤也。女幼而好学，慷慨有过人之节，为文亦往往有可喜。既适其母之兄程濬之子之才，年十有八而死。而濬本儒者，然内行有所不谨，其妻子尤好为无法。吾女介于其间，因为其家之所不悦。适会其病，其夫与舅姑遂不之视而急弃之，使至于死。始其死时，余怨之，虽吾之乡人亦不直濬。独余友人闻而深悲之曰：'夫彼何足尤者？子自知其贤而不择以予人，咎则在子，而尚谁怨？'予闻其言而深悲之。"王文诰《苏诗总案》卷一系苏洵幼女之死于皇祐五年，误。"壬辰之岁"乃皇祐四年。

周密《齐东野语》卷一三《老苏族谱亭记》："老苏《族谱亭记》言'乡俗之薄，起于某人'，而不著其姓名者，盖老苏与其妻党程氏大不咸，所谓某人者，其妻之兄弟也。老泉有《自尤诗》，述其女事外家，不得志以死，其辞甚哀，则其怨隙不平也久矣。"

皇祐五年癸巳（1053）：四十五岁。

正月，狄青大败侬智高于邕州，广南平。王安石作《发廪》诗，主张复井田以抑制土地兼并："先王有经制，颁赉上所行。后世不复古，贫穷主兼并。非民独为此，为国赖以成。筑台尊寡妇，入粟至公卿。我尝不忍此，愿见井地平。"

至和元年甲午（1054）：四十六岁。

诏王安石为集贤校理，王安石以"先臣未葬，二妹当嫁，家贫口众，难住京师"辞。（《王文公文集》卷一七《辞集贤校理状》）

为苏轼娶妻王氏。王氏名弗，眉州青神贡士王方之女。

十一月，张方平镇蜀，访知苏洵其人。

张方平《文安先生墓表》："仁宗皇祐中（按：至和元年即皇祐六年），仆领益部，念蜀异日常有高贤奇士，今独乏人耶？或曰：'勿谓蜀无人。有人焉，眉州处士苏洵其人也。'请问苏君之为人，曰：'苏君隐居以求其志，行义以达其道。然非为亢者也，为乎蕴而未施，行而未成，我不求诸人而人莫我知者。故四十余年不仕。公不礼士，士莫至。公有思见之意，宜来。'"

至和二年乙未（1055）：四十七岁。

苏洵致书张方平。

苏洵《上张益州书》："王公贵人可以富贵人者，肩相摩于上；始进之士其求富贵之者，踵相接于下。而洵未尝动其心焉，不敢不自爱其身故也。贫之不如富，贱之不如贵，在野之不如在朝，食菜之不如食肉，洵亦知之矣。里中大夫皆谓洵曰：'张公，我知其为人。今其来，必将有所举，宜莫若子；将求其所以为依，宜莫如公。'洵笑曰：'我则愿出张公之门矣，张公许我出其门下哉？'居数月，或告洵曰：'张公举子。'闻之愀然自贺曰：'吾知勉矣！吾尝怪柳子厚、刘梦得、吕化光数子，以彼之才游天下，何容其身辱如此！恐焉惧其操履之不固，以蹑数子之踪。今张公举我，吾知勉矣。'"

苏洵谒张方平于成都。

张方平《文安先生墓表》："久之，苏君果至。即之，穆如也。听其言，知其博物洽闻矣。既而得其所著《权书》、《衡论》。阅之，如大山之云出于山，忽布无方，倏散无余；如大川之滔滔，东至于海源也。因谓苏君：'左丘明《国语》、司马迁善叙事，贾谊之明王道，君兼之矣。'"

苏洵谒张方平，有苏轼同行。

苏轼《乐全先生文集叙》："轼年二十，以诸生见公成都，公一见待以国士。"

苏轼《张文定公墓志铭》："晚与轼先大夫游，论古今治乱及一时人物，皆不谋而同。轼与弟辙，以是皆得出入门下。"

苏洵至雅州（今四川雅安）访雷简夫。

苏洵《忆山送人》："昨闻庐山郡，太守雷君贤。往求与识面，复见山郁蟠。"按：王文诰《苏诗总案》卷一系此条于庆历七年（1047），断言苏洵"与简夫订交于九江"；"庆历丁亥（1047），宫师游庐山，谒简夫；越九年（1055），重见雅州。"误。理由如下：（一）《东都事略》和《宋史》均有《雷简夫传》，都没有雷简夫知九江的记载："简夫，字太简，隐居不仕，康定中，枢密使杜衍荐之，召见，以秘书省校书郎签书秦州观察判官。公事既罢，居长安，自以处士起，不复肯随众调官。时三白渠久废，京兆府遂荐简夫治渠事……知坊州、徙阆州，用张方平荐，知雅州。"（二）雅州即为卢山郡，《宋史·地理志五》："雅州，上，卢山郡。"

·附　录·

"县五：严道、卢山、名山、荥经、百丈。"王文诰误庐山郡为九江，乃不知雅州即为卢山郡所致。（三）从《忆山送人》行文看，在写江西庐山之游时，完全未谈及谒雷简夫事；而是在自庐山回来"一顿俄十年"之后，才谈及"往求与（雷）识面。"

张方平荐苏洵于朝，使为成都学官，不报。

雷简夫致书张方平，劝其再荐苏洵。

雷简夫《上张文定书》（邵博《邵氏闻见后录》卷一五）："简夫近见眉州苏洵著述文字，其间如《洪范论》，真王佐才也，《史论》，真良史才也。岂惟西南之秀，乃天下之奇才耳……但怪其不以所业投于明公，问其然，后云'洵已出张公门下矣。又辱张公荐，欲使代黄崇为郡学官。'简夫喜其说。窃计明公引洵之意，不只一学官；洵望明公之意，亦不只一学官。第各有所待也。又闻名公之荐，累月不下。朝廷重以例检，执政者靳之不特达，虽明公重言之，亦恐一上未报。岂可使若人年将五十，迟迟于途路间邪？昔萧昕荐张镐云：'用之则为帝王师，不用则幽谷一叟耳。'愿明公荐洵之状，至于再，至于三，俟得其请而后已，庶为洵进用之权也。"

苏洵送吴照邻赴阙，吴携苏洵文致欧阳修。

苏洵《忆山送人》："吴君颍川秀，六载为蜀官。簿书苦为累，天鹤囚笼樊。岷山青城县，峨眉亦南犍。黎雅又可到，不见宜悒然。"按：王文诰《苏诗总案》系此条于皇祐三年（1051），作为苏洵访吴中复于犍为之证据，误。因为：（一）如前所述，《忆山送人》全诗均按时间先后叙事，诗中叙访"吴君"，在雅州访雷简夫之后，因此，《忆山送人》所叙访"吴君"亦当在至和二年（1055）。而吴中复已于皇祐三年离川赴潭州通判任，从皇祐五年（1053）到嘉祐五年（1060）他又一直在朝廷做官，并不在川（详见嘉祐五年谱）。可见《忆山送人》所送吴君当系另一人，而非吴中复。（二）吴中复为"兴国永兴人"，即今湖北阳新人；"吴君颍川秀"表明，《忆山送人》所送"吴君"为颍川人，即今河南许昌人。从籍贯看亦当为另一人。（三）《忆山送人》所送"吴君"乃吴照邻，与苏洵《送吴职方赴阙引》中的吴职方为一人。《引》云："吴侯有名于世三十年，而犹于此为远官。今其东归，其不碌碌为此官也哉！"苏轼《跋先君送吴职方引》云："先伯父（苏涣）及第吴公榜中。先君家居，人罕知之。公携其文至京师，欧阳文忠始见而知之。"苏涣与吴照邻同科及第于天圣二年（1024），至至和二年（1055）为三十一年，苏洵言"吴侯有名于世三十年"乃言其整数。苏洵后来还有《与吴殿院书》，其中云："囊者议及故友史沉骨肉沦落荆楚间，慨然太息，有收恤之心。"《忆山送人》云："始欲泛峡去，此约今又愆。"可见苏洵曾与吴照邻相约出峡，并议及途经荆楚时要收恤史沉遗孤。后苏洵未能同行。吴照邻赴阙，携苏洵文致欧阳修，亦当在此时。

苏洵著《族谱后录》上下篇，下篇末署"至和二年九月日"。又从雷简夫致张方平、欧阳修、韩琦之书信及张方平《文安先生墓表》可知，苏洵一生之重要著述《几策》《权书》《衡论》《六经论》《洪范论》《史论》等，均完成于至和二年之前。

苏洵为苏辙娶妻史氏。

苏洵《祭史亲家母文》："夫人之孙，归于子辙。"

嘉祐元年丙申（1056）：四十八岁。

王安石为群牧判官，欧阳修始见王安石，称赞王安石道："翰林风月三千首，吏部文章二百年。老去自怜心尚在，后来谁与子争先？"王安石《奉酬永叔见赠》（《王文公集》卷五五）："欲传道义心虽壮，强学文章力已穷。他日若能窥孟子，终身何敢望韩公。"吴奎与王安石同领群牧，以为王"迂阔"、"自用"，其后曾对神宗言："臣尝与王安石同领群牧，见其护前自用，所为迂阔。万一用之，必紊乱纲纪。"（《宋史》卷三一六《吴奎传》）

正月，苏洵撰《张益州画像记》（卷一九）。

张方平劝苏洵进京并致书欧阳修。

张方平《文安先生墓表》载张方平谓苏洵曰："'远方不足成君名，盍游京师乎？'因以书先之于欧阳永叔。"叶梦得《避暑录话》卷下："张安道

·附 录·

与欧文忠素不相能……嘉祐初,安道守成都,文忠为翰林。苏明允父子自眉州走成都,将求知安道。安道曰:'吾何足以为重,其欧阳永叔乎?'不以其隙为嫌也。乃为作书办装,使人送之京师谒文忠。文忠得明允父子所著书,亦不以安道荐之非其类,大喜曰:'后来文章当在此。'即极力推誉,天下于是高此两人。"

苏洵决定送二子入京应试。

苏洵《上张侍郎第一书》(卷一四):"洵有二子轼、辙,龆齿授经,不知他习,进趋跪拜,仪状甚野,而独于文字中有可观者。始学声律,既成,以为不足尽力于其间。读孟、韩文,一见以为可作,引笔书纸,日数千言,坌然溢出,若有所相。年少狂勇,未尝更变,以为天子之爵禄可以攫取。闻京师多贤士大夫,欲往从之游,因以举进士。洵今年几五十,以懒钝废于世,誓将绝进取之意。惟此二子,不忍使之复为湮沦弃置之人。今年三月,将与之入京师。"

史彦辅长期卧病,强起为苏洵送行。

苏洵《祭史彦辅文》:"我游京师,强起来饯,相顾留连。"嘉祐元年(1056)三月,苏洵父子三人离家到成都与张方平告别。

雷简夫致书欧阳修、韩琦,推荐苏洵。

雷简夫《上欧阳内翰》(邵博《邵氏闻见后录》卷一五):"伏见眉州人苏洵,年逾四十,寡言笑,淳谨好礼,不妄交游,尝著《六经》、《洪范》等论十篇,为后世计。张益州一见其文,叹曰:'司马迁死矣,非子吾谁与?'简夫亦谓之曰:'生,王佐才也。'呜呼,起洵于贫贱之中,简夫不能也,然责之亦不在简夫也;若知洵不以告人,则简夫为有罪矣。用是,不敢固其初心,敢以洵闻左右。恭维执事,职在翰林,以文章忠义为天下师。洵之穷达,宜在执事。向者,洵与执事不相闻,则天下不以是责执事;今也,简夫之书既达于前,而洵又将东见执事于京师,今而后天下将以洵累执事矣。"

雷简夫《上韩忠献书》(同上):"向年自与尹师鲁(洙)别,不幸其至死不复相见,故居常恨,以为天下后世无以论当世事者。不意得郡荒陋,极在西南,而东距眉山尚数百里。一日眉人苏洵携文数篇,不远相访。读其《洪范论》,知有王佐才;《史论》得迁史笔;《权书》十篇,讥时之弊;《审势》、《审敌》、《审备》三篇,皇皇有忧天下心。呜呼,师鲁不再生,孰与洵抗耶?简夫自念道不著,位甚卑,言不为世所信重,无以发洵之迹。遽告之曰:'如子之文,异日当求知于韩公,然后决不埋没矣。'……洵年逾四十,寡言笑,淳谨好礼,不妄交游,亦尝举茂才,不中第,今已无意。近张益州安道荐为成都学官,未报。会今春将二子入都谋就秋试,幸其东去,简夫因约其暇日令自袖所业求见节下。愿加奖进,则斯人斯文不为不遇也。"

三月,苏洵父子三人于成都辞别张方平,苏辙首次见张。

张方平《文安先生墓表》:"初,君将游京师,过益州与仆别,且见其二子轼、辙及其文卷。曰:'二子将以从乡举,可哉?'仆披其卷,曰:'从乡举,乘骐骥而驰闾巷也。六科所以擢英俊,今二子从此选,犹不足骋其逸力尔。'君曰:'姑为后图。'"

苏辙《追和张公安道赠别绝句并引》(《栾城三集》卷一):"予年十八与兄子瞻东游京师。是时张公安道守成都,一见以国士相许,自尔遂结忘年之契。"

苏洵父子离成都,经阆中,出褒斜谷,发横渠镇,入凤翔驿,过长安,出关中,五月抵京师。

苏洵《途次长安上都漕傅谏议》(卷二〇):"丈夫正多念,老大不自安。居家不能乐,忽忽思中原。慨然弃乡庐,劫劫道路间。穷山多虎狼,行路非不难。昔者倦奔走,闭门事耕田。蚕谷聊自给,如此已十年。缅怀当今人,草草无复闲。坚卧固不起,芒刺实在肩。布衣与肉食,幸可交口言。默默不以告,未可遽罪怨。驱车入京洛,藩镇皆达官。长安逢傅侯,愿得说肺肝。"

苏洵《上王长安书》(卷一五):"洵从蜀来,明日将至长安,见明公而东。"

五月到达京师,适值大水。

· 附 录 ·

苏洵《上韩枢密书》（卷一三）："比来京师……盖时五六月矣。会京师忧大水，锄櫌畚筑，列于两河之壖，县官日费千万，传呼劳问之不绝者数十里。"

九月十九日撰《送石昌言使北引》，苏轼书。

苏洵《送石昌言使北引》（卷一八）："今十余年（指庆历六年"见昌言长安"后十余年），又来京师，而昌言官两制，乃为天子出使万里外。"

苏轼《跋送石昌言引》："嘉祐元年九月十九日先君送石昌言北使文一首，其字则轼年二十一时所书与昌言本也。"

苏洵上书欧阳修，并附所撰《洪范论》《史论》七篇及张方平、雷简夫之推荐信。其前，欧阳修已从吴照邻处得知苏洵。今读其文，大称赏，遂荐诸朝。

苏洵《上欧阳内翰第一书》："近所为《洪范论》《史论》凡七篇，执事观其如何？嘻，区区而自言，不知者又将以为自誉以求人之知己也，惟执事思其十年之心如是之不偶然也而察之。"

苏辙《颍滨遗老传上》（《栾城后集》卷一二）："欧阳文忠公以文章独步当世，见先生而叹曰：'予阅文士多矣，独喜尹师鲁、石守道，然意常有所未足。今见君之文，予意足矣。'"

欧阳修《故霸州文安县主簿苏君墓志铭》："当至和、嘉祐之间，与其二子轼、辙偕至京师，翰林学士欧阳修得其所著书献诸朝，书既出，而公卿士大夫争传之。其二子举进士皆在高等，亦以文学称于世。眉山在西南数千里外，一日父子隐然名动京师，而苏氏之文章遂擅天下……自来京师，一时后生学者皆尊其贤，学其文，以为师法。"

又《荐布衣苏洵状》（《欧阳文忠公集》卷一一〇）："眉州布衣苏洵履行淳固，性识明达，亦尝一举有司，不中遂退而力学。其论议精于物理而善识变权，文章不为空言而期于有用。其所撰《权书》《衡书》《机策》二十篇（今存《权书》十篇，《衡论》十篇，《机策》两篇，凡二十二篇），辞辨闳伟，博于古而宜于今，实有用之言，非特能文之士也。其人文行久为乡间所称，而守道安贫，不营仕进。苟无引荐，则遂弃于圣时。

其所撰书二十篇谨随状上进。伏望圣慈下两制看详。如有可采，乞赐甄录。谨具状以闻，伏候敕旨。"

曾巩《苏明允哀辞》："嘉祐初，始与其二子轼、辙，复去蜀，游京师。今参知政事欧阳修为翰林学士，得其文而异之，以献于上。既而欧阳公为礼部，又得其二子之文，擢之高等。于是三人之文章盛传于世。得而读之者皆为之惊，或叹不可及，或慕而效之。"

张方平《文安先生墓表》："至京师，永叔一见大称叹，以为未始见夫人也，目为孙卿子。献其书于朝。自是名动天下，士争传诵其文，时文为之一变，称为老苏。"

苏洵再上欧阳修书，以表谢意。

苏洵《上欧阳内翰第二书》："洵一穷布衣，于今世最为无用，思以一能称，以一善书而不可得者也。况乎四子者（指孟子、荀子、扬雄、韩愈）之文章，诚不敢冀其万一。顷者张益州见其文，以为似司马子长，洵不悦，辞焉。夫以布衣而王公大人称其文似司马迁，不悦而辞，无乃为不近人情？诚恐天下之人不信，且惧张公之不能副其言，重为世俗笑耳。若执事，天下所就而折衷者也。不知其不肖，称之曰：'子之《六经论》，荀卿子之文也。'平生为文，求于千万人中使其姓名仿佛于后世而不可得，今也一旦得齿于四人者之中，天下乌有是哉？意者其失于言也。执事于文称师鲁，于诗称子美、圣俞，未闻其有此言也。"

苏洵以所著《权书》及雷简夫上韩琦书谒见韩琦，既而又上书韩琦。韩琦礼其人而不用其议。

苏洵《上韩枢密书》："今之所患，大臣好名而惧谤。好名则多树私恩，惧谤则执法不严。是以天子之兵，豪纵至此，而莫之或制也……伏惟太尉思天下所以长久之道，而无幸一时之名；尽至公之心，而无卹三军之多言。夫天子推深仁以结其心，太尉厉威武以振其堕。彼其思天子之深仁，则畏而不至于怨；畏太尉之威武，则爱而不至于骄。君臣之体顺，而畏爱之道立，非太尉吾谁望耶？"

叶梦得《避暑录话》："苏明允既为欧阳文忠公所知，其名翕然。韩忠献诸公皆待以上客。尝遇忠献置酒私第，惟文忠与一二执政。而明允乃以布衣参其间，都人以为异礼。"又云："韩魏公至和中还朝为枢密使时，军政久驰，士卒骄惰，欲稍裁制；恐其忤怨而生变，方阴图以计为之。会明允自蜀来，乃探公意，遽为书显载其说，且声言教公先诛斩。公览之大骇，谢不敢再见，微以答欧文忠。"所谓"谢不敢再见"云云，或许言过其实，亦与其后苏洵《上韩丞相书》所言不合；但韩琦不用其言，确系事实。

苏洵上书富弼，并经欧阳修引荐，谒见富弼。

欧阳修《与富郑公彦国书》（《欧阳修文忠公集》卷一四四）："有蜀人苏洵者，文学之士也。自云奔走德望，思一见而无所求。然洵远人，以谓某能取信于公者，求为先容。既不可却，亦不忍欺，辄以冒闻。可否进退，则在公命也。"

苏洵《上富丞相书》（卷一三）："相公阁下：往者天子震怒，出逐宰相，选用旧臣堪属以天下者，使在相府，与天下更始。而阁下之位实在第三。方是之时，天下咸喜相庆，以为阁下惟不为宰相也，故默默在此。方今困而后起，起而复为宰相，而又适值乎此时也，不为而何为？且吾之意，待之如此其厚也，不为而何以副吾望？故咸曰后有下令而异于他日者，必吾富公也。朝夕而待之，跂首而望之，望望然而不获见也，戚戚然而疑。呜呼，其弗获闻也，其必远也。进而及于京师，亦无闻焉……伏惟阁下以不世出之才，立于天子之下，百官之上，此其深谋远虑，必有所处；而天下之人，犹未获见。洵，西蜀之人也，窃有志于今世，愿一见于堂上。伏惟阁下深知之，无忽。"洵书主旨，一在批评富弼之无所作为，二在求见，盼其举用。

叶梦得《避暑录话》："富郑公当国，亦不乐之，故明允久之无成而归。"

苏洵上书文彦博、田况、余靖等。

苏洵《上文丞相书》（卷一三）主张进贤黜不肖："古者之制，略于始而精于终，使贤者易进，而不肖者易犯。夫易犯故易退，易进故贤者众；众贤进而不肖者易退，夫何患官冗？"

苏洵《上田枢密书》（卷一四）："数年来退居山野，自分永弃，与世俗日疏阔，得以大肆其力于文章……作策二道、曰《审势》，曰《审敌》；作书十篇，曰《权书》。洵有山田一顷，非凶岁可以无饥；力耕而节用，亦足以自老。不肖之身不足惜，而天之所与者不忍弃，且不敢亵也。执事之名满天下，天下之士用与不用在执事。故敢以所谓策二道，《权书》十篇者为献。平生之文，远不可多致，有《洪范论》《史论》十篇，近以献内翰欧阳公。度执事与之朝夕相从，而议天下之事，则斯文也，其亦庶乎得陈于前矣。若夫其言之可用与其身之可贵与否者，执事事也，执事责也，于洵何有哉！"

苏洵《上余青州书》："洵西蜀之匹夫，尝有志于当世，因循不遇，遂至于老。然其尝所欲见者，天下之士盖有五六人，已略见矣。而独明公之未尝见，每以为恨。今明公来朝，而洵适在此，是以不得不见。伏惟加察，幸甚。"

苏洵在京师虽文名大盛，但求官并未遂意。适张方平入京，苏洵再次上书张方平，其言凄切。

苏洵《上张侍郎第二书》（卷一四）："省主侍郎执事：洵始至京师时，平生亲旧，往往在此，不见者盖十年矣。惜其老而无成，问所以来者。既而皆曰：'子欲有求，无事他人，须张益州来乃济。'且云：'公不惜数千里走表，为子求官；苟归立便殿上，与天子相唯诺，顾不肯耶？'退自思公之所与我者，盖不为浅。所不可知者，唯其力不足而势不便。不然，公于我无爱也……洵也与公有如此之旧，适在京师，且未甚老，而犹足以有为也。此时而无成，亦足以见他人之无足求，而他日之无及也已。昨闻车马至此有日，西出百余里迎见。雪后苦风，晨至郑州，唇黑面裂，僮仆无人色。从逆旅主人得束薪缊火，良久乃能以见。出郑州十里许，有导骑从东来，惊愕下马，立道周。云宋端明且至，从者数百人，足声如雷。已过，乃敢上马徐去。私自伤至此，伏惟明公所谓廉而有文，可以比汉之司马子长者，盖穷困如此，岂不为之动心而待其多言哉！"按：《续资治通鉴》卷五六嘉祐元年八月条载："诏端明殿学士、知益州张方

·附 录·

平为三司使。"从苏洵"雪后苦风"等语看，张方平还京已在冬天。
苏洵成为欧阳修座上客，作《欧阳永叔白兔》诗（卷二〇），《分韵送斐如晦知吴江》诗（仅存"谈诗究乎而"一句，见龚颐正《芥隐笔记》），《谱例》、《大宗谱法》（卷一七）。

苏洵《谱例》："昔者洵尝自先子之日，而咨考焉……以为《苏氏族谱》。他日欧阳公见而叹曰：'吾尝为之矣。'出而观之，有异法焉。曰：'是不可使独吾二人为之，将天下举不可无也。'洵于是又为《大宗谱法》，以尽谱之变；而并载欧阳氏之谱，以为《谱例》；附以欧阳公《题刘氏碑后》之文，以告当世之君子，盖将有从焉者。"

苏洵于欧阳修席上初见王安石，并拒绝同王交游。

张方平《文安先生墓表》："嘉祐初，王安石名始盛，党友倾一时……欧阳修亦善之，劝先生与之游，而安石亦愿交于先生。先生曰：'吾知其人也，是不近人情者，鲜不为天下患。'"

方勺《宅泊编》："欧公在翰苑时，尝饭客。客去，独老苏少留，谓公曰：'适坐有囚首丧面者何人？'公曰：'介甫也，文行之士，子不闻之乎？'洵曰：'以某观之，此人异日必乱天下，使其得志立朝，虽聪明之主，亦将为其所诳。内翰何为与之游乎？'"

龚颐正《芥隐笔记》："荆公在欧公座，分韵送裴如晦知吴江，以'黯然消魂惟别而已'分韵。时客与公八人：荆公、子美、圣俞、平甫、老苏、姚子张、焦伯强也。时老苏得'而'字，押'谈诗究乎而'。而荆公乃又作'而'字二诗……最为工。君子不欲多上人。王、苏之憾，未必不稔于此也。"

叶梦得《避暑后录》："苏明允本好言兵，见元昊叛，西方用事久无功，天下事有当改作。因挟其所著书，嘉祐初来京师，一时推其文章。王荆公为知制诰（有误。时王安石为群牧判官），方谈经术，独不嘉之，屡诋于众。以故明允恶荆公甚于仇雠。"

邵博《邵氏闻见后录》（卷一四）载王安石语："洵《机策》《衡论》文甚美，然大抵兵谋、权利、机变之言也。""苏明允有战国纵横之学。"

177

苏洵《答陈公美》《道卜居意赠陈景回》亦作于是年。

苏洵《答陈公美》(卷二〇):"昨者本不出,豪杰苦见咍……翻然感其说,东走陵巅崖。"

苏洵《道卜居意赠陈景回》(卷二〇):"丙申岁,余在京师,乡人陈景回自南来。"

苏轼《别子由三首兼别迟》:"先君昔爱洛城居,我今亦过嵩山麓。"

苏辙《卜居赋》叙云:"昔予先君以布衣游学四方,尝过洛阳,爱其山川,慨然有卜居意,而贫不遂。"

嘉祐二年丁酉(1057):四十九岁。

王安石知常州。

王安石《答王深父书》(《王文公文集》卷七):"某学未成而仕,仕又不能俯仰以赴时事之会。居非其好,任非其事,又不能远引以避小人之谤谗,此其所以为不肖而得罪于君子者……自江东日得毁于流俗之士,顾吾心未尝为之变,则吾之所存,固无以媚斯世而不能合乎流俗也。"

欧阳修知贡举,苏轼兄弟同科进士及第。

苏辙《东坡先生墓志铭》:"嘉祐二年,欧阳文忠公考试礼部进士,疾时文之诡异,思有以救之。梅圣俞时与其事,得公《论刑赏》以示文忠。文忠惊喜以为异人,欲以冠多士,疑曾子固所为。子固,文忠门下士也,乃置公第二。复以《春秋》对义居第一,殿试中乙科。以书谢诸公,文忠见之,以书语圣俞曰:'老夫当避此人放出一头地。'"

《史阙》:"轼、辙登科,明允曰:'莫道登科易,老夫如登天。莫道登科难,小儿如拾芥。'"

苏洵与梅圣俞游,梅盛赞苏轼兄弟。

苏轼《书梅圣俞诗》:"先君与圣俞游,时予与子由年甚少,圣俞极称之。"

苏洵上书韩绛。

苏洵《上韩舍人书》(卷一六):"洵自惟闲人,于国家无丝毫之责,得以优游终岁，咏歌先王之道以自乐。时或作为文章，亦不求人知。以为天下方事事，而王公大人岂暇见我哉！是以逾年在京师，而其平生所愿见如君侯者，未尝一至其门。有来告洵以所欲见之之意，洵不敢不见。然不知君侯见之而何也？天子求治如此之切，君侯为两制大臣，岂欲见一布衣与之论闲事耶？此洵所以不敢遽见也。自闲居十年，人事荒废，渐不喜承迎将逢，拜伏拳跽。王公大人苟能无以此求之，使得从容坐隅，时出其所学，或亦有足观者。今君侯辱先求之，此其必有以异乎时俗者也。""逾年在京师"语表明，此书作于嘉祐二年。此时"两制大臣"已主动求见苏洵，足见其影响之大。

三苏父子名动京师。

欧阳修《故霸州文安县主簿苏君墓志铭》："当至和、嘉祐之间，（苏洵）与其二子轼、辙偕至京师，翰林学士欧阳修得其书献诸朝。书既出而公卿士大夫争传之。其二子举进士皆在高等，亦以文学称于世。眉山在西南数千里外，一日父子隐然名动京师，而苏氏之文章遂擅天下……自来京师，一时后生学者皆尊其贤，学其文，以为师法。"

曾巩《苏明允哀辞》："嘉祐初始与二子轼、辙复去蜀，游京师。今参知政事欧阳修为翰林学士，得其文而异之，以献于上。既而欧阳公为礼部，又得其二子之文，擢之高等，于是三人之文章盛传于世。得而读之者皆为之惊，或叹不可及，或慕而效之。"

张方平《文安先生墓表》："至京师，永叔一见大称叹，以为未始见夫人也，目为孙卿子，献其书于朝。自是名动天下，士争传其文，时文为之一变，称为老苏。"

四月，苏洵之妻程氏卒于家，父子三人仓卒返川。

司马光《程夫人墓志铭》："夫人以嘉祐二年四月癸丑终于乡里，其年十一月庚子葬某地，年四十八。"又云："妇人柔顺足以睦其族，智能足以齐其家，斯已贤矣；况如夫人，能开发辅导其夫、子，使皆以文学显重于天下，非识虑高绝，能如是乎？"

苏洵《上欧阳内翰第三书》（卷一五）："昨出京仓惶，遂不得一别。

去后数日，始知悔恨。盖一时间变出不意，遂扰乱如此……今已到家月余，幸且存活。洵道途奔波，老病侵陵，成一翁矣……洵离家时无壮子弟守舍，归来屋庐倒坏，篱落破漏，如逃亡人家……洵老矣，恐不能复东；阁下当时赐音问，以慰孤耿。"

葬程氏夫人于眉山安镇乡可龙里老翁泉旁。

苏洵《老翁井铭》（卷一九）："丁酉岁，余卜葬亡妻，得武阳安镇之山……他日问泉旁之民，皆曰：'是为老翁井。'并问其所以为名之由，曰：'往数十年，山空月明，天地开霁，则常有老人苍颜白发，偃息于泉上。就之，则隐而入于泉，莫可见。'盖其相传以为如此者久矣。因为作亭于其上，又甃石以御水潦之暴。而往往优游其间，酌泉而饮之，以庶几得见所谓老翁者，以知其信否。然余又闵其老于荒榛岩石之间，千岁而莫知也。今乃始遇我，而后得传于无穷。"

苏洵《老泉井》："井中老翁误年华，白沙翠石公之家。公来无踪去无迹，井面团团水生花。翁今与世两何预，无事纷纷惊牧竖。改颜易服与世同，毋使世人知有翁。"末二句亦表现出自己郁郁不得志之情。此诗今存苏洵集不载，而误入苏轼集中，见《施注苏诗》遗诗卷首，《东坡续集》卷一。朱熹《晦庵诗话》："《老翁井》诗在老苏《送蜀僧去尘》之前，必非他人之作，然不见于《嘉祐集》。"

苏洵《祭亡妻文》（卷二〇）："与子相好，相期百年。不知中道，弃我而先。我徂京师，不远当还。嗟子之去，曾不须臾。子去不返，我怀永哀……嗟我老矣，四海一身。自子之逝，内失良朋。孤居终日，有过谁箴？"

史彦辅去世，苏洵为其立后、治丧、作祭文，并致书吴照邻，求其照护史沆遗孤。

苏洵《祭史彦辅文》："我还自东，二子丧母，归怀辛酸。子病告革，奔走往问，医云已难。问以后事，口不能言，悲来塞咽。遗文坠稿，为子收拾，以茸以编。我如不朽，千载之后，子名长存。呜呼彦辅，天实丧之，予哭寝门。白发斑斑，疾病来加，卧不能奔。哭书此文，命轼往奠，以慰斯魂。"

苏洵《与吴殿院书》（卷一六）："曩者议及故友史沆，骨肉沦落荆楚间，慨然太息，有收恤之心。沆有兄经臣者，虽卧病，而志气卓然，以豪称乡里。使得摄尺寸之柄，当不卤莽。常以为沆死而有经臣者在，或万一能有所雪。今不幸亦已死矣。追思沆平生，孤直不遇，而经臣亦以刚见废，又皆以无后死。当其生时，举世莫不仇疾，惟君侯一人独为哀闵。而数年间兄弟相继沦丧，使仁人之心不克少施。呜呼，岂其命之穷薄至于此耶？经臣死，家无一人，后事所嘱，办于朋友。今其家遗孤，骨肉存者，独沆有弱女在襄州耳。君侯尚可以庇之，使无失所否？"

苏轼《记史经臣兄弟》："史经臣，字彦辅，眉山人，与先君同举制策，有名蜀中。世所知史沆子凝者，其弟也。沆才气过人而薄于德。彦辅才不减沆而笃于节义，博辩能文，不仕，年六十卒，无子。先君为治丧，立其同宗子为后，今为农夫，无闻于人。沆亦无子，哀哉！"

嘉祐三年戊戌（1056）：五十岁。

二月王安石自常州移提点江东刑狱，上书仁宗，系统提出变法主张："内顾则不能无以社稷为忧，外则不能无惧于夷狄。天下之财力日以困穷，而风俗日以衰坏，四方有志之士諰諰然常恐天下之久不安。此其故何也？患在不知法度故也。"故主张"变更天下之弊法"。（《王文公文集》卷二《上仁宗皇帝言事书》）

任孜、任伋兄弟来书称美苏洵，苏洵作诗答谢，有郁郁不得志之感。

苏洵《答二任》："昨者入京洛，文章被人夸。故旧未肯信，闻之笑呀呀。独有两任子，知我有足嘉。远游苦相念，长篇寄芬葩。道我未亦尔，子得无增加。贫穷已衰老，短发垂髿髿。重禄无意取，思治山中畲。往岁苦栽竹，细密如蒹葭。庭前三小山，本为山中楂。当前凿方池，寒泉照谽谺。玩此可竟日，胡为踏朝衙？"从"昨者入京洛"二句，可知此诗作于嘉祐二年名动京师返川之后。"重禄无意取"二句乃未取得重禄的无可奈何的心情之表露。"庭前三小山"指苏洵眉山家中所蓄木山三峰。王文诰《苏诗总案》卷二系此条于嘉祐六年还京后，误。时苏洵才到京师一年多，不得云"往岁苦栽竹"；已任试秘书省校书郎，不得云"闲居"。且诗中所讲"庭前三小峰"，与《木假山记》所讲"予家有三峰"同，皆眉山老家所藏木山；而京城所蓄木山乃嘉祐四年冬三苏父子东出三峡时杨纬所赠，形状与眉山老家之木山不同，不能相混。（详见嘉祐四年谱）

苏洵作《木假山记》，以树木遭际之不幸自况。

苏洵《木假山记》："木之生或蘖而殇，或拱而夭，幸而至于栋梁则伐。不幸而为风之所拔，水之所漂，或破折或腐。幸而得不破折不腐，则为人所材，而有斧斤之患。其最幸者，漂沉汩没于湍沙之间，不知其几百年而其激射啮食之余，或仿佛于山者，则为好事者取去，强之以为山……予家有三峰……中峰魁岸踞肆，意气端重，若有以服其旁之二峰。二峰者庄栗刻峭，凛乎不可犯。虽其势服于中峰，而岌然无阿附意。吁，其可敬也夫，其可以有所感夫！"

梅圣俞《苏明允木山》："空山枯楠大蔽牛，霹雳夜落鱼凫洲。鱼凫水射千秋蠹，肌烂随沙荡漾流，唯存坚固蛟龙锹，形如三山中尤酋。左右两峰相扶翊，尊奉君长无慢尤。苏夫子见之惊且异，买于溪叟凭貂裘。因嗟大不为栋梁，又叹残不为薪樎。雨浸藓涩得石瘦，宜与夫子归隐丘。"

按：此木假山是"买于溪叟凭貂裘"，而嘉祐四年运入京城的木山则为杨纬所赠。

苏轼《木山并叙》："吾先君子尝蓄木山三峰，且为之记与诗。诗人梅二丈圣俞见而赋之，今三十年矣。"按：苏轼此诗作于元祐三年（1088），逆数三十年则为嘉祐三年（1058）。王文诰《苏诗总案》既误"两木山"为"一木山"，又系年有误（见《苏诗总案》卷二嘉祐五年条和卷五治平元年条）。

十月，苏洵得雷简夫书，闻将召试舍人院。十一月五日，召命下，苏洵称病不赴试。十二月一日上书仁宗皇帝，又致书雷简夫、梅圣俞。

苏洵《上皇帝书》（卷一二）："翰林学士欧阳修奏臣所著《权书》《衡论》《几策》二十篇，乞赐甄录。陛下过听，召臣试策论舍人院，仍令本州发

· 附 录·

遣臣赴阙……臣本凡才，无路自进。当少年时，亦尝欲侥幸于陛下之科举，有司以为不肖，辄以摈落。盖退而处者十有余年矣。今虽欲勉强扶病戮力，亦自知其疏拙，终不能合有司之意。恐重得罪，以辱明诏。"《上皇帝书》提出改革吏治、恢复武举等十项革新措施，认为："法不足以制天下。以法制天下，法之所不及，天下斯欺之矣。"此正与王安石于同年所作《上仁宗皇帝言事书》观点相反。书末云："曩臣所著二十篇，略言当世之要。陛下虽以此召臣，然臣观朝廷之意，特以其文彩词致稍有可嘉，而未必其言之可用也。"

苏洵《答雷太简书》（卷一六）："太简足下：前月辱书，承谕朝廷将有诏命，且教以东行应诏。旋属郡有符，亦以此见遣。承命自笑，恐不足以当，遂以病辞，不果行。计太简亦已知之。仆已老矣，固非求仕者，亦非固不求仕者。自以闲居田野之中，鱼稻蔬笋之资，足以养生自乐，俯仰世俗之间，窃观当世之太平。其文章议论，亦可以自足于一世。何苦乃以衰病之身，委曲以就有司之权衡，以自取轻笑哉！然此可为太简道，不可与流俗人言也。向者《权书》《衡论》《几策》，皆仆闲居之所为。其间虽多言今世之事，亦不自求出之于世，乃欧阳永叔以为可进而进之。苟朝廷以为其言之可信，则何所事试？苟不信其平生之所云，而其一日仓卒之言，又何足信耶？恐复不信，祗以为笑。久居闲处，终岁幸无事。昨为州郡所发遣，徒益不乐耳。"

苏洵《与梅圣俞书》（卷一六）："前月承本州发遣，赴阙就试。圣俞自思，仆岂欲试者？惟其平生不能区区附合有司之尺度，是以至此穷困。今乃以五十衰病之身，奔走万里以就试，不亦为山林之士所轻笑哉！自思少年尝举茂才，中夜起坐，裹饭携饼待晓东华门外，逐队而入，屈膝就席，俯首据案。其后每思至此，即为寒心。今齿日益老，尚安能使达官贵人，复弄其文墨，以穷其所不知邪？且以永叔之言，与夫三书之所云，皆世之所见。今千里召仆而试之，盖其心尚有所未信，此尤不可苟进以求其荣利也。昨适有病，遂以此辞。然恐无以答朝廷之恩，因为《上皇帝书》一通以进，盖以自解其不至之罪而已。"

嘉祐四年己亥（1059）：五十一岁。

废除猜防大臣法。

苏洵《上皇帝书》曾反对"两府与两制……不可以相往来"之禁令，至此废除。

王安石任提点江东刑狱，作《议茶法》（《王文公文集》卷三一）："国家之势，苟修其法度，以使本盛而末衰，而天下之财不胜用。"《酬王詹叔奉使江东访察利害见寄》（《王文公文集》卷四一）："区区欲救弊，万谤不容口。天下大安危，谁当执其咎？劳心适有罪，养誉终天丑。"《思王逢源》（同上卷四四）："我疲学更误，与世不相宜。"可见反对王安石变法主张者亦不少。

石昌言卒。

司马光《石昌言哀辞》："眉山石昌言，年十八州举进士……四十三乃及第，十八年知制诰，又三年以疾终……光为儿始执卷，则闻昌言名，已而同年登进士第，与昌言游凡二十年。"司马光登宝元元年（1038）进士科，昌言亦同科，二十年后卒则在此年。

梅圣俞题诗寄苏洵，劝其入京。

梅圣俞《题老人泉寄苏明允》（《宛陵集》卷五九）："泉上有老人，隐见不可常。苏子居其间，饮水乐未央。渊中必有鱼，与子同徜徉。渊中苟无鱼，子特玩沧浪。日月不知老，家有雏凤凰，百鸟戢羽翼，不敢言文章。去为仲尼叹，出为盛时祥。方今天子圣，无滞彼泉旁。"按：从末句可知，此诗作于苏洵父子离家返京之前。王文诰《苏诗总案》（卷一）系此诗于嘉祐五年苏洵父子返京之后，不妥，今改系嘉祐四年。

五月，苏洵作《自尤诗》，哀其幼女之死。

苏洵《自尤诗并叙》："余生而与物无害，幼居乡间，长适四方，万里所至，与其君子而远其不义。是以年五十有一而未始有尤于人，而人亦无以我尤者。盖壬辰之岁而丧幼女，始将以尤夫家，而卒以自尤也……其后八年而余乃作《自尤》之诗。"按：王文诰《苏诗总案》卷一皇祐五年条云："作《族谱亭记》及《自尤》诗。"误。壬辰之岁为皇祐四年

(1052),其后八年当为嘉祐四年(1059)。

六月召命再下,苏洵致书欧阳修。

苏洵《上欧阳内翰第四书》(卷一五):"洵久不奉书,非敢有懈。以为用公之奏而得召,恐有私谢之嫌。今者洵既不行,而朝廷又欲必致之。恐听者不察,以为匹夫而要君命,苟以为高而求名,亦且得罪于门下,是故略陈其一二,以晓左右……始公进其文,自丙申之秋,至戊戌之冬,凡七百余日而得召。朝廷之事,其节目期限如此之繁且久也。使洵今日治行,数月而至京师,旅食于都市以待命;而数月间得试于所谓舍人院者,然后使诸公传考其文,亦一二年;幸而以为不谬,可以及等而奏之,从中下相府,相与拟议,又须年载间,而后可以庶几有望于一官。如此,洵固已老而不能为矣!人皆曰:'求仕将以行道。'若此者,果可以行道乎?……是故其来迟迟而未甚乐也,王命且再下,洵若固辞,必将以为沽名而有所希望。今岁之秋,轼、辙已服阕,亦不可不与之俱东。恐内翰怪其久而不来,是以略陈其意。"

苏洵造大悲心像龛置极乐院中,作《六菩萨记》。

苏洵《极乐院六菩萨记》:"嗟夫,三十年之间,而骨肉之亲,零落无几。适将南去,由荆楚走大梁,然后访吴越,适燕赵,徜徉于四方,以忘其老。将去,慨然顾坟墓,追念死者,恐其魂神精爽滞于幽阴冥漠之间而不复旷然游乎逍遥之乡。于是造六菩萨并龛座二所,盖释氏所谓观音、势至、天藏、地藏、解冤结、引路王者,置于极乐院阿弥如来之堂。"

十月,苏洵父子及其家属离家,沿岷江、长江而下赴京。

苏轼《南行前集叙》:"十二月八日江陵驿书。"又《上王兵部书》:"自蜀至于楚,舟行六十日。"从十二月八日逆数六十日,苏洵父子当于十月初启行。

至嘉州,游龙岩、陵(今作"凌")云寺,苏洵有诗。

苏洵《游嘉州龙岩》:"使君怜远客,高会有余情。酌酒何能饮,去乡怀独惊。"

苏洵《游陵(今作"凌")云寺》:"长江触水山欲摧,古佛咒水山之隈。

千舸万舳膝前过，仰视绝顶皆徘徊。足踏重浪怒汹涌，背负乔岳高崔嵬。予昔过此下荆渚，斑斑满面生苍苔。今来重到非旧观，金翠晃荡祥光开。"按："予昔过此下荆渚，"疑即《忆山送人》所记景祐四年东下荆渚，入京应进士试事。

苏洵《初发嘉州》："家托舟航千里速，心期京国十年还。乌牛山下水如箭，忽失峨眉枕席间。"按：苏轼兄弟亦有同题诗。"家托舟航"，因苏洵这次是全家入京，二子、二媳、长孙苏迈与苏轼兄弟之乳母任氏、杨氏皆同行。

舟中月夜，苏洵弹琴，二子有诗记其事。

苏轼《舟中听大人弹琴》："弹琴江浦夜漏永，敛衽窃听独激昂。风松瀑布已清绝，更爱玉佩声琅珰。"

苏辙《舟中听琴》："江流浩浩群动息，琴声琅琅中夜鸣。水深天阔音响远，仰视斗牛皆纵横。"

泊江安县南井口，苏洵老友任孜来别，苏轼兄弟有诗。

苏轼《泊南井口，期任遵圣长官，到晚不及见，复来》："江上有微径，深榛烟雨埋。崎岖欲取别，不见又重来。下马未及语，固已慰长怀。"

苏辙《泊南井口期任遵圣》："期君荒江濆，未至望已极。朔风吹乌裘，隐隐沙上立。愧余后期至，先到犯寒色。既泊问所如，归去已无及。系舟重相邀，雨冷路途湿。"从"愧余后期至"可知，苏洵父子当是分乘数舟，联翩而下。

过渝州，苏洵会见张子立。

苏洵《答张子立见寄》："舟行道里日夜殊，佳士恨不久与俱。峡山行尽见平楚，舍舡登岸身无虞。念君治所自有处，不复放纵如吾徒。忆昨相见巴子国，谒我江上颜何娱……凄风腊月客荆楚，千里适魏劳奔趋。将行纷乱苦无思，强说鄙意惭区区。"从"峡山行尽见平楚"，"凄风腊月客荆楚"可知，此诗作于到达江陵后。但诗中所忆乃途经渝州时事。周巴子国，即秦、汉之巴郡，治所在今重庆。

过丰都，见李长官，游仙都观。苏洵有《仙都山鹿并叙》及《题仙都

·附　录·

观》诗。

经万州武宁县木枥观，苏洵有《过木枥观并引》诗。

过夔州，苏洵题诗白帝庙。

苏洵《题白帝庙》："谁开三峡才容练，长使群雄苦力争。熊氏凋零余旧族，成家寂寞闭空城。永安就死悲玄德，八阵劳神叹孔明。白帝有灵应自笑，诸公皆败岂由兵？"

入峡，遇杨节推和世旧宋某。苏洵应杨节推之请，为其父作墓志铭。

苏洵《和杨节推见赠》："与君多乖睽，邂逅同泛峡。宋子虽世旧，谈笑顷不接。二君皆泛游，畴昔共科甲。唯我老且闲，独得离圈柙。少年实强锐，议论令我怯。有如乘风箭，勇发岂顾帖？置酒来相邀，殷勤为留楫。杨君旧痛饮，浅水安足涉？嗟我素不任，一酌已頳颊。去生别怀悒，有子旅意惬。舍棹治陆行，岁晚精力乏。"从"舍棹治陆行"可知，此诗亦作于到达江陵后，但所忆为峡中事。苏洵祖母姓宋，所谓"宋子本世旧"或指此。

苏洵《与杨节推书》："节推足下，往者见托以先丈之埋铭，示之以程生之行状……然余伤夫人子之惜其先君无闻于后以请于我，我既已许之而又拒之，则无以恤乎其心，是以不敢遂已，而卒铭其墓。凡子之所欲使子之先君不朽者，兹亦足以不负子矣。谨录以进如左。"

苏洵《丹稜杨君墓志铭》："杨君讳某字某，世家眉之丹稜……生子四人，长曰美琪，次曰美琳，次曰美珣，其幼美球。美球尝从事安靖军，余游巴东，因以识余。嘉祐二年某月某日君卒，享年若干。四年十一月某日葬于某乡某里。将葬，从事来请余铭，以求不泯于后，余不忍逆。"按：杨节推当即杨美球：节推即节度使推官，即指任安靖军从事，官职合；"余游巴东，因以识余"，地点合；"嘉祐四年十一月"，苏洵正在峡中，时间合。杨节推托苏洵为其父作墓志铭当在峡中相遇时，故系于此。

杨纬赠苏洵木山，苏洵携之入京。

苏洵《寄杨纬》："家居对山木，谓是无言伴。去乡不能致，回顾颇自短。谁知有杨子，磊落收百段。拣赠最奇峰，慰我苦长叹。连城尽如削，邃

187

洞幽可欸。回合抱空虚，天地耸其半。舟行因乐载，陆挈敢辞懒？飘飘忽千里，有客来就看。自言此地无，爱惜苦欲换。低头笑不答，解缆风帆满。京洛有幽居，吾将隐而玩。"按：从"舟行因乐载"四句可知，赠木山当在峡中，作诗当在自江陵赴京途中，从此诗可知，苏洵于眉山家中所蓄木山三峰，与嘉祐五年入京后所蓄木山绝非同一木山。苏轼《和子由木山引》云："蜀江久不见沧浪，江上枯楂远可将。"亦指杨纬所赠木山。杨节推、杨美球、杨纬很可能同为一人，节推乃其官职，美球、纬，或其名，或其字，或其号。因别无所据，故仍分立条目。

经巫峡，苏洵有《神女庙》诗。

至峡州，三苏父子同游三游洞，并留宿。

苏洵《三游洞题壁》："洞中苍石流成乳，山下寒溪冷欲冰。天寒二子苦求去，吾欲居之亦不能。"

十二月初抵江陵，留此度岁，汇途中三父子诗文为《南行前集》。

苏轼《南行前集叙》："己亥之岁，侍行适楚。舟中无事，博弈饮酒，非所以为闺门之欢。山川之秀美，风俗之朴陋，贤人君子之遗迹，与凡耳目之所接者，杂然有触于中而发于咏叹。盖家君之作与弟辙之文皆在，凡一百篇，谓之《南行集》，将以识一时之事，为他日之所寻绎。且以为得于谈笑之间，而非勉强所为之文也。时十二月八日江陵驿书。"按：王文诰《苏诗总案》卷一嘉祐四年条云："《南行集》无传本，公诸诗散见于王注，七集各本，而查注据外集从邵本续补遗采编卷一者，自《郭纶》起至咏《至喜堂》止，凡四十二诗。《栾城集》自《郭纶》起至《题清溪寺》止，凡二十三诗。又从王注内采附宫师与子由《游三游洞》二诗。又本集《滟滪堆赋》《屈原庙赋》二篇，《栾城集·巫山赋》《屈原庙赋》二篇。以上共七十一篇，则叙所云'凡一百篇'而截止于十二月八日以前作者已佚去二十九篇矣。又查注谓王注所引《蛰都山鹿》之老泉诗叙及三游洞之老泉诗，考《嘉祐集》皆不载，公所谓《南行前集》者，盖不可求其全矣。"《栾城集》卷一《巫山庙》有"乘船入楚溯巴蜀，渍漩深恶秋水高。归来无恙无以报，山上麦熟可作醪"句。嘉祐四年三苏父

·附 录·

子由蜀入楚，不得云"入楚溯巴蜀"；经过巫峡时已是深冬，不得云"秋水高"；出蜀，不得云"归来"。此诗当是治平三年秋苏辙与兄扶父丧返川时作。也就是说，只存七十篇。王文诰除《游三游洞》诗外，完全未见到苏洵这次南行途所作的诗。其实，宋刻残本《类编增广老苏先生大全文集》还载有苏洵的《游嘉州龙岩》《初发嘉州》《和杨节推见赠》《答张子立见寄》(以上卷一)《题仙都观》《游陵云寺》《过木枥观并引》《神女庙》《题白帝庙》《仙都山鹿》(以上卷二)，共十首，皆嘉祐四年十二月八日到达江陵以前所作，应属《南行前集》中诗。这样，《南行前集》一百篇诗文尚存八十篇。

苏洵作《王荆州画像赞》(卷一五)。

嘉祐五年庚子(1060)：五十二岁。

四月，梅圣俞去世。五月，王安石为三司度支判官。十一月，欧阳修为枢密副使。

苏洵父子在荆州度岁，正月五日离荆州，各作《荆门惠泉》诗。

苏洵《荆门惠泉》："当年我少年，系马弄潺湲。爱此泉旁鹭，高姿不可攀。今逾二十载，我老泉依旧。临流照衰颜，始觉老且瘦。当时同游子，半作泉下尘。流水去不返，游人岁岁新。"

渡汉水，至襄阳，游万山。苏洵有《襄阳怀古》和《万山》诗。过叶县，苏洵有《昆阳城》诗。

二月十五日苏洵父子到达京师，暂寓西冈。

苏轼《与杨济甫书》："为别忽已半岁……自离家至荆南，数次奉书，计并闻达。前月半已至京师，一行无恙。得腊月中所惠书，甚慰远意。见在西冈赁一宅子居住。"按：苏洵父子于上年十月离家，从"为别忽已半载"知此书作于嘉祐五年三月；"前月半已至京师"，则苏洵一家到京当在二月十五日。

苏颂来与苏洵叙宗盟。

苏轼《荐苏子容功德疏》："自昔先君以来，尝讲宗盟之好四十余年。"苏轼《疏》作于建中靖国元年（1101），上数至嘉祐五年（1060）为四十一年。时苏颂任馆阁校理。

六月苏洵作文祭侄苏位。

苏洵《祭侄位文》（卷一九）："嘉祐五年六月十四日，叔洵以家馔酒果祭于亡侄之灵。昔汝之生后余五年。余虽汝叔父，而幼与汝同戏，如兄弟然。其后余日以长，汝亦以壮大。余适四方，而汝留故园；余既归止，汝乃随汝仲叔旅居东都，十有三岁而不还。今余来东，汝遂溘然长逝而不救。"苏位，苏洵之兄苏澹之长子。

苏洵一家移居杞县。

苏洵《谢赵司谏启》："寓居雍邱，无故不至京师瞻望君子。"雍邱即杞县。

苏洵《贺欧阳枢密启》："阻以在外，阙于至门。"

苏辙《辛丑除日寄子瞻》："居梁不耐贫，投杞辟糠麧。城南庠斋静，终岁守坟籍。"按：苏洵《谢赵司谏启》作于嘉祐五年八月后，《贺欧阳枢密启》作于同年十一月；苏辙《辛丑除日寄子瞻》作于嘉祐六年年终。此即表明苏洵一家到京后不久即移居杞县，至少有一年有余。王文诰《苏诗总案》卷二嘉祐五年二月条云："十五日抵京师寓于西冈。"嘉祐六年闰八月条云："公（苏轼）于宜秋门内得南园，奉宫师徙居其中。"其间未提及移居杞县事。其实，嘉祐六年八月苏洵一家仍居杞县。

八月，苏洵任秘书省试校书郎。

欧阳修《故霸州文昌县主簿苏君（明允）墓志铭》："召试紫微阁，辞不至，遂除试秘书省校书郎。"

曾巩《苏明允哀辞》："既而明允召试舍人院，不至，特用为秘书省校书郎。"

张方平《文安先生墓表》："召试紫微阁下，不至，乃除试秘书省校书郎。"

苏洵致书欧阳修，谢其推荐，望其继续以宾客之礼相待；又有《谢相府启》《谢赵司谏启》。

·附　录·

苏洵《上欧阳内翰第五书》（卷一五）："内翰侍郎执事：洵以无用之才，久为天下之弃民，行年五十，未尝见役于世。执事独以为可收而论之于天子。再召之试，而洵亦再辞。独执事之意丁宁而不肯已。朝廷虽知其不肖，不足以辱士大夫之列，而重违执事之意，譬之巫医卜祝特捐一官以乞之。自顾无分毫之功，有益于世，而王命至门，不知辞让，不畏简书之讥，而苟以为荣，此所以深愧于执事，久而不至于门也……今洵已有名于吏部，执事其将以道取之耶，则洵也犹得以宾客见。不然，其将与奔走之吏同趋于下风，此洵所以深自怜也。"

苏洵《谢相府启》（卷一八）："向承再命以就试，固以大异其本心。且必试而审观其才，则上之人犹未信其可用。未信而有求于上，则洵之意以为近于强人，遂以再辞。既获命于匹夫之贱而必行其私意，岂王命之宠而敢望其曲加？昨承诏恩，被以休宠，退而自顾，愧其无劳。"

苏洵《谢赵司谏启》："今年秋，始见太守窦君京师，乃知阁下过听，猥以鄙陋，上塞明诏……今阁下举人而取于不相识之中，则其去世俗远矣。寓居雍丘，无故不至京师，瞻望君子，日以复日。顷者朝廷猥以试校书郎见授，洵不能以老身复为州县之吏。然所以受者，嫌若有所过望耳。以阁下知我，故言及此，无怪。"按：王文诰《苏诗总案》卷二系此条于嘉祐六年七月，并云："此书则荐宫师者不止欧阳修也。其赵司谏、窦太守皆不详何人。盖欧阳修奏上其文之后，必经两制议，赵或与其事，故又荐之也。"王文诰因不知赵司谏为何人，故对此《启》的系年，推测赵司谏推荐苏洵之背景，皆误。赵司谏即赵抃，根据有二：第一，苏轼《赵清献公神道碑》云，赵抃"移充梓州路转运使，未几，移益……以右司谏召。"第二，《续资治通鉴》卷五九嘉祐五年八月条云："以眉州进士苏洵为试校书郎……翰林学士欧阳修上其所著《权书》《衡论》《机策》二十二篇，宰相韩琦善之；召试舍人院，以疾辞。本路转运使赵抃等荐其行义；修又言洵既不肯就试，乞除一官，故有是命。"此系赵司谏即赵抃之确证。苏洵《谢赵司谏启》乃因任试校书郎而谢赵抃之推荐，故当改系嘉祐五年八月；赵抃推荐苏洵并非因为"经两制议，赵或与其事，故又荐之",而是以益州转运使身份推荐本路人才。苏轼兄弟居母丧期间正是赵抃任益州转运使时,苏洵父子还京,赵抃亦还朝任右司谏,故称赵司谏。

苏洵研究《周易》,开始作《易传》。

苏洵《上韩丞相书》:"自去岁以来,始复读《易》,作《易传》百余篇。此书若成,则自有《易》以来,未始有也。"此书作于嘉祐六年,"去岁"即嘉祐五年。

十一月,欧阳修为枢密副使,苏洵上书致贺。

苏洵《贺欧阳枢密启》(十六卷本《苏老泉先生全集》卷一五):"自闻此命,欣贺实深。益因物议之所归,以慰民心之大望……洵受恩至深,为喜宜倍。尝谓未死之际,无由知王道之大行;不意临老之年,犹及见君子之得位。"

苏洵送吴中复知潭州。

苏洵《送吴待制中复知潭州二首》:"十年曾作犍为令,四脉尝闻愍俗诗。共叹才高堪御史,果能忠谏致戎麾。会稽特欲荣公子,冯翊犹将试望之。船系河堤无几日,南公应已怪来迟。""台省留身凡几岁,江湖得郡喜令行。卧听晓鼓朝眠稳,行入淮流乡味生。细雨满村莼菜长,高风吹斾采船狞。到家应有壶餴劳,倚赖比邻不畏卿。"按:王文诰《苏诗总案》卷一系此条于皇祐三年,误。据《东都事略·吴中复传》,吴既曾"通判潭州",又曾"知潭州"(《宋史·吴中复传》作"知泽州",因字形相近而误)。据《续资治通鉴》卷五四载,吴中复因御史中丞孙抃荐,由潭州通判入朝任监察御史里行,在皇祐五年(1053)十二月。因此,说皇祐三年(1051)吴由犍为令改潭州通判是可信的。但苏洵诗题,明明是送吴"知潭州",而不是送吴通判潭州,编皇祐三年显然不妥。据《吴中复传》载,吴于皇祐五年入朝后,先后任监察御史里行,迁殿中侍御史,改右司谏,同知谏院,迁御史知杂事、户部副使,擢天章阁待制,知潭州。《续资治通鉴》卷五九嘉祐五年七月壬子条有"命翰林学士吴奎、户部副使吴中复、度支判官王安石、右正言王陶相度牧马利害以闻"语,可见吴由户部副使擢天章阁待制出知潭州当在嘉祐五年七月以后，时苏洵亦在京师。苏洵《送吴待制中复知潭州》即作于此时，它不是皇祐三年为送犍为令吴中复通判潭州而作，而是为嘉祐五年送天章阁待制（所谓"吴待制"）知潭州而作。诗中所谓"十年曾作犍为令"，是说十年前吴曾做犍为令，从皇祐五年到嘉祐五年恰为十年；而不是如某些人所解释的尝作犍为令十年。宋代官吏调动频仍，绝不可能让吴在犍为连任四任。所谓"共叹才高堪御史，果能忠谏致戎麾"，正指孙抃于皇祐五年荐吴为监察御史里行，而吴亦未辜负孙之推荐。若此诗作于皇祐三年，苏洵怎能预知两年后发生的事呢？所谓"台省留身凡几岁"，即指吴从皇祐五年起至嘉祐五年止，皆在朝廷任职。所谓"行人淮流乡味生"，系想象吴中复赴任途中境况。此句颇重要，若是皇祐三年从四川犍为送吴通判潭州，吴决不会途经淮流；只有嘉祐五年从京城送吴知潭州，吴才可能途经淮流、途经家乡（吴中复为"兴国永兴人，"即今湖北阳新人）。若按《苏诗总案》系年，从诗题到内容皆无法解释。

嘉六年辛丑（1061）：五十三岁。

六月，以王安石知制诰。王安石有《上时政书》，主张"明法度，建贤才"。

八月，以欧阳修参知政事。

苏轼兄弟应制科试。苏轼《进策》《御试制科策》系统提出其革新主张。

苏轼《策略三》（《东坡应诏集》卷一）："当今之患，法令虽有未安，而天下之所以不大治者，失在于任人，而非法制之罪也。"其言显然针对王安石"患在不知法度"而发。邵博《邵氏闻见后录》（卷一四）："东坡中制科，王荆公问吕申公：'见苏轼制策否？'申公称之。荆公曰：'全类战国文章。若安石为考官，必黜之。'"

王安石《应才识兼茂明于体用科守河南福昌县主簿苏轼大理评事制》（《王荆公年谱考略》卷八）："敕某：尔方尚少，已能博考群书，而深识当世之务。才能之异，志力之强，亦足以观矣。其使序于大理，吾将试尔从政之才。夫士之强学瞻词，必知要然后不违于道。择尔所闻而守之以要，将无所施而不称矣。可不勉哉！"制词虽系代皇帝立言，但一定程度上亦能代表王安石对苏轼之看法。"尔方尚少"，"将试尔从政之才"，"必知要然后不违于道"等语，不无教训口气。

苏辙《颍滨遗老传》："辙年十九举进士释褐，二十三举直言。仁宗亲策于廷。时上春秋高，始倦于勤，辙因所问极言得失……除商州军事推官，知制诰王介甫意其右宰相，专攻人主，比之谷永，不肯撰词。"

苏洵上书韩琦，对其不能重用自己表示不满。

苏洵《上韩丞相书》："洵年老无聊，家产破坏，欲从相公乞一官职。非敢望如朝廷所以待贤俊，使之志得道行者，但差胜于今，可以养生遗老者耳……洵久为布衣，无官长拘辖，自觉筋骨疏强，不堪为州县趋走拜伏小吏。相公若别除一官，而幸与之，愿得尽力。就使无补，亦必不至于恣睢漫滥，以伤害王民也。今朝廷糊名以取人，保任以得官，苟应格者虽屠沽不得不与。何者？虽欲爱惜而无由也。今洵幸为诸公所知，似不甚浅，而相公尤为有意。至于一官则反复迟疑不决者累岁。嗟夫，岂天下之官以洵故冗邪？"

张方平《文安先生墓表》："时相韩琦闻其风而厚待之，尝与论天下事，以为贾谊不能过也。然知其才而不能用。"

七月，以苏洵为霸州文安县主簿，编纂礼书。

欧阳修《故霸州文安县主簿苏君墓志铭》："会太常修纂建隆以来礼书，乃以为霸州文安县主簿，使食其禄，与陈州项城县令姚辟同修礼书。"

曾巩《苏明允哀辞》："顷之，以为霸州文安县主簿，编纂太常礼书。"

张方平《文安先生墓表》："俾就太常修纂礼书，以为霸州文安县主簿，使食其禄。"

净因大觉琏师赠苏洵以阎立本画，苏洵以诗报之。

苏洵《水官诗》："我从大觉师，得此鬼怪编。画者古阎子，于今三百年。见者谁不爱，予者诚已难。在我犹在子，此理宁非禅。报之以好词，何必画在前。"此诗苏洵集不载，见《东坡续集》卷一《次韵水官诗》附录。

·附　录·

苏轼《次韵水官诗》叙："净因大觉琏师，以阎立本画水官遗编礼公。公既报之以诗，谓某：'汝亦作。'某顿首再拜次韵，仍录二诗为一卷献之。"

苏涣擢提点利州刑狱。

苏轼《祭伯父提刑文》："辛丑之秋，送伯西郊。"

苏辙《伯父墓表》："知涟水军，未行，枢密副使孙公抃荐公，擢提点利州路刑狱。"

苏洵与李仲蒙交游。

苏轼《李仲蒙哀词》（《东坡集》卷一九）："昔吾先君始仕于太常，君以博士朝夕往来相好。先君于人少所与，独称君为长者。"李仲蒙名育，其先河内人，自高祖徙于缑氏。中进士甲科，为亳、润、邠三郡职官，后为应天府录曹，太常博士。晚以司封郎直史馆，为岐王府记室。卒年五十。

苏洵《上六家谥法议》。按：今存苏洵集不载，《宋蜀文辑存》卷四据《宋会要辑稿》录出，注"嘉祐六年十月"作。

欧阳修《与苏编礼》（《欧阳文忠公集》卷一五〇）："某启：承示表本甚佳。前所借《谥法》三卷，值公私多事，近方徧得披阅。文字更不待愚陋称述。第新法增损，今别为一书，则无不可矣。成一家之言，吾侪喜若己出耳。《谥录》既多，只欲借稿本。"按：《宋史·艺文志》著录有苏洵《皇祐谥法》三卷，《皇祐谥录》二十卷。

苏洵作《礼书》，强调实录，反对篡改历史。

苏洵《议修礼书状》："右洵先奉敕编《礼书》，后闻臣寮上言，以为祖宗所行，不能无过差不经之事，欲尽芟去，无使存录。洵窃见议者之说，与敕意大异。何者？前所授敕，其意曰：'纂集故事，而使后世无忘之耳。'非曰制为典礼，而使后世遵而行之也。然则洵等所编者，是史书之类也。遇事而记之，不择善恶，详其曲折，而使后世得知，而善恶自著者，是史之体也。若夫存其善而去其不善，则是制作之事，而非职之所及也。而议者以责洵等，不已过乎？……谨具状申提举参政侍郎，欲乞备录闻奏。"上状具体时间不详。欧阳修于嘉祐六年任参知政事，总纂修礼书事，姑系于此。

嘉祐七年壬寅（1062）：**五十四岁。**

八月立宗实为皇子，赐名曙（即其后之英宗）。

苏涣卒于利州路提点刑狱任。

苏辙《伯父墓表》："嘉祐七年八月乙亥，无疾暴卒……享年六十有二。"

孙叔静兄弟请学于苏洵，苏洵有手书致孙。

苏轼《跋先君与孙叔静帖》（三苏祠本《东坡集》卷六六）："嘉祐、治平间，先君编修《太常因革礼》。在京师学者多从讲问，而孙叔静兄弟皆笃学能文，先君极称之。先君既殁十有八年，轼谪居于黄，叔静自京师过蕲，枉道过轼，出先君手书以相示。轼请受而藏之，静叔不可，遂归之。先生平生往还书疏，多口占以授子弟，而此独其真迹，信于叔静兄弟厚善也。"

苏洵与黎希声为邻并相友善。

苏辙《次韵子瞻寄眉守黎希声》："邻居屈指今谁在，一念伤心十五年。"自注云："辙昔侍先人于京师，与希声邻，居太学前。是时公之亡兄与二亡侄皆在，今十五年而在者唯公、仆二人，言之流涕。"是诗作于熙宁十年（1077），上溯十五年即为嘉祐七年（1062）。

苏轼《眉山远景楼记》："黎希声，轼先君子之友人也。"

嘉祐八年癸卯（1063）：**五十五岁。**

三月，仁宗去世，皇子赵曙继位，是为英宗。韩琦为山陵使，厚葬仁宗。苏洵上书韩琦。力主薄葬。

苏洵《上韩昭文论山陵书》（卷一六）："洵以为当今之议，莫若薄葬……上以遂先帝恭俭之诚，下以纾百姓目前之急，内以解华元不臣之讥，而万世之后以固山陵不拔之安。"

张方平《文安先生墓表》："初作昭陵，凶礼废阙，琦为大礼使，事从其

· 附 录 ·

厚，调发辄办，州县骚动。先生以书谏琦且再三，至引华元不臣以责之。琦为变色，然顾大义，为稍损其过甚者。"

苏洵作《辨奸论》以刺王安石。

苏洵《辨奸论》（卷一一）："今有人口诵孔、老之言，身履夷、齐之行，招收好名之士、不得志之人，相与造作语言，私立名字，以为颜渊、孟轲复出。而阴贼险狠，与人异趣，是王衍、卢杞合而为一人也，其祸岂可胜言哉！夫面垢不忘洗，衣垢不忘浣，此人之至情也。今也不然，衣臣虏之衣，食犬彘之食，囚首丧面而谈《诗》《书》，此岂其情也哉！凡事之不近人情者，鲜不为大奸慝，竖刁、易牙、开方是也。以盖世之名，而济未形之患，虽有愿治之主、好贤之相，犹将举而用之。则其为天下患，必然无疑者，非特二子之比也。"

张方平《文安先生墓表》："安石之母死，士大夫皆吊之，先生独不往，作《辨奸论》一篇……当时见者多谓不然，曰：'嘻，其甚矣！'先生既殁三年，而王安石用事，其言乃信。"

苏轼《谢张太保撰先人墓碣书》（《东坡集》卷二九）："轼顿首再拜。伏蒙再示先人墓表，特载《辨奸论》一篇，恭览涕泗，不知所云……《辨奸》之始作也，自轼与弟皆有'噫，其甚矣'之谏，不论他人。惟明公一见以为'与我意合'。公固已论之先朝，载之史册。今虽容有不知，后世绝不可没。而先人之言，非公表而出之，则人未必信。信不信何足深计，然使斯人用区区之小数以欺天下，天下莫觉莫知，恐后人必有'秦无人'之叹。此墓志所以作，而轼之所流涕再拜而谢也。"

英宗治平元年甲辰（1064）：五十六岁。

治平二年乙巳（1065）：五十七岁。

五月苏轼之妻王弗卒于京师，年二十七。

苏轼《亡妻王氏墓志铭》（《东坡集》卷三九）："治平二年五月丁亥，赵郡苏轼之妻王氏卒于京师……先君命轼曰：'妇从汝于艰难，不可忘也。

他日汝必葬诸其姑之侧。'"

九月《太常因革礼》修成。

《续资治通鉴》（卷六三）英宗治平二年九月辛酉条："提举编纂礼书、参知政事欧阳修奏，已编纂（礼）书成百卷。诏以《太常因革礼》为名，赐修等银帛有差。"

九月九日苏洵参加韩琦家宴，赋诗。

苏洵《九日和韩魏公》："晚岁登门最不才，萧萧华发映金罍。不堪丞相延东阁，闲伴诸儒老曲台。佳节久从愁里过，壮心偶傍醉中来。暮归冲雨寒无睡，自把新诗百遍开。"

叶梦得《避暑录话》："苏明允既为欧阳文忠公所知，其名翕然，韩忠献诸公皆待以上客。尝遇忠献置酒私第，惟文忠与一二执政，而明允以布衣参其间，都人以为异礼。席间赋诗，明允有'佳节久从愁里过，壮心时傍醉中来'句，其意气犹不稍衰。"按："明允以布衣参其间"，误。王文诰《苏诗总案》可能据此系此诗于嘉祐元年九月，亦误。时苏洵已非布衣，诗有"不堪丞相延东阁"句，韩琦作丞相在嘉祐三年至英宗治平四年，故此诗只能作于嘉祐三年以后；诗中又有"闲伴诸儒老曲台"名，曲台指太常寺，苏洵任太常寺礼院编修在嘉祐六年七月，故此诗只能作于嘉祐六年以后；韩琦原唱为《乙巳重阳》："苦厌繁机少适怀，欣逢重九启宾罍。招贤敢并翘材馆，乐事难追戏马台。薜布乱钱乘雨出，雁排新阵拂云来。何时得遇樽前菊，此日花随月令开。"乙巳即英宗治平二年，故此诗只能作于是年九月九日夜。

治平三年丙午（1066）：**五十八岁。**

春，苏洵病。

欧阳修《与苏编礼启》（《欧阳文忠公集》卷一五〇）："初闻风气不和，谓小小尔。昨日贤郎学士见过，始知尚未康平。旦夕来体中何似？更冀调慎药石。无由驰候，专奉此。"又："自以拙疾数日，阙于致问，不审体中何如？必遂平愈。孙兆药多凉，古方难用于今，更且参以他方为善

·附 录·

也。专此不宣。"又："数日来尊候必更痊安。单药得效，应且专服。千万精审，无求速功。不欲频去咨问，恐烦倦也。亦不须答简，或贤郎批数字可也。"

苏洵遗言。

苏辙《东坡先生墓志铭》："先君晚岁读《易》，玩其爻象，得其刚柔、远近、喜怒、逆顺之情，以观其词，皆迎刃而解。作《易传》未完，疾革，命公述其志。公泣受命。"又："伯父太伯早亡，子孙未立。杜氏姑卒未葬。先君没，有遗言：公既除丧即以礼葬姑。及官可荫补，复以奏伯父之曾孙彭。"

四月二十五日苏洵卒于京师。

欧阳修《故霸州文安县主簿苏君（明允）墓志铭》："为《太常因革礼》一百卷，书成方奏未报，而君以疾卒。实治平三年四月戊申也。天子闻而哀之，特赠光禄寺丞，敕有司具舟载其丧归于蜀。"

曾巩《苏明允哀词》："治平三年春，明允上其礼书，未报。四月戊申以疾卒。享年五十有八。自天子、辅臣至闾巷之士，皆闻而哀之。"

张方平《文安先生墓表》："集成《太常因革礼》一百卷，书成，奏未报，而以疾革，享年五十有八，实治平三年四月。英宗闻而伤之，命有司具舟载其丧归于蜀。"

《宋史·苏洵传》（卷四四三）："为《太常因革礼》一百卷，书成方奏未报，卒。赐其家缣、银二百。子轼辞所赐，求赠官。特赠光禄寺丞，敕有司具舟载其丧归蜀。"《宋史》本传实据王安石所修《英宗实录》，较欧阳、曾、张所记多出赐银、求官一节。邵博《邵氏闻见后录》云："《英宗实录》'苏洵卒，其子轼辞所赐银绢，求赠官，故赠洵光禄寺丞'与欧阳公所志'天子闻而哀之，特赠光禄寺丞'不同。或云《实录》，荆公书也。"

苏洵去世后，为之作哀词铭诔者甚多。

张方平《文安先生墓表》："朝野之士为诔者百三十有三人。"

欧阳修《苏主簿挽歌》（《欧阳文忠公集》卷一四）："布衣驰誉入京都，

丹旐俄惊返旧间。诸老谁能先贾谊，君王犹未识相如。三年弟子行丧礼，千两乡人会葬车。我独空斋挂尘榻，遗编时阅子云书。"

韩琦《苏员外挽词二首》（《安阳集》卷四五）："对未延宣室，文尝荐《子虚》。书方就绵蕝，奠已致生刍。故国悲云栈，英游负石渠。名儒升用晚，厚愧莫先予。"又："族本西州望，来为上国光。文章追典诰，议论极皇王。美德惊埋玉，瑰材痛坏梁。时名谁可嗣，父子尽贤良。"按：张方平《文安先生墓表》云："及先生殁，韩亦颇自咎恨，以诗哭之曰：知贤而不早用，愧莫先于余者也。"即指韩琦《苏员外挽词》第一首末二句。苏轼《祭魏国韩令公文》（《东坡集》卷三五）："昔我先子，殁于东京。公为二语，以祖其行。文追典诰，论极皇王。公言一出，孰敢改评？"即指第二首三、四句。

王珪《挽霸州文安县主簿苏明允》（《华阳集》卷五）："岷峨地僻少人行，一日西来誉满京。白首只知闻道胜，青衫不及到家荣。元猿夜哭铭旌过，紫燕朝飞挽铎迎。天禄校书多分薄，子云那得葬乡城？"

刘攽《挽苏明允二首》（《彭城集》卷一二）："季子才无敌，桓公义有余。空悲五儋石，犹得茂陵书。郢路营魂返，江源气象虚。康成宜有后，正使大门闾。"又："汉仪绵蕝盛，周谊竹书存。益以《春秋》法，因知皇帝尊。百年当绝笔，诸子谢微言。诗礼终谁及，贤良萃一门。"（原注：苏增《谥法》，又修纂《礼书》，成而卒）

陈襄《苏明允府君挽词》（《古灵集》卷四）："礼阁仪新奏，延英席久虚。自从掩关卧，无复草《玄》书。东府先生诔，西山孝子庐。谁言身后事，文止事相如？"

曾公亮《老苏先生挽词》（以下转引自康熙三十七年刻二十卷本《苏老泉先生全集》附录）："立言学往古，抱道郁当时。铅椠方终业，风灯忽遘悲。名垂文苑传，行纪太丘碑。后嗣皆鸾鹥，吾知庆有余。"

赵槩《老苏先生挽词》："称谓栾城旧，潜光谷口栖。雄文联组绣，高论吐虹霓。遽忽悲丹旐，无因祀碧鸡。徒嗟太丘德，位不至公圭。"又："侍从推词伯，君王问《子虚》。早通金匮学，晚就曲台书。露泣时难驻，

· 附 录 ·

琴云韵亦疏。臧孙知有后，里闬待高车。"

王拱辰《老苏先生挽词》："气得岷峨秀，才推贾马优。未承宣室问，空有茂陵书。玩《易》穷三圣，论《书》正九畴。欲知歆、向学，二子继弓裘。"

张焘《老苏先生挽词》："本朝文物盛西州，独得宗公荐冕旒。稷嗣草仪书未奏，茂陵词客病无瘳。一门歆、向传家学，二子机、云并隽游。守蜀无因奠尊酒，素车应满古源头。"

郑獬《老苏先生挽词》："丰城宝剑忽飞去，玉匣灵踪自此无。天外已空丹凤穴，世间还得二龙驹。百年飘忽古无奈，万事凋零今已殊。惆怅西州文学老，一丘空掩蜀山隅。"

苏颂《老苏先生挽词》："观国五千里，成书一百篇。人方期远至，天不与假年。事业逢知己，文章有象贤。未终三圣传，遗恨掩重泉。"又："常论平陵系，吾宗代有人。源流知所自，道义更相亲。痛惜才高世，齐咨泣满巾。又知余庆远，二子志经纶。"

张商英《老苏先生挽词》："近来天下文章格，尽是之人咳唾余。方喜丘园空惠帐，何期箫吹咽輀车。一生自抱萧、张术，万古空传扬、孟书。大志未酬身已殁，为君双泪湿衣裾。"

姚辟《老苏先生挽词》："持笔游从已五年，忽嗟精魄已茫然。茂陵未访相如稿，宣室曾知贾谊贤。薤露有歌凄晓月，绛纱无主蔽塞烟。平生事业文公志，应许乡人白王镌。"又："羁旅都门十载中，转头浮幻已成空。青衫暂寄文安籍，白社长留处士风。万里云山归故国，一帆江月照疏蓬。世间穷达何须校，史有声名是至公。"

《老苏先生会葬致语并口号》（节录）："编礼寺丞，一时之杰，百世所宗。道兼文武之隆，学际天人之表。渔钓渭上，韫六韬而自称；龙蟠汉南，非三顾而不起。宋兴百载，文章多方，简编具在，气象不振。虽作者之继出，尚古文之未还。迨公勃兴，一变至道。上自朝廷缙绅之士，下及岩穴处逸之流，皆愿见其仪表，固将以为师友。而道将坠丧，天不假年。书虽就于百篇，爵不过于九品。谓公为寿，不登六十；谓公为夭，百世不亡。今者丧还里间，宵会亲友。顾悲哀之不足，假讽咏以纾情。敢露微才，上陈口号：万里当年蜀客来，危言高论冠群魁。有司不人刘蕡第，诸老徒推贾谊才。一惠独刊姬《谥法》，六经先集汉家台。如公事业兼忠愤，泪作岷江未寄哀。"

苏轼兄弟护丧出都，自汴入淮，溯江而上，返川。治平四年（1067）八月葬苏洵于眉州彭山安镇乡可龙里老翁泉侧。

张方平《文安先生墓表》："明年八月壬辰葬于眉州彭山县安镇乡可龙里。"

苏洵著述有文集二十卷，《谥法》三卷，与姚辟合著《太常因革礼》一百卷，作《易传》一百余篇未成。

欧阳修《故霸州文安县主簿苏君（明允）墓志铭》："与陈州项城令姚辟同修礼书，为《太常因革礼》一百卷……有文集二十卷，《谥法》三卷。"

曾巩《苏明允哀词》："明允所为文集有二十卷，行于世，所集《太常因革礼》有一百卷，更定《谥法》三卷，藏于有司。又为《易传》，未成。"

张方平《文安先生墓表》："集成《太常因革礼》一百卷……所著文集二十卷，《谥法》三卷，《易传》十卷。"

《宋史·艺文志》著录苏洵著述有：《洪范图论》十一卷，《嘉祐谥法》三卷，《皇祐谥录》二十卷，《苏洵集》十五卷，《别集》五卷。

二 苏洵著述简介

一、《嘉祐集》

欧阳修《故霸州文安县主簿苏君墓志铭》："有文集二十卷。"

张方平《文安先生墓表》："所为文集有二十卷行于世。"

曾巩《苏明允哀辞》："所著文集二十卷。"

皆谓苏洵有文集二十卷，均未题集名。但南宋、元、明均不见著录。直至明末崇祯年间黄灿、黄炜兄弟才在传世的十五、十六卷本基础上，编成二十卷本的《重编嘉祐集》。清康熙三十七年又有邵仁弘刻二十卷本，收文与编次均不同于二黄本；又有附录二卷，收有关苏洵的资料较二黄本全。清道光壬辰眉州三苏祠新镌《嘉祐集》亦二十卷，收文与编次都与二黄本、邵仁弘本有出入，且无附录。南宋晁公武《郡斋读书志》、陈振孙《直斋书录解题》，马端临《文献通考》所著录的《嘉祐集》皆十五卷。明嘉靖年间太原府刻本亦十五卷，但收文颇多遗漏，是否即晁、陈、马所著录的十五卷本，前人多有怀疑。但此本流传甚广，明弘治刻本、清蔡士英刻本、四部丛刊本、四部备要本、万有文库本等皆属这一系统。南宋还有绍兴年间刊刻的十六卷本《嘉祐新集》，是南宋流传下来最完整的本子，明清两代重编的二十卷本都是以它为基础的，《四库全书》所收即以此为底本。

二、《太常因革礼》一百卷

欧阳修为提举官，实为苏洵与姚辟合编，今存。

三、《嘉祐谥法》

旧有著录皆作三卷，今存各种版本皆为四卷。

四、《皇谥录》

欧阳修《与苏编礼书》云："前所借《谥法》三卷，值公私多事，近方遍得披阅……《谥录》卷次既多,只欲借稿本。"《宋史·艺文志》除著录苏洵《嘉祐谥法》三卷外,又有《皇祐谥录》二十卷。可见,《谥法》《谥录》为二书,而《谥录》已佚。

五、《洪范图论》

欧阳修、张方平、曾巩在叙述苏洵著述时,均未提《洪范图论》,可能当时是收入文集中的,疑即今存苏洵集中的《洪范图论》,可能在宋代曾从文集中抽出单行。

六、《易传》

十卷(张方平《文安先生墓表》)一百余篇(苏洵《上韩丞相书》),未完稿,苏轼《易传》就是在此基础上完成的。

参考书目

苏洵. 嘉祐集. 上海：上海古籍出版社，1993.
苏辙. 栾城集. 上海：上海古籍出版社，1987.
苏辙. 龙川略志、龙川别志. 北京：中华书局，1982.
苏轼诗集. 北京：中华书局，1982.
苏轼文集. 北京：中华书局，1986.
傅幹. 注坡词. 成都：巴蜀书社，1993.
苏过. 斜川集. 知不足斋丛书.
苏籀. 栾城遗言. 续金华丛书.
张方平. 乐全集. 四库全书.
欧阳修. 居士集. 四部丛刊.
文同. 丹渊集. 四库全书.
曾巩. 元丰类稿. 四部丛刊.
司马光. 传家集. 四部丛刊.
孙汝听. 苏颍滨年表. 上海：上海古籍出版社，1987.
续资治通鉴长编. 北京：中华书局，1979.
续资治通鉴. 北京：中华书局，1957.
宋史. 北京：中华书局，1977.
王文诰. 苏文忠公诗编注集成总案，成都：巴蜀书社，1985.